名师工程
优化教学系列

U0473840

新课程新教材实施国家级示范校贵阳市第二中学教育教学探究成果

优化与深化

"三新"改革背景下的常态教研

段丽英　谢基祥　邓昌柯　曾　拥 ◎ 编著

西南大学出版社
国家一级出版社　全国百佳图书出版单位

图书在版编目(CIP)数据

优化与深化:"三新"改革背景下的常态教研 / 段
丽英等编著. -- 重庆:西南大学出版社,2022.12(2023.11重印)
ISBN 978-7-5697-1706-8

Ⅰ.①优… Ⅱ.①段… Ⅲ.①中学教育—教学研究
Ⅳ.①G632.0

中国版本图书馆CIP数据核字(2022)第223455号

优化与深化——"三新"改革背景下的常态教研

YOUHUA YU SHENHUA——"SANXIN" GAIGE BEIJING XIA DE CHANGTAI JIAOYAN

段丽英 谢基祥 邓昌柯 曾拥 编著

责任编辑: 李 玲
责任校对: 邓 慧
封面设计: 闰江文化
照 排: 王 兴
出版发行: 西南大学出版社(原西南师范大学出版社)
地址:重庆市北碚区天生路2号
邮编:400715 市场营销部电话:023-68868624
网址:http://www.xdcbs.com
印 刷: 重庆市国丰印务有限责任公司
幅面尺寸: 170mm×240mm
印 张: 23.25
字 数: 380千字
版 次: 2022年12月 第1版
印 次: 2023年11月 第2次印刷
书 号: ISBN 978-7-5697-1706-8

定 价: 68.00元

foreword 序

优化常态教研，推动教育高质量发展

贵州省教育厅副厅长　周进

优化常态教研，推动教育高质量发展，这是一件十分有意义的事情。

目前，基础教育正在由基本均衡向优质均衡转型，由注重改善办学条件向提升硬件和内涵建设并重转型，由学有所教向学有优教转型。要想顺利完成转型，实现教育现代化的长远目标，就需要我们今天务实求真、勤苦创新，完成好高质量发展的阶段性目标。

高质量发展教育，需要我们牢固树立以提高质量为核心的教育发展观，把"质量"摆在教育发展突出位置，紧紧抓住"高质量发展"这个牛鼻子，激发教育高质量发展的内在活力。

作为教育人，我们应该以更加坚定的自信、更加昂扬的姿态、更加饱满的精神迎接新时代的挑战，解决好办学空间不足、师资结构不合理、教育治理能力有待加强等问题，打造

高素质、专业化、创新型教师队伍,建设高质量教育体系,担负起责任与使命,创造更加辉煌的成绩。

"江河万里总有源,树高千尺也有根。"实现教育的高质量发展,根源在学校,学校高质量发展的关键在高质量教学,而高质量教学的源动力来自高质量的常态教研。

没有高质量的教研,教师就难以真正提升教学素养和技能,也就难以有高的教学水平;没有高质量的教研,就没有战斗力强的教师团队,"一枝独秀不是春",即使有一两个优秀教师,也难以提升全校的教学质量;没有高质量的教研,学生就难以获得有质量的教育,走不出题海,享受不到事半功倍的快乐。

高质量的教研,不是举全校之力办一两次大规模的交流展示活动,而应该是长效的、有质量的教研常态;不是一两个老师代表学校拿几个大奖,而应该是全员进步、共同优秀的全员教研;更不应该是将教研活动变成传达事务通知的定期短时集会,而应该是有系统、有主题、有任务的专业研修活动。高质量教研应该是有规划的教研,有问题意识的教研,有任务驱动的教研,有详细过程的教研和有成果的教研。

高质量教研成为常态,教师队伍就会有高质量,教研成果就会有高平台,教学成绩就会有高表现,学生就会有高发展,学校自然也就会有高度的声誉。

2021年,贵阳市成功入选"新课程新教材实施国家级示范区",贵阳市第二中学(以下简称"贵阳二中")成为"新课程新教材实施国家级示范校",一年多来,示范区积极推进"三新"改革,举办多场各级各类主题研讨活动,其中,贵阳二中承办了两次面向全国教育同仁的研讨会,很好地展现了贵阳二中的教学教研成果。尤其值得一提的是在2022年5月主题研讨会上展示交流的"三主"教研活动,它是对优化常态教研的一种有益探索。一次教研活动,由三人团队根据学期之初定好的规划,选定专题,分别承担"主讲""主教""主评"任务,主讲教师负责该专题相关的教学理论、课程要求、教学设计,主教教师负责课堂教学、展现团队设计成果,主评教师对课堂教学进行评价,三个环节构成了设计、实施、评价的完整链条,是一种有规划、有主题、有过程、有评价、有成果的教研形式。现在,贵阳二中要把成为"新课程新教材实施国家级示范校"以来的教学教研改革成果整理出版,做一次小结,来一次成果物化,是十分有必要和有意义的。

当然,水土有别,校情各异。我们更期待各校有各校的教研特色,百花齐放、百家争鸣。大家取长补短,打造学校高质量教研工作体系,并使之成为学校工作常态。搞一两次活动不难,难就难在高质量的常态。但"惟其艰难,才更显勇毅;惟其笃行,才弥足珍贵"。

教育无小事,枝叶总关情。每一项学校常规工作,都关乎学生的成长,关乎家长的期待,关乎教育的未来。

我们已然进入了新的历史阶段,新时代面临新形势,新目标指引新发展。教育工作者面对新要求,要勇于创新,优化常态。"因循守旧没有出路,改革创新才能赢得先机。"我们唯有对标高质量发展,准确把握教育高质量发展深刻内涵和时代要求,在一件件具体工作中,推动构建高质量教育体系的部署要求落地见效,办好人民满意的教育,以无愧于习近平总书记对我们贵州的殷切关怀和对我们教育工作者的殷殷嘱托。

Preface 前言

挑战与机遇:"三新"改革促发展

贵阳市第二中学党委书记、校长　段丽英

2019年11月20日,教育部教基〔2019〕14号文件《教育部关于加强和改进新时代基础教育教研工作的意见》发布,对新时代背景下学校教研工作提出了新要求。新征程扬帆启航,新使命重任在肩。犹记2021年9月26日,我校承办了贵阳市教育局主办的新课程新教材新高考改革主题研讨会,时隔大半年,2022年的5月22日,贵州省内9所高中、4所我校的结对姊妹学校及我校学科基地、学科工作站、"三名"工作室的部分学校教师代表再次齐聚我校,围绕"优化常态教研,助推教育高质量发展"开展研讨活动,进一步贯彻落实全省教育高质量发展大会精神、全省高考综合改革精神,促进贵阳贵安高中教育的高质量发展,充分发挥我校作为新课程新教材实施国家级示范校、贵阳市作为示范区的引领和辐射作用。

近年来,我校全面贯彻党的教育方针,面对新的情况、新的挑战、新的形式做出了新的应对,切实推进育人方式的改革;全面落实五育并举和立德树人的根本任务,构建全面的育人体系;优化学校课程建设,落实新课程、新教材实施,不断创新学校的教育教学发展,真正促进学生的生涯规划发展、选课走班等各项教育教学管理制度不断革新。我校以先行地区经验和学校实际情况为基础,不断整合探索,围绕"加快选修课程体系建设,为学生提供多样选择的特色课程""推进选课走班,为学生个性化学习提供多样选择""改革高中考试评价,推进综合素质评价"等改革核心要素积极作为。

"三新"改革背景下,我校以"强省会"战略为导向,推进我校内涵发展,提高学校教育教学质量,全面做好学校教研工作。学校以"三新"改革唤醒教师成长动力,逐渐形成"三主"常态教研模式,即在一次教研活动中,选定一个上课主题,由三个教师组成团队,一人负责主讲,讲理论、讲课程定位、讲教学设计;一人负责主教,进行课堂教学实践;一人负责主评,评价课堂教学的完成度。"三主"教研模式开始于2018年语文组教研活动,现在已经推广至学校11个大学科,包含体育和艺术。该模式在一定程度上改变了原来部分教师在教研活动中参与度不高、积极主动性欠缺的问题,增强了教师在研讨活动中的参与性,提高了教师专业发展能力,促进了教师的迅速成长。

肩上要有压力,心中要有底数,脚下要有方向,手中要有措施。"三新"改革带来的不仅仅是课程样式和内容的转变,更重要的是育人方式的迭代更新。

当前,面对学生全面发展与个性发展不适应、评价方式与破"五唯"的方式不适应等挑战,我校全面落实五育并举,坚持德育为先,落实德智体美劳全面培养要求,健全学生综合素质评价机制,开展学科融合教育,体现三全育人。特别是在课堂教学中我校探索了"1+5+1"课堂教学模式,有效促进了接受式学习向主动探究学习的学习方式转变,构建了"基础+核心+拓展"自主发展课程群及"学生自主发展综合平台",为学生提供了更多真实学习的场景和学习空间。

我校依托新时代"强师工程",聚焦教师不同的发展需要,构建了"训、养、育"的教师培养体系,逐渐打造了一支信念坚定、师德高尚、业务精湛的教师队伍。在教师发展中,注重引领教师提炼教学主张,形成教学风格,为教师队伍建设提供发展平台。健全教研机制,形成校内组团、校际协同教研模式,开展形式多样的教研活动,凸显专家引领、同伴互助、个人反思,充分发挥骨干教师团队的示范引领作用。

《国务院关于支持贵州在新时代西部大开发上闯新路的意见》(国发〔2022〕2号)提及的"推动教育高质量发展",为全省教育工作者下一步工作指明了方向,极大地鼓舞了贵州教育人的斗志和干劲,是继"强省会"战略后,贵州教育发展的又一次新机遇。作为一所拥有91年办学历史的省级示范性高中,我校深知高中教育是基础教育的一个重要且关键的组成部分,位于基础教育的最后一个阶段,在教育结构中相当于腰部的重要位置,"腰不硬人不立",所以学校将牢牢抓住这一重大历史机遇,在深刻领会的基础上抢抓机遇、开拓创新,谋划学校新发展。

一枝独秀不是春,百花齐放春满园。在教育发展的新时代,一群充满教育情怀的改革探索者齐聚我校,为了心中的教育梦,一起携手探讨,碰撞智慧的火花,为构建教育高质量发展的新格局而奋斗,更加有力地承担起为党育人、为国育才的光荣使命。

本次出版的《优化与深化——"三新"改革背景下的常态教研》一书,主要呈现了我校近年来常态教研工作的经验和成果,是我校在入选新课程新教材实施国家级示范校后在教研教学之路上探究的一次小结,包括了理念研修、教研管理、课堂观察和"三主"教研活动实践等主要内容。因属于阶段性成果,难免有不尽如人意之处,敬请专家同仁指正。

Contents 目录

第三篇　深化教学思考

第四篇　"三主"教研模式实践

第一篇　更新教育理念

　　常态教研的优化与深化需以教育理念的更新为基础。贵阳市第二中学（以下简称"贵阳二中"）在正式进入"三新"改革之前，力争与时代同步，积极融入"三新"改革的学习大潮，为正式进入新课改区做好准备。一路走来，得到上级领导温暖的关怀和高校专家悉心的指导，学校管理层结合学校实情，努力实现教育理念的更新和内化。

1.

有序实施"三新"改革，推进教育高质量发展

周　进

随着9月15日《贵州省高考综合改革实施方案》的印发，大家关心的贵州新高考改什么、考什么的问题已尘埃落定。仅隔10天，贵阳市教育局就组织全市普通高中校长开展新课程新教材新高考"三新"主题研讨，探究如何实施新课程、如何适应新高考。这充分彰显了省会城市的首位落实速度，省里一部署，市里就立即有行动；这充分彰显了省会城市的领头羊担当，我相信贵阳市一定能够为兄弟市州如何实施、推进新高考提供实践样板和示范作用。借此机会，我代表省教育厅对国家教育行政学院教育管理杂志社、教育部中学校长培训中心等单位及其领导长期以来对贵州教育发展的关心和支持表示真诚的感谢，对亲临贵阳指导新高考的韩主任、代主任致以真诚的敬意。下面，我以"有序实施'三新'改革，推进教育高质量发展"为题，讲三点意见。

一、强化思想认识，增强实施"三新"改革的自觉性、主动性

我省普通高中教育已经进入内涵发展、提高质量为重点的发展阶段。但是当前普通高中教育还存在着素质教育实施不够全面、教育评价方式单一等问题。新高考带来的创新变革，给普通高中的职能、教学、评价与管理带来了严峻挑战。从教学供给来看，已从过去的"强制"供给行政班教学转变为提供"菜单式"多元选择供给选课走班教学；从学习需求来看，已从单一的升学需求转变为升学与生涯规划相结合的学习需求；从教学保障来看，已从过去的"计划经济模式"保障转变为以学习需求为主的"市场经济模式"多元保障；从教学评价来看，

已从高考成绩"一考定终身"转变为注重全过程评价；录取模式也同样从依据单一的高考成绩转变为"两依据一参考"。概括起来讲，这"五个转变"倒逼，将普通高中职能变革为加强学生发展指导，教学变革为有序推进选课走班，评价变革为强化综合素质培养，管理变革为以管理创新适应新高考。如何在课程创新、教学改革、教育评价、学校特色发展和学生个性全面发展等方面取得突破，是每一所普通高中在新高考背景下必须要思考和解决好的问题。

二、强化谋划规划，增强实施"三新"改革的系统系、科学性

一是统筹规划建立课程体系。学校"开好课"是学生"选好课"的前提与关键。要从学校定位、师资实际和生源特点出发，突出学生发展核心素养，构建层次清晰、递进有序、开放有致的学校课程体系。要以学科核心素养为核心，进行横向拓展与纵深发掘，有机融合选修课程与必修课程，增加课程的多样性和可选择性，建设系列化、精品化与连续性的选修课程，以适应不同学生的学习需要。要注重解决选修课程盲目追求数量、呈现"碎片化"倾向的问题。

二是统筹规划三年课程修习安排。高考招生制度改革改变了千"校"一面的教学安排。能否统筹好高中三年教学计划安排，是教学是否有序的关键。要在确保课程学习的完整性、均衡性、连续性和选择性的同时，突出以减轻考试压力为导向、形成各具特点的课程修习和考试安排。要控制必修课程并开科目，采取分散与集中相结合的原则安排必修课程，在开足开齐必修课程的同时控制并开课程。要合理安排三年教学计划，学校在做到不随意增课时赶进度、不挤压选修课程课时比例的前提下，探索适合本校学生的三年课程修习的统筹安排。要有计划地安排复习，在每门必修课程完成时，引导学生确定学考和选考科目，并根据学考时间节点，安排好相关学科的复习教学。要确保学生的考试机会，从课程安排和考试安排上，充分保障学生两次考试的机会。原则上指导学生先参加学考科目的考试，再安排选课科目的考试。考试安排既要满足多数学生的需要，又要保障个别学生选择的需要。

三是统筹规划指导学生生涯规划教育。生涯规划教育是实施选择性教育的重要载体。新高考改革实行选考、多次考试，生涯规划教育逐步成为课改的

新亮点。高中阶段的生涯规划教育,是一个帮助学生寻找理想专业、职业的过程,也是一个帮助学生认识自我、优化自我和完善自我的过程。学校通过生涯规划教育,唤醒学生的生涯意识,帮助学生掌握生涯规划方法,掌握适应未来社会发展所需要的关键知识、技能,提升综合素质,形成良好态度和正确的价值观;协助他们找到适合自己发展的人生轨迹,让他们能够真正实现"择我所爱,爱我所择"。因此,我们需要将生涯规划教育课程与职业体验相结合,不能仅依赖心理测试,更要开展个别咨询,满足学生的个性化需求。生涯规划教育必须与日常教育教学有机结合,持续贯穿高中三年教育过程。

三、强化精准施策,增强实施"三新"改革的有效性、实效性

高考"指挥棒"对于普通高中发展具有直接的调节与导向作用。对于普通高中学校来讲,关键问题仍然是解决好"怎么考、怎么学、怎么教"。

一是教研考一体化。主要是加强教研服务指导,提高普通高中学生发展指导、教学组织与管理、课程与教学实施等关键能力。传统的单学科研究为主、单纯的教学研究为主、单一的自上而下培训路径为主、孤立的见"师"不见"生"的教研服务方式将不再适应当下的改革,课程重构、学科重组和课堂重建将成为学校实施新课程的基本路径。要关注地区教育发展环境、学校文化和教师专业素养等方面的差异性,既注重解决不同地区和学校的共性问题,就传统的规范教学和课改新政实施过程中出现的难点和热点问题,拓展综合视野,以综合性思维推进学科协同教研转型,组织专家团队开展实地调研、专题研究和综合研讨,探求科学的、具备可操作性的解决方案;也注重关注研究解决个性问题,要基于学校的个别化需求,实施差别化的教研服务方式,如探索与完善教研员蹲点制度、结对教研和订单式教研等方式,关注学生立场,从重点研究教师的"教"转向重点研究学生的"学",让学生成为教研工作的出发点,不断提升教研服务的针对性和精准度。

二是教培考一体化。主要是要分层分类抓好教师培训,提高教师适应新高考的教学能力。教师发展部门、教研部门和学校领导要深入课堂听评课,进行教学诊断,了解一线教师在课程理解、教材使用、课堂教学、考试评价等方面的实施情况,针对新高考新课程实施中学校和教师在课程与教学中的突出问题与

需求,有针对性地制定培训方案,明确培训研修的目标任务,精心设计课程内容。

　　三是教学考一体化。主要是坚持发展学生的核心素养,提高学生的自我学习能力。要秉持"只有适合学生的教育才是最好的教育"的改革理念,促进改革机制从行政推动走向内源发展。要端正课改的态度取向,坚持以"积小步、不停步"方式逐步深化各项课改,落实学生合理的选择权;要坚持教育发展的内在规律性,拒绝"功利至上"主义和"升学率是第一要务"倾向;要正确认识因考试前置、学校教学计划调整和竞争近距离化产生的"学业负担重"问题,引导家长和学生理性适应新高考,引导学校纠正"学考会战"之类的不当做法,因地制宜地开展课程改革,扩大学校课改的自主权。要积极邀请高校走进高中,让学生走进高校,通过与高校的衔接互动,打破高校及专业的神秘感,让学生能够以平常心理性面对选课。要积极加强与家长的沟通交流,积极以学校为基地向家长、社会宣讲新高考理念,引导家长与社会的价值认识,积极争取他们的理解与支持,为高中发展与新高考改革创造良好的舆论氛围。

　　四是教保考一体化。主要是加强师资与条件保障,加快学校管理信息化件。巧妇难为无米之炊,高中学校的软硬件资源直接影响着新高考功能的发挥。选课走班与行政班教学相比,在师资、经费、教学空间等资源方面要求更高。在新高考改革背景下,迫切需要进一步增强教师统筹协调与供给能力,缓解选课带来的教师潮汐问题;不断改善学校教学空间,适应选课走班要求;继续加大教育经费投入,适应选课走班需要;大力提升学校管理的信息化、智能化水平,以适应高中选课走班、学生指导与综合素质评价带来的复杂要求。

　　五是教评考一体化。主要是客观科学评价,引领学生全面发展,引领教师更好地教书育人,引领学校多样化、特色化发展,提高教学质量。在新高考改革背景下,建立健全教学质量监控与评价体系是学校科学指导、全程监控和评价教学过程、教学成果质量的客观需要,在很大程度上影响着教学质量的变化。学生评价主要反映学生德智体美劳全面发展情况,要针对"学生学科总分因为选考科目不同失去了比较与评价的意义"和"学生因为选修不同学科处于不同教学班级,固定群体已经不存在,无法通过学科原始分、平均分了解自己在群体中真实水平"等新情况,积极探索形成"定量与定性相结合,个性与共性相统一,形成性评价与发展性评价相协调"的教学质量评价机制,科学合理地对学生学习质量进行评价。综合素质保障评价工作民主公平、评价结果真实可用,注重民主评议的原则、方法和管理方案,评议采用学生互评和教师评议相结合的办法。教育行政部门会同教研部门督促和检查各校综合素质评价相关方案,并积极探索区域的统筹,保证评价结果科学合理。教师评价要实行发展性评价,以自我调控和同行评价相结合,以自我激励为基础,注重激发教师工作热情,提高教师教学质量,促进教师专业发展。学校评价主要评价学生全面发展的培养情况,突出实施学生综合素质评价、开展学生发展指导、优化教学资源配置、有序推进选课走班、规范招生办学行为等内容,引导"多样化、特色化"成为学校办学的价值取向与发展趋势。

（本文根据贵州省教育厅副厅长周进在 2021 年 9 月 25 日全国新课程新教材主题研讨会上的发言整理而成）

2.

自我认同、职业认同与价值认同

——兼论培育新时代"四有好老师"的贵州校本实践

王　俭

2014年9月，习近平总书记到北京师范大学考察时号召全国广大教师要做有理想信念、有道德情操、有扎实学识、有仁爱之心的好老师。2015年9月，他在给"国培计划（2014）"北京师范大学贵州研修班全体参训教师的回信中，又专门提出了要努力做"教育改革的奋进者、教育扶贫的先行者、学生成长的引导者"。笔者有幸自2015年4月起依托教育部中学校长培训中心这个平台，担任了贵州省首期高中优秀校长高级研究班、中学名校长领航班班主任的工作，并在贵州省教育厅中小学名校长培养管理办公室的支持下成立了工作坊。近五年时间多次深入贵州的学校，与他们共同探索培育新时代"四有好老师"的贵州路径。

贵州省培育新时代"四有好老师"的经验是很多的，从省教育厅的高度重视到新时代教师队伍建设的顶层设计，到两千多所校本教研示范校的建设，以及一大批乡村教师工作站的成立，可以说从培养到培训，以及学校各个层面，已经构建了多层次多区域多维度的体系。本文更多的是基于自身参加的名校长培训工作与参与的部分学校促进教师发展的校本经验，从自我认同、职业认同与价值认同三个维度，就培育新时代"四有好老师"谈些体悟：

一、自我认同是职业认同的前提

之所以从自我认同、职业认同与价值认同三个概念出发来论述培育"四有好老师"，一是在设计有关培养与培训项目时的指导思想就是以"四有好老师"

为价值引领的;二是培养与培训的目的,就是指向成就一大批"四有好老师",促进教师真正从内在认同"四有好老师";三是在近五年的校本实践中,发现了三者之间的有机联系。为此,首先从自我认同开始论述。教育的首要问题是培养什么人与为谁培养人的问题,而作为培养人的教师,要回答这个问题,首先得思考自己是一个怎么样的人。正如叶澜教授所指出的那样:"教师从事的是育人的事业,作为教师,首先要自己像人一样地活着,他才能对别人产生影响,一种使其成为人的影响。对人而言,我更关注你是一个怎样的人,而不是首先关注职业。"

1.认同的主要内涵

事实上,就认同这个概念而言,在学界并没有"完全的认同"。《汉语大词典》的解释是:"一是犹言承认是同一的。二是认可,赞同。"也有人认为:"认同是指当他人的态度或行为与令本人满意的自我定义相联系时,对此态度或行为的采纳。"西蒙给认同所下的定义是:"一个人在做决策时对备选方案的评价如果是以这些方案对群体造成的后果为依据的,我们就说那个人与那个特定群体认同了。""认同是指个体自觉自愿地接受他人的观点、信念、态度和行为并有意无意地模仿他人使自己的态度和他人要求一致。"其实,认同(Identity)一词来源于拉丁文的idem(相同的意思)。在哲学中,通常翻译成"同一性"。"在 Identity 这个概念作为文化自身认同而成为当代核心问题之一之前,它首先是个逻辑/哲学问题。"如果从哲学的"同一性"的角度认识理解"认同",它可以追溯到古希腊,"希腊人已经有关于同一性的观念,亚里士多德讨论到,有时候两个或更多的名称指的是在同样时间地点同样特征的东西,那么它们是同一个东西"。为了对认同有更深入的认识,对其做历史考察是有必要的。

2.认同的历史考察

如果将"同一性"的概念用来考察人的社会生活的话,这种"同一性"大约经过了这样的历程:伦理共同体中的人—契约共同体中的人—自我持存(自我保存)的人—为承认而斗争的人。伦理共同体中的人,是柏拉图和亚里士多德的政治理论中的一个根本概念,他们认为:"人只有在共同体中才能过有意义的生活",这种"同一性"体现为共同体中一种伦理的"同一"。而契约共同体中的人,是把社会总体看作一个基于相互契约的共同体。这种"同一性"更多地体现为共同体中相互契约的"同一"。大约到17世纪中叶,英国哲学家霍布斯提出了人的"自我持存(保存)"的观点。当时的认识是在"人是自我保存的人"这方面是"同一的"。在当代社会哲学和政治哲学领域有广泛影响的法兰克福大学社会学研究所所长霍耐特认为:"当社会生活作为基本概念被描述成一种自我持存的斗争关系时,现代社会哲学就在思想史中登堂入室了",这种建构完成于一种想象的"价值共同体",并且他提出了三种承认的方式:爱、法律与团结。他的理论表明,从人的"同一性"的角度来看,人都有"承认"与"被承认"的需要,而这种承认则是在"斗争"中通过"爱、法律与团结"等形式实现的。

对认同简要的历史考察,可以使我们认识到,认同问题也是哲学史上一直讨论的问题,并且这种认识与理解在一定的历史阶段都有一定的"同一性"。这种"同一性"在很大程度上成为人类"认同"的基础,就如当今的"同一性"应该是"人类命运共同体"中的人一样,"同一性"的本身是不断发展的。

3.自我认同的重要

自我认同是对自己是怎样的一个人,自己是谁、为了谁,自己在哪儿、要到哪里去的清醒认识。这对作为一个培养人的教师而言,是至关重要的。我们往往"按照我们是谁而施教","实际上,对我的学生和学科的了解在很大程度上依赖于我对自己的了解。当我不了解自己时,我就不可能知道我的学生是谁……在我不了解我自己的时候,我也不能了解我的学科——不能从体现个人意义的最深的层次上来了解"。事实上,孔子的学生曾子就非常强调从"为人谋而不忠乎？ 与朋友交而不信乎？ 传不习乎?"三个维度作经常性反思。

二、职业认同有效促进自我认同的实现

教师的自我认同,自然与教师这个职业的认知是分不开的。一般而言,教师对职业认知越深刻,其自我认同就越高。在TALIS 2018中,上海教师将教师作为职业首选的比例高达86.6%,远高于经济合作与发展组织(OECD)公布的均值66.5%。上海教师的表现足以证明:对职业的满意度有效地促进了自我认同的实现。而对于教师的职业认同来说,认同的关键究竟是什么?

1.认同教师的职业是专业

人类的职业按专业性程度而分,大体可以分为三类,即专门的职业、普通的职业与介于两者之间的半专业。专门的职业是具有专业要求的职业,1948年美国教育协会提出"含有基本的心智活动;拥有一套专门化的知识体系;需要长时间的专门训练;需要持续的在职成长;提供终身从事的职业生涯和永久的成员资格;建立自身的专业标准;置服务于个人利益之上;拥有强大的、严密的专业团体"的专业八条标准具有一定的代表性。教师这个职业之所以成为专业,是因为教师从事的是专业的育人工作,具有崇高的德性要求与知性要求。

教师的职业认同,体现为教师本人对自身从事的教育是专业的深刻认识。可以说,社会上很多人都在从事教育,包括社会教育、家庭教育等,我们不否认社会教育与家庭教育中有专业的教师,但这里的认同教师的职业是专业,是指个体如果选择了教师这个职业,就要认同他已选择了"崇高与精神立命",他要懂孩子,爱孩子,要懂课程,乐教学,要敬畏生命与热爱生命。

2.认同教师发展是专业发展

当教师认同了其从事的教育是专业,接下来还需要深刻认识到教师自身的发展不是一般的发展,而是专业的发展。一般而言,"发展"有两层含义,一是指外在的发展,即教师教龄的增加或者条件的改善等;二是指内在的发展,主要是指其内在素养的提升与结构的完善、自我适应性的增强。很显然,认同教师发展是专业发展就是教师认识到自身的发展是一种不断自我更新的发展,其发展最终是指向师生内涵的不断丰富。

3.认同专业发展是有规律的发展

在教师对所从事的职业以及自身的发展的专业性高度认同的基础上,他还应该深深地认识到,专业发展是具有系统性、规律性的持续发展的过程。一般而言,从入职、成长到自身风格的形成,再到自身不断的更新与完善,是一个永无止境的过程。就如教育改革先锋于漪老师所言,"一辈子做老师,一辈子学做老师"。诚然,职业认同的内涵是十分丰富的,但是如果一个教师充分认识到自身职业的性质,了解自身发展的本质以及内在的发展规律,那就可以在很大程度上促进教师自身个体认同的实现。当然,从事教育的教师,自身也需要受教育,这种教育就是在价值引领下的一种自我认同与职业认同的相互作用。尤其在新时代,教师必须充分认识到自身所从事的职业是育人的职业。我们的教育就是要培养一代又一代拥护中国共产党领导和我国社会主义制度、立志为中国特色社会主义事业奋斗终生的有用人才。

三、在自我认同与职业认同互动中走向价值认同

"四有好老师"的自我认同、职业认同需要价值认同的引领,价值认同也需要自我认同与职业认同的相互作用与影响,自我认同与职业认同的实质是统一于价值认同的。培育新时代"四有好老师"的贵州实践,就是在"四有好老师"的价值引领下,通过自我认同与职业认同的互动,逐步走向"四有好老师"的价值认同的。下面就依据"四有好老师"的价值追求,来论述贵州培育新时代"四有好老师"的一些做法。

1.理想信念:自我认同与职业认同的基石

做好老师,第一要有理想信念。这个理想信念的根本就是人存在于社会中的内在确定性与崇高的追求。贵州是长征的重要转折点。长征的胜利,其最为重要的力量源泉就是革命理想高于天,就是为人民谋幸福、为民族谋复兴。好老师的理想信念,与长征的理想信念一样,就国家而言,就是为党育人、为国育才。然而,就如同国家课程的实施一样,课程需要经过"地本、校本、班本"等多次开发,才能真正做到"生本"。国家层面的理想信念,需要通过学校层面的办学理念来个性化表达与落实。

校长的价值追求是学校办学主张的代表,为了将国家层面的理想信念落实到办学的具体过程,校长首先自身要有对办学追求的个性化主张。于是,在名校长培训活动过程中,第一步就是根据国家的要求、学校自身的办学历史,以及校长个体的经历等维度帮助校长形成并进一步稳固学校与自身的办学理念,校长再以自身坚定的理想信念来引领全校教师的自我认同与职业认同,从而达到一所学校共同的价值追求。贵州首期高中优秀校长高级研究班二十多位校长学员在培训期间就都提炼与完善了自身的办学理念。这时,教师的自我认同、职业认同与价值认同的同一性就体现为办学理念上的"同一"。

2.道德情操:教育本质与专业的道德意蕴

做好老师,第二要有道德情操。《论语·述而》言:"志于道,据于德,依于仁,游于艺",有了师道的志向,还需要有道德情操,因为教育是道德的事业,"道德是教育的最高目的"。在培育"四有好老师"的校本实践中,校长需将自身的办学追求有德性地转化为全体教师的共同认同,并在此过程中,深化教师对教育职业道德性的深刻理解,加强职业认同,从而进一步促进教师的自我认同。教师需要深刻认识到有崇高道德追求的职业才能成为专业,而教育的根本任务是立德树人,育人离不开育德,道德情操是教师育人智慧的关键要素。

3.扎实学识:教师的读书做人与教书育人

做好老师,第三要有扎实学识。师能与师德是两个紧密相关的概念,要真正地创造适合学生的教育与课程,就必须具有扎实的学识涵养。而要做到教书育人,教师首先要读书做人。同时,要成为名师,除了读书还需要研究,因此,在贵州名校长与名师的培养过程中,建立一大批校本教研示范校几乎是与名校长与名师的培养同步的。校本教研的开展,其本质是使教师"具有像专家一样思维的品质、能力与习惯"。要提升学生的认知能力,就必须提升教师的思维能力,没有思维的圆通,就不可能有工作的圆满,最终也难以达到教师自身内心的圆融。

4.仁爱之心:教师的理想人格与德性亲证

做好老师,第四要有仁爱之心。在具体学校的教师校本教研与培训中,我们依据冯契先生的智慧说三篇《认识世界和认识自己》《逻辑思维的辩证法》《人的自由和真善美》中的智慧,促进校长与教师在办学的具体实践中实现"转识成智"的飞跃;通过校本教研多种活动方式,加强逻辑思维的辩证运动,即从无知到有知、从知识到智慧的思维辩证运动,再经过"自由的德性亲证"实现"化理论为德性",成就自由德性与理想人格。

四、培育新时代"四有好老师"的贵州校本经验

近五年来,笔者与贵阳二中、八中,以及凯里一中、六盘水实验一中等学校的多位校长结成学习伙伴,在很大程度上说,就是按照上述理论与理路来促进校长自身与学校教师队伍发展的。最近一段时间以来,贵阳全市开展了全员

的教师身份认知的大培训活动以及"四大四找"(大讨论找问题、大学习找差距、大培训找方法、大评议找典型)思想教育活动等,在笔者看来,这些活动从根本上说,就是在"四有好老师"的价值引领下,通过一系列的活动,促进教师的自我认同,并结合对自身职业的不断反思,从而真正达到"四有好老师"的价值认同。下面主要结合在贵州省具有一定代表性与示范性的贵阳二中的办学经验展开论述。贵阳二中段丽英校长,通过自身提炼"教育:唤醒 陪伴 引领"的价值追求,并在不断完善与丰富这一办学思想的过程中,努力促进学校教师追求成为"四有好老师",取得了一定的实效。在2015年,她与贵州其他地市州的二十多位示范性高中校长一起作为贵州省的首批名校长培养对象,在华东师范大学教育部中学校长中心(以下简称中心)参加了为期两年的培训,后来参加了全国优研班的学习,到2018年的4月,又成为教育部第二期全国领航班(教育部中学校长培训中心)的学员。近五年的"高级研究"培训的经历,促使她把自身成长与促进学校教师发展的主要经验归纳为:"由培识己、由己而思、由思至行"。

1.由培识己:价值引领、中心培训、明志笃行

就如前文所述,中心在设计培训方案时,首先强调的是价值引领,这个价值引领的立场就是党和国家的要求、人民与受训者的需求。如果没有引领、没有理论培训、没有自身的经历与践行,是不可能发生深刻反思的,也就不可能促进自我认同的增强。

2019年5月7日,她在国家教育行政学院的交流发言中提到:自2018年4月以来的一年多的全国领航班的培训中,参加了六次集中学习和活动,聆听了二十余场专家报告,开展了十余次办学经验分享、情境模拟活动、读书沙龙等活动,自己选择了《百年管理》《伍尔福克的心理学》两部规定论著进行精读、研读,参加了华东师范大学主办的"'一带一路'沿线国家中学校长论坛———教育:为了更美好的未来",在六位同学的工作室揭牌仪式及主题研讨会上交流点评,足迹遍及了北京,上海,新疆的克拉玛依、石河子、乌鲁木齐,河南的淮滨、信阳,云南的曲靖,四川的成都,贵州的遵义、贵阳、修文等地,参观考察了数十所学校,开阔了视野。行走中,在嘉兴南湖的红船、上海四行仓库的抗战纪念馆、遵

义会议的会址接受了革命的洗礼,在北师大的京师大学堂感受了百日诵读、传统文化的浸润,在修文阳明悟道龙场感受了知行合一、吾心光明的力量,在克拉玛依大油田见识了中国共产党艰苦创业的伟大创举,在贵州深度贫困的乡镇学校看到了贵州扶贫扶智拔穷根的决心和斗志,所有的学、思、感、悟无不进一步坚定了为党育人、为国育才的决心。尤其值得一提的,通过教育部中学校长培训中心在云南曲靖举办的助力乡村中学校长发展专题研讨、在贵州开办的精准扶贫名校长乡村工作站等,她进一步加深了对教育是阻断贫困代际传递的有效途径的认识,体会了如何叫与祖国共命运、与时代共振频。一次次考察、一次次论坛、一次次调研,一所所优质的学校、一个个优秀的校长,深深地激发了她提升教育品质的热情与她作为名校长的责任和使命,唤醒了对美好的向往。

正是在系统的学习与丰富的研学之旅中,她不断反思,开始逐渐理清了自己、认识了自己,从而更加坚定了对教育的理解和追求。在她看来,这个"由培识己"的过程,就是一个自我认同的过程、一个转识成智的过程。就如领航班实践导师、海南中学马向阳校长在"段丽英校长工作室"的揭牌仪式上所言:"领航班的研修活动不是一个单向地教、被动地学的简单的教育实践过程,而是一群依然没有忘却登坛传道的初心、有着深切的教育情怀的志同道合者弦歌一堂,切磋琢磨交流思想的教育实践活动。"对于参加受训者而言,这更是一场让他们进一步明白"我是谁? 我从哪里来? 我将往何处去?"的教育修行,是唤醒"教天地人事,育生命自觉"的使命感与责任感的悟道之旅。一切教育与成长归根结底都是自我教育、自我成长的认识,是自身对追求真善美的教育本质深刻的理解。对于一位来自贵州的校长而言,对自我认同的增强,可能更多在于对"感恩奋进"四个字内涵的深深认同上。

因此,"由培识己"的过程,就是校长经历了培训后的自我认知与自我感悟的过程。而一所学校的校本研修的开展的过程,往往就是一位校长将自我参与培训的感悟迁移到学校校本研修的过程。贵州的校本教研示范校的建设之所以富有成效,除了上级领导的重视与支持外,与贵州校长们自身参与本省与教育部中学校长培训中心的培训所取得的感悟也是分不开的。

2.由己而思:提炼思想、提升自我、走向自觉

校长的境界决定学校的境界,团队的执行决定学校的成败。校长的领导,关键是思想的领导。校长的自我认同,需要转化到教师职业上来,如果没有学校教师对教育职业的认同,即使教师有了自我认同,也不可能很好地从事教师这个职业。而要做到这一点,校长就需要有自身对教育这个职业的系统思考与办学的个性化主张,以自己的办学思想去引领学校的发展与促进教师的专业成长。为此,在自我认同的基础上,在"由培识己"的基础上,她针对当下教育改革与发展的热点与难点问题,认真阅读贵阳二中八十多年的发展历史,结合自己八年副校长与八年校长的实践体会,开始了"由己而思"的过程,初步形成了"教育:唤醒 陪伴 引领"的办学思想。"教育:唤醒 陪伴 引领"的办学思想,其核心要义是指:人对生命意义与价值的理解是需要教育的,而这种教育就是从唤醒开始,通过生命成长过程中他人的陪伴,在教育价值追求的引领下,逐渐地通过自己的反省实现最后觉醒的过程。生命的价值在于生命自觉,即内在自我的发现、外在创新的自我解放。生命的觉醒与自我的解放是需要教育的,而我们要做的教育就是以善良唤醒人心中的良知、以温暖陪伴他人、以红色基因引领师生走向更高境界的奉献祖国的育人活动,这种活动是一种相互提升、相互作用的正向影响的生命活动。教育的任务就是要唤醒人的生命意识和成长愿望,促进人在自我发现、自我肯定中寻求更好的自我实现,成为更好的自己。她认为,作为"唤醒 陪伴 引领"的教育,唤醒的过程伴随着陪伴、引领的过程,三者之间不是简单的递进关系或从属关系,而是相互作用、互为关联的一种逻辑关系,一次次的唤醒促进了个体生命生长的动力、毅力和能力,一次次的陪伴保障了个体的不断成长,而陪伴的过程又一次次地催生了新的觉醒,产生了相互生长的新动力,动力在目标引领下、在正能量的浸润中又一次次地促成新的成长与新的内生动力,从而开始新一轮的唤醒、陪伴和引领。这是一种螺旋式上升的成长,是一种生命对生命的创造性与生成性的影响,是一种爱与责任的传递,是一种希望与梦想的持续,它既适用于学生,也适用于教师。这种相互作用与相互影响,普遍存在于生与生之间、师与生之间、师与师之间,是养与育、教与学共同相伴的方式,是既关注结果,又静待花开的过程。

当然,办学思想的形成需要校长来提炼,更需要通过学校教育这个职业平台,在学校德育、课程、课堂等各种具体的活动过程中,提升教师对教师这个职业的认同度。贵阳二中多年来,就是不断思考与完善"教育:唤醒 陪伴 引领"的教育思想并在这一思想的引领下开展教育教学实践,从而取得了一定的成效。学校教师的职业认同感与学校归属感正在不断增强,目前已有"唤醒 陪伴 引领的教育教学实践丛书"四本出版问世。

3.由思至行:实践创新、辐射带动、示范引领

校长是有思想的实践者,思想来源于实践,又指导着实践,实践又不断丰富着思想。作为校长,当然需要首先办好自己的学校,但是作为名校长、领航校长,其站位与境界应该更高、责任感与使命感应该更强,应该始终牢记习近平总书记"四有好老师"的要求,争做党与人民满意的好老师。尤其作为贵州的校长,更应努力做到成为"教育改革的奋进者、教育扶贫的先行者、学生成长的引导者"。思高行远,行远境高。贵阳二中依托建立的名校长工作室,整合资源,统筹规划。就在2018年,她就带领七十余名工作室学员北上郑州、东赴宁波、西联成都、南抵广州学习考察,还组织学员校和成员校开展了三次大型的成员校间同课异构、展示交流会,两次学员校间互助诊断、管理沙龙主题活动,积极开展精准帮扶活动,送课送培、深度诊断,带领了38位影子校长跟岗培训,近10名工作室学员到校跟岗两周以上,一大批学员著书立说、成长迅速。不少工作室的成员从副校长的岗位提升到了学校"一把手"的岗位,不少中层走入副校长的行列,也有不少教师成了省级名师、省级骨干。与此同时,她的名校长工作室在省教育厅、市教育局的统一安排下,在黔南州罗甸县边阳中学、黔西南州望谟县望谟第二中学各设立乡村工作站一个,开展各种专题活动23次,引进专家讲座17场次,推送研讨课、示范课45节,送培讲座7场,开展对外培训721人次,发挥了一定的辐射、引领、示范、带动作用。

"由培识己、由己而思、由思至行"的过程,很大程度上,就是一个校长从自我认同、职业认同到价值认同的过程。虽然本文主要以贵阳二中的校本实践为例子,但是据笔者的了解,贵州的校本经验都是在习近平总书记"四有好老师"的指引下,在教育厅以及省名校长管理办公室的领导与专业指导下,通过校长

自身的自我认同,提炼出符合国情、地情、校情与学情的个性化办学理念。例如,贵阳八中的"洞见光明的教育"、凯里一中的"'点燃激情 理性发展'的教育",以及六盘水实验一中的"灵性教育"等,在这些具有个性化办学理念的引领下,学校办出了各自的特色,为贵州特色教育强省的战略做出自己应有的努力与贡献。

正如教育是不断唤醒、陪伴与引领的螺旋上升的过程,走向"四有好老师"的价值认同也是一个不断实践、思考、学习、再实践、再思考的过程,只有不断感恩奋进、砥砺前进,才能在为党育人、为国育才的教育实践中实现自身的价值追求。

(本文系教育部中学校长培训中心副教授王俭2019年9月发表于《教师教育研究》第31卷第5期的学术论文,该文以贵阳二中的办学事迹为主要案例,故特此选载)

3.

坚定理想信念追求,像大先生一样做教育

段丽英

新时代是中华民族实现强起来的时代。"新时代的中国青年要以实现中华民族伟大复兴为己任,增强做中国人的志气、骨气、底气,不负时代,不负韶华,不负党和人民的殷切期望!"在庆祝中国共产党成立100周年大会上,习近平总书记深情寄语新时代中国青年,为我们做好教育工作带来启示。教育工作者承担着培养时代新人的重任,要以立德树人为根本任务,引导青年筑牢理想信念,做志存高远的追梦人,努力做培养时代新人的"大先生"。全国领航班的第二期学员培训班的结业,既是一个终点,又是一个新的起点。在先前的论坛和报告中,领导们给予了我们教育同仁对教育的期盼、希望和鼓励,同时指明了我们今后要努力的方向和应该追求的目标,我们要像大先生一样去做教育,去成为未来教育的大先生。《礼记·学记》云:"玉不琢,不成器;人不学,不知道。是故古之王者,建国君民,教学为先。"校长是一所学校的灵魂,评价一所学校首先要评价它的校长。国家把整个的学校交给了你,你要用整个的心去做整个的校长。我自认为自己距离大先生还相差甚远,但是不断地追求像大先生一样做教育确实可以成为我们教育的常态,成为我们该有的样子。

一、大先生的时代意蕴

1.大先生的来源

要成为大先生,首先得清楚大先生的内涵。"先生"原本是尊称,"大先生"早年间常见称呼鲁迅之用,后被用来称呼那些拥有独立之精神、自由之思想、高大

之本领的人。"一年树谷,十年树木,百年树人。"在前进的道路上,一代代人民教师为培养社会主义建设者和接班人夜以继日、不懈奋斗。早些年被称为大先生的人,有我们耳熟能详的王国维、鲁迅、梁实秋、梁启超、蔡元培、刘文典、陈寅恪、熊十力等大家。实际上每个年代都有每个年代的大先生,当今时代是一个历史上最接近中华民族伟大复兴的时代,这个时代需要造就一批堪当时代大任、堪当民族复兴大任的人才,这个时代也是一个呼唤大先生、造就大先生的时代。

2.新时代大先生的内涵解读

在新时代,"大先生"被赋予了新的内涵。习近平总书记在全国高校思想政治工作会议上强调,教师不能只做传授书本知识的教书匠,而要成为塑造学生品格、品行、品味的"大先生"。这里的"大先生"是指品行高尚的教师,强调要"以德立身、以德立学、以德施教",大先生必须要品德高尚、行为模范。基于此,学者们也对大先生进行了不同视角的解读。有学者认为"大先生"的重要论述是习近平总书记关于教师教育思想的集中表达和高度概括。"有知识"是师者为师的专业需求;"有道德"是师者为师的德行根本;"有素质"是师者为师的核心要求;"有品行"是师者为师的修养保障。也有学者认为先生之大,在于信仰之"高";在于修为之"深";在于学识之"实";在于育人之"智"。还有学者认为大先生要心中有爱,要胸怀"国之大者",有大格局,要有大学识、大技艺。总体来说,新时代教师不仅仅要做一个合格的"教书匠",更要做一个顶天立地的"大先生"。

大先生拥有三重境界:一是大先生需要有"大格局"。"格局",是指一个人的思想、学问、视野或人格层次。一个人的格局有多大,决定他能走多远,教师更是如此。教师需要有开阔的视野和高贵的灵魂,需要有家国情怀,需要拥有中华民族之魂,矢志为国家培育社会主义建设者和接班人。二是大先生要有"大学识"。大先生不仅仅要拥有深厚专业知识功底,还必须有过人的学识。信息化的时代,知识的更替瞬息万变,新时代的大先生不只是"术业有专攻",还得有跨学科理念,注重培养跨学科素养,必须与培养新时代学子的要求相结合。三是大先生要有"大技艺"。新时代,新要求。随着课程改革的深入开展,人们对美好生活的需求日益增长,社会对教师已经产生了"从量变到质变"的期望,培养有"家国情怀、创新意识"的接班人更是国家和社会的要求。教师要"甘当铺路石",要积极作为,做一名坚定的"改革派"和"教育家"。

二、像大先生一样做教育的时代要求

1.追求像大先生一样做教育,争做"四有三者好老师"

习近平总书记提出,教师要"甘当铺路石",要"当好学生成长的引路人"。讲到习近平总书记对教师的相关论述的时候,我们贵州是一个与习近平总书记非常有缘分的省份,早在2014年的9月9日,习近平总书记在北师大考察时,就和我们贵州的骨干小学老师进行过交流,并在与北师大师生代表座谈时提出了"四有好老师"这样一个概念。紧接着在2015年9月9日的教师节前夕,习近平总书记又给贵州的老师回信,提到了贵州的老师要争做"三者",即教育改革的奋进者、教育扶贫的先行者、学生成长的引导者。"四有三者好老师",实际上指向的就是我们作为新时代的教师应该是胸怀国之大者,要坚持为党育人、为国育才的理想信念,要担当办人民满意的教育职责,要勇于跟上时代的潮流,自觉践行时代使命,燃烧民族复兴的火炬,高举人类命运共同体的大旗,坚守为人民服务、以人民为中心的教育理念。

2.追求像大先生一样做教育,做好"四个引路人"

像大先生一样做教育是时代的要求。首先,要做"四有三者好老师",其次,要做"四个引路人",即做学生锤炼品格的引路人,做学生学习知识的引路人,做学生创新思维的引路人,做学生奉献祖国的引路人。以上都强调理想信念的重要性,作为教育者,我们应该拥有坚定的教育理想、教育理念。坚定的教育理想是大先生的灵魂,是教师应该遵循的基本规则,而教育理念实际上就是关乎培养什么样的人、如何去培养人的问题。作为教育者,需要时刻保持自省,作为教育管理者,不仅要自省,还要时刻关注教师们的理想信念是否出现偏差。

3.追求像大先生一样做教育,做到"四个统一"

新时代要求我们要像大先生一样去做教育,必须做到"四个统一":一是教书和育人的统一;二是言传与身教的统一;三是潜心问道和关注社会的统一;四是学术自由和学术规范的统一。四个"统一"要求当今时代的教育者,尤其是作

为领航班学员的我们,应当承担自己的使命和责任。这样的盛世也涌现出了很多的大先生,比如已年过九旬的于漪先生、顾明远先生,还有我们都熟知的受到表彰的张桂梅先生等,他们都是在时代潮头当中,在教育行业上做出了重大贡献,体现了一个大先生的担当和作为。所以在这样的一个时代里面,我以为的大先生,是心中有爱、胸怀国之大者,有大格局、大学识、大技艺之人,同时,是一个信仰之高、修为之深、学识之广,拥有育人智慧的教育智者。在这样的一个前提下,我们才能够培养出一代立大志、明大德、担大任的时代新人,当国家需要的时候,这些新人才能够担当起时代的重任。

三、追求像大先生一样做教育之贵阳二中教师队伍建设

教师队伍的建设前提是掌握教师专业发展的内涵和特征。教师专业发展由英文词语 Teachers' Professional Development 翻译而来,是一个外来的概念。《世界教育年报》(*World Yearbook of Education*)指出教师是在教室内教导学生及提供教学服务的工作者,因此他们必须以提高教学水平及扩展个人知识及技能为发展方向。这个以发展教师"专业能力"(Professional Competence)为目标的取向就称为"专业发展"。因此,教师专业发展主要是教师个体层面专业素养和能力的提升。古斯基(Guskey, T. R.)认为:"教师专业发展是增进教育者专业知识、技能和态度的过程和活动。"叶澜等人把教师专业发展理解为"教师的专业成长或教师内在专业结构不断更新、演进和丰富的过程。"陈永明认为:"教师专业发展是一个终身教育过程,是一个教师素质内化的过程,是教师专业自我形成的过程。"实质上,教师专业发展就是教师通过不断学习新知识,提高专业能力和各方面素质,由教学新手成长为专家型教师的过程。同时,教师专业发展具有自主性、阶段性、连续性、情境性和多样性。

1.坚持"教育:唤醒 陪伴 引领"的办学理念

教师队伍建设中,理想信念、办学理念、育人目标、课程素养、教学能力是五个关键词,需要从这五大重要维度来践行。教师作为立教之本、兴教之源,必须要有坚定的理想信念,要知道为谁培养人、怎样培养人,具体就演变成学校个性化的表达。办学理念对促进教师专业自主发展至关重要。办学理念涵括办学目标、办学思路和办学特色等内容,具有统领全校工作的地位,是学校发展的灵

魂。贵阳二中在"教育:唤醒 陪伴 引领"这一办学理念的统领下,在遵循教育认知规律的基础上,由内驱力的唤醒,再到过程的陪伴,最后到关键环节的引领,并将这一螺旋式上升的践行理念的方式分解为提升教师专业发展、课程建设、课堂建设、学生管理等具体路径来推进工作,因符合个体成长的规律取得了良好的成果。这也印证了教师专业发展不是一个零散、随意的工作,而是在理念指导下的整体工程。

2.突破教师职业"高原困境"的三大途径

第一,通过开发课程,解决"高原期"教师的"情感高原"问题,即思想问题。只有教师思想意识发生改变才能有行动地跟进,所以学校拟通过开发思政辅导、心理健康、师生共情、生涯规划这四类"唤醒"系列课程,分别突破"情感高原"的职业认同危机、情感认同危机、学生认同危机、自我认同危机,帮助"高原教师"走向"愿为",唤醒职业"高原教师"再出发的动力。

第二,通过构建教研共同体,解决"高原期"教师的"技能高原"问题,即专业能力问题。在教师思想意识改变的问题解决后,需要行动的跟进,而这其中最重要的就是教师的专业能力,所以学校拟通过优化校本教研方式、构建高效课堂模式、实施"双导师制"、构建研修共同体分别突破"技能高原"的教学方式困境、课堂管理困境、沟通协调困境、研学反思困境,帮助高原教师走向"能为",陪伴职业"高原教师"提升再出发的能力。

第三,通过搭建资源平台,解决"高原期"教师的"发展高原"问题,即外部环境问题。在教师思想意识改变、专业能力提升的问题解决后,需要外部大环境的配套,所以学校拟通过前后测对比、搭建发展平台、建立健全制度、完善评价机制分别突破"发展高原"的自我诊断缺失、资源平台匮乏、制度建设落后、评价体系单一问题,帮助"高原教师"走向"乐为",改善教师生态环境,打造促进"高原教师"发展的良性生态圈,最终实现教师专业自主发展。

3.助力教师专业自主发展的"115"策略

(1)开发一套诊断测量工具。开发了《普通高中教师职业现状调查问卷》来了解教师整体职业状态,判断学校教师群体职业特征的"高原期"程度;开发了《教师访谈提纲》,针对不同类别的人群进行设置,深度了解存在的实际问题,深

层次挖掘"高原期"的原因,补充完善前期的问卷调查;开发了《教师专业自主发展现状测评量表》,从情感、技能、专业发展三个维度进行量化测评,帮助教师明确自身的职业发展现状,挖掘产生"高原期"的各种因素;开发了《教师专业对标对表自我检测量表》,帮助教师盘点自身专业发展的基本条件,明确发展方向和发展路径。

(2)完善一套教师专业发展的课程体系。开发了"唤醒课程""研修课程"和"共建课程"三大类课程体系助力教师的专业自主发展。其中,唤醒课程包括"职业认同和职业情感课程""多类型优质资源引入课程""多方位沙龙交流座谈课程""多平台优质资源社交课程",旨在解决教师的职业认同危机、工作认同危机、学生认同危机和自我认同危机;研修课程包括"校本教研方式优化课程""教学课堂的规范与优化课程""工作人际环境沟通优化课程"和"共研共修课程",来助力教师走出教学方式困境,走出课堂管理困境,走出沟通协调困境,走出研学反思困境;共建课程包括"教学资源共建课程""核心团队共建课程""教学思想共建课程",来帮助教师走向高效工作、打造优秀团队以及成就卓越自我。

(3)优化教师专业发展的五大策略。提炼了优化教师专业发展的五大策略。一是价值引领的自我诊断策略,主要是助力学校的师风建设,帮助教师消除倦怠,找到方向;二是目标导向的自我激励策略,目的是推进教师队伍建设,形成梯级发展势态;三是研训一体的自我发展策略,帮助教师形成"参与、体验、互动、共建"一体的研训模式;四是激励机制下的自我反思策略,达成让教师在反思中再出发、在前进中再反思的目标;五是制度保障中自我实现策略,主要通过建章立制、搭台引资、创新机制来保障教师实现自主发展、自我完善。

实现中华民族伟大复兴的中国梦,归根到底靠人才、靠教育。生逢伟大时代,我们是党和国家的事业发展生命力,必须要练好内功,提升修养;做到信念坚定,对党忠诚;注重实际,实事求是;勇于担当,善于作为;坚持原则,敢于斗争;严守规矩,不逾底线;勤学苦练,增强能力,不辜负党和人民的期望重托。我们要用理想来引领理想,用信念来引领信念,让有信仰的人去讲信仰,努力培养出更多能够担当民族复兴大任的建设者、接班人。我们将努力朝着大先生办学的样板去前进,同时也造就更多的大学生。持续推进教师队伍高质量发展,以新发展理念指引教师队伍高质量发展,以新课程改革新教材促进队伍专业新发展,以大先生的教育自觉造就未来大先生。强信念,明理念,关注核心素养。以"三新"改革为契机,寻求队伍建设新生长点,做学生学习的组织者和促进者,做教育教学活动的研究者、设计者,做课程建设的实施者和开发者,做学生发展的引领者和指导者。教育工作者承担着培养时代新人的重任,要以立德树人为根本任务,引导青年筑牢理想信念、做志存高远的追梦人,从而努力成为培养时代新人的大先生。

4.

唤醒内驱、陪伴成长、引领发展

——"三新"改革视域下贵阳二中育人方式的变革

曾　拥

2021年注定是不平凡的一年。对于我们贵州的教育工作者来说，新课程新教材新高考的各种信息装满了我们整个夏天。"3+1+2"、选课走班、"两依据一参考"、生涯发展规划、综合素质评价等，都成了我们探讨的热点，其中育人方式改革更是热门话题中的热门。

"三新"背景之下，一系列新问题摆在了我们面前：课改理念如何落实？关键能力、必备品格如何培养？深度学习如何开展？德育新问题又如何去应对？我们该怎么做？从结构上说，高中阶段好比是整个教育的"腰"，承担着基础教育和高等教育的衔接功能。腰不硬人不立，由此可见高中教育的重要性。而纵观教育改革，尤其是育人方式改革后的变化，就会发现，教育已经开始从知识本位走向素养本位、从以教为主转向以学为主、从学科"割裂"走向学科"统整"、从"坐而论道"转向"学科实践"。

近一段时间，教育部先后出台了一系列政策举措，比如：保证学生的睡眠，加强手机的管理，执行教育的惩戒，提出了破"五唯"等，我觉得，其实这一切都是在尊重生命的成长，回归教育的本源；都是在促进学生全面而有个性的发展，为学生适应社会生活、高等教育和职业发展做准备，为学生的终身发展奠定基础。

一、育人方式改革的重要性和必要性

综合2014年教育部印发的《教育部关于全面深化课程改革 落实立德树人根本任务的意见》和2019年的《国务院办公厅关于新时代推进普通高中育人方式改革的指导意见》这两大文件,我们可以看到:国家已经把育人方式改革作为凝聚人心、完善人格、开发人力、培育人才、造福人民的工作目标。而通过育人方式改革去培养德智体美劳全面发展的社会主义建设者和接班人,将要面临更多问题——需要构建全面培养体系、需要优化课程实施、需要创新教学组织管理,还要加强学生发展指导等。

为什么这么难,我们还要努力去做?

首先,这是高中生核心素养培养的时代要求,从2014年和2019年教育部先后发布的这两个文件就可以知道。而加强学生发展指导则是学校落实核心素养培养的重要途径及要求。

其次,这是新课程标准及新高考改革的要求。在新课程新教材新高考"三新"背景下,我们更清楚:对于高中教育来说升学不是唯一目的,高中也不是大学的预科阶段,"育人"才是主要任务。

最后,是一部分学校和学生仍然存在诸多问题,亟须改变。尤其是随着近年来进城务工人员子女比例的大大增加,家庭教育能力影响孩子教育的问题也日益突出,因此容易出现意识不强、指导不力、管理不系统、理念缺位等问题。

这些都阻碍了学校育人方式改革的推进,影响了学校办学质量的提升与发展。

二、关于育人方式改革的思考

当下,在育什么人和为谁育人已然明晰的情况下,怎样育人以及如何提升育人质量成为未来中国教育改革亟须回答的重大问题。

我们都在说"立德树人""五育并举"和"五育融合"。所谓国无德不兴,人无德不立。立德树人自古以来就是教育的重要手段。"五育并举"要求培养学生德智体美劳和谐发展,要注重社会价值与人的发展价值相统一。而"五育融合"则强化学校办学过程中要加强德智体美劳五育的并列、并提和并重。

所有教育活动对人产生的育人成效,很难截然分割为这是德育,那是智育、体育,或者美育仅在这里体现,劳动教育只在那里浮现……实际上,每一种教育教学行为,都可能对孩子的生命成长产生综合影响、综合效应,每种教育的成长效应往往是相互贯穿、相互渗透和相互滋养的。

"五育融合"是在"五育并举"的前提下提出的。"五育并举"强调德智体美劳缺一不可,是对教育的整体性或完整性的倡导,"五育融合"则着重于实践方式或落实方式,致力于在融会贯通中实现"五育并举"。因此,"五育并举"是教育的一种手段,"五育融合"则是思维的转型。

三、贵阳二中育人方式的变革

正因如此,在"立德树人""五育并举"和"五育融合"的要求下,我认为:一所学校要想成为有生长力的学校,学生要基础扎实、要行为规范、要学有所长、要自主发展,教师要爱生敬业、要学养深厚、要勤于反思、要充满活力,同时课堂有生成,课程可拓展。

贵阳二中1931年建校,有90余年的办学历史。在"教育:唤醒 陪伴 引领"的办学理念下,二中人一直秉承"一切教育最终都是自我教育,一切发展归根结底都是自我发展"的思想,致力于全面落实立德树人的任务,努力培养德智体美劳全面发展的社会主义建设者和接班人。贵阳二中育人方式的改革之路,正是强调自主、强调体验、强调兴趣,培养学生追求卓越、勇于笃行、自主发展之路。经过实践,我们通过课程开发、成长指南设计以及评价方式变革三个途径来构建我校高中生自主发展的育人模式,从而实现了通过育人方式变革来促进我校学生的全面发展,并取得了良好的效果。

我们确定了将"目标、过程和评价"作为关键环节,进行了以课程为载体、过程为路径、评价为导向的实践研究,构建了有二中特色的育人体系——也就是贵阳二中"BAIS"育人体系和高中生自主发展的"1+4+N"育人模式。

1."BAIS"育人体系

这个名称是由办学理念(Belief)、动因(Agent)、认同(Identity)、自我(Self)的英文单词的首字母构成的一个新词,与Base(基础)谐音。"BAIS"育人体系立足当下、着眼未来,构建了"目标引领与机制保障"相结合的自主发展育人模式。

这个模式更加关注以人定学、以人定教，唤醒内驱前置需求，最终形成思想引领、自我内求的共建体系。

"BAIS"育人体系由一个办学理论（就是"教育：唤醒、陪伴、引领"理论）、分别来自学生和教师的两个动因、三个认同、四个"自我"组成。其中，办学理论是指导；两个动因是教育主体和教育客体的内在动力，分别指学生的自主发展动因和教师的专业发展动因；三个认同指向教师自主发展的必需，即职业认同、专业认同、价值认同；学生最终实现四个自我发展，即自我认知、自我教育、自我管理、自我实现。"BAIS"育人体系注重人由内而外的发展，着力开发人的内在动力。我们经过10年的不断研究与实践，形成了具有可操作性的"1+4+N"高中生自主发展育人模式，有效地帮助学生在更大的自由空间内发展，贯彻了以人为本的教育观念。

2.高中生自主发展的"1+4+N"育人模式

即"一个课程群、四个成长方案、N个多元评价指标"，实现了育人质量的显著提升。

（1）唤醒学生自主发展的内驱，开发"五力"课程群。为了唤醒学生自主发展的动因，围绕学生发展的必备品格和关键能力，我们开发了"五力"课程群。这个课程群以德育为先导，将德育课程与培育学生"内驱力、学习力、实践力、发展力和创新力"这"五力"融合构建，也就是"认知自我—发现自我—实现自我"的内驱力课程、"学法指导—学力要素—学科学习"的学习力课程、"学会生活—体验研究—研学实践"的实践力课程、"心理发展—生涯发展—社会参与"的发展力课程、"创新意识—创意活动—科学精神"的创新力课程。

内驱力课程聚焦学生内在动机和内在动力的唤醒和引导，学习力课程、实践力课程、创新力课程则对应陪伴所负责的能力培养，发展力课程在"五力"课程群中起到引领作用，内驱力课程、学习力课程和实践力课程符合人的身心发展规律。这个课程体系将国家课程与校本课程有机结合，从思想到操作层面逐层递进、衔接发展；打破了学科界限，从形式到内容上实现了学科间的互通与融合；加强了课堂内外的联系，实现了课程资源的互补与共建。

"五力"课程群在德育课程、活动课程、学科拓展课程的融合上下功夫，让枯燥无味的讲述、说教从课堂上消失，取而代之的是各种各样结合了实践和应用、

思考和体验、动手能力和表达能力的综合型国家课程的校本课程。

（2）陪伴学生的高中生涯，研发自主发展成长指南。自主发展成长指南是将思想指导与行动指导有机整合，贯穿全过程，根据学生情况，面向全体的以预防和发展为主，矫正指导的以个辅和小型团辅方式跟进。

比如：《学业发展指南》是以选课指导、学法指导和升学指导为主要内容，以讲座、导师制、反思讨论为基本形式，指导学生有目标、有方法、有质量、有效率地学习。

再比如：《实践创新指南》是以研究性学习、研学旅行、课题研究、项目设计、社区服务与社会实践等为主要载体，让学生在体验中内化知识、提高能力、学会创新。

（3）引领学生健康可持续发展，生成自主发展评价指标。与此同时，在高中生自主发展评价指标上，强化了评价指标分类和评价指导分级。

我们以指标为导向，发挥评价的功能，从两个层面为学生的发展提供了建议。其一是个人层面：个人层面的评价从日常操行评分、综合素质评价以及学生发展自我诊断三个方面编制量表，关注学生个体的过程性发展，结合育人目标与现实的需要，为学生的个人发展提出针对性意见。其二是集体层面：集体层面的评价主要收集他人对学生的评价，从1.0版的"自评、互评、教师评"发展到2.0版的定性与定量、小组评价，再到3.0版的自适应评价，旨在从客观角度评价学生个体，促进学生个性化成长与自我发展，实现个体社会化。

两种层面的评价互相补足，意在在学业评价的基础上鼓励学生继续进步，清楚自己的能力分布，发展自己的长处、补足自己的短处。这样的评价体系不仅为学生的个人发展服务，也为教师获得信息、修改自己的教学策略和教学方案提供了参考和依据，同时还为全面推进新课程、新高考改革奠定了基础。

总体来说，高中生自主发展育人模式对高中学生成长有四个方面的帮助，分别是：以课程开发为突破，"五力"素养为成长蓄力；以指导方案为载体，四个维度为成长发力；以评价指标为导向，两个层面为成长助力；以平台创新为依托，四大平台为成长聚力（学校为学生提供的这四大平台尽可能地顾及了学生发展过程中学校教育能做到的方面，这是课堂教学之外的延伸，与"五力"课程相呼应，成为一个完整的学校教育体系）。

3.高中生自主发展育人模式实施后取得的成果

(1)教学业绩显著。我校教学质量提升明显,高考成绩逐年攀升:从2011年至2019年的数据看,学业水平考试一次性合格率均达100%以上。高考成绩连续三年荣获贵阳市普通高中教学质量"入出口"评估城区示范性高中类一等奖,2019年一本上线率较2011年提升24.92个百分点,二本上线率提升16.89个百分点。

我校的学生研学旅行案例及成果写入高中教材:2019年5月,贵州人民出版社出版《贵阳市中小学研学旅行读本》,把我校研学旅行的学生案例、成果编入中学、小学教材中(见初中版38~40页,高中版50~60页)。

(2)学生发展喜人。学生快乐成长、特色彰显,学校在提质减负促进学生自主发展上成效明显。据不完全统计,近三年学生各类比赛获奖352项,其中国家级获奖23人次,省级一等奖88人次。 2017年全国首届少年星创客马拉松比赛中,焦成、崔俊杰设计的"少年星"原型样星获全国金奖,被人民网、新华网等各大媒体广泛报道,两位"上星少年"得到中科院院士高度肯定,学校被授予"少年星"原型样星共同研制单位。

(3)学生自主发展育人模式的实施也成就了教师的专业发展,成效明显。比如:近年来,我校省市名师及骨干教师数量激增,教师专业发展提速增效、研学并举。对比现状,至少有三个突出变化:一是参与研究的人由少到多,二是由"纸上"研究走向行动,三是研究由表面走向深入。学校被评选为普通高中新课程新教材实施国家级示范校(贵州省只有三所示范校,我们是其中一所)。

四、贵阳二中育人方式变革实践的启示

回望这一路走来,我们一直坚持致力于高中生自主发展育人模式的实践和探索,我认为:坚持党的教育方针,坚持"立德树人"和为党育人、为国育才的育人宗旨,关注学生的必备品格和关键能力,尊重生命成长和学校教育的科学规律,找准育人机制的关键环节是我们工作的根本出发点。

因此,我们可以总结:

(1)办学理念是一所学校核心价值的集中表达,既反映了学校的办学目标,也反映了学校的办学品质和教育追求,理念与办学实践的深度结合是学校可持续发展的动力。

（2）高中教育是基础教育走向高等教育，学生人生观、世界观形成的关键时期。助力高中生形成自主发展意识、提高自主发展能力既是教育的出发点，更是教育育人价值的重要体现。

（3）优化课程结构、丰富课程内容，深化课堂教学改革，将课程建设与课堂改进相结合，其产生的影响直接作用到学生，间接影响和促进教师的成长，实现真正意义上的教学相长。课程开发与教学改进是关键中的关键。

高中三年是学生成长的关键期，面对"三新"改革下育人方式的改变，尤其是强调培养学生的自主发展意识和能力，这对孩子们今后的人生一定会产生重大的影响。

纵观贵阳二中学生自主发展的育人方式变革之路，我深有感慨：教育就像农业，必须尊重生命成长的规律。学生是生命的主体，最终都要通过自我的成长来实现生命的蜕变。

新一轮的教育改革已经开启，我们任重而道远……

5.

在学科核心素养的培育中促进教师专业发展

邓昌柯

为适应新时代社会主义现代化建设对人才的需求,教育进入了全面改革的快车道。教师是学生道德品质的引路人,是学生坚毅品质的锤炼者。课堂是培育学生核心素养的主阵地,守好阵地关键在老师。因此,教师应该改变原来三维目标为主的传统教学模式,更新思想观念,从重知识、方法、能力转向学生学科核心素养培养。在教学过程中,通过对学生学科核心素养的培养,帮助学生逐渐形成必备品格、关键能力和正确的价值观念,并由此促进自身专业水平的提升。

一、教育改革对高中教师的专业发展意义重大

教育改革最终需要教师去落实,教师是改革中承上启下的关键一环。想要培育学生的学科核心素养,教师首先应该具备相关能力,这将促使教师进行自我革新。以历史学科为例,《普通高中历史课程标准(2017版)》提出了时空观念、唯物史观、史料实证、历史解释和家国情怀五大学科核心素养。五大核心素养的提出,对高中历史教师形成了巨大的冲击——历史教师不能只从学科的角度来认识历史教育,必须从如何培养学生的核心素养多维度来理解。换言之,我们的教育最终是为党育人、为国育才,是培养堪当中华民族伟大复兴之任的时代新人,而不是只教历史学科知识。育人目标的变化意味着高中历史教师必须转变更新教育观念,教学的思维方式上和教学方法上都要随之变化。当前,许多历史教师是为教历史知识而教书,而忽略了在中国特色社会主义新时代背景

下,历史教师的使命是培养具有家国情怀的社会主义建设者和接班人,历史老师是肩负着传承优秀传统文化之重任的传承者。在高中历史教学中,许多老师仍然固守"背多分"的信条,依赖教材和教参就完成了备课及课堂教学,师生均缺乏对经典书籍的阅读,知识的广度深度都受到极大的限制。高中历史教师如何在自我提升的学习和培训中逐步提升自身的学科核心素养能力,不断汲取历史知识的养分滋润教师职业生涯的生命,将是所有立志成为优秀高中历史教师的教育人面对的新命题。历史学科如此,其他学科亦然。

二、高中教师在新课改中面临的挑战

职业倦怠和教学固化是高中教师在新课改中面临的两大主要挑战。在教师职业发展生涯中,由于家庭、年龄、身心健康等方面的原因,许多老师出现了职业倦怠,他们逐渐放弃了职业生涯中教育梦的追寻。一些年龄稍长或职称荣誉达到"天花板"的老师出现疲软或我们通常所说的"躺平"状态。面对新课程新教材改革的迅猛"攻势",一部分教师手足无措,固化的教学模式让他们出现"水土不服"的现象,他们或是消极应对,或是怨天尤人。

殊不知,面对新时代对教师职业提出的新要求,想要不在教育改革的浪潮中被淘汰,作为培根铸魂的教育人,教师只有做时代的弄潮儿,顺势提升自身的学科核心素养培育能力。

三、教师需具备的学科素养培育能力

要达成培育学生核心素养的目标,教师不仅要有扎实的知识,还要有课程资源的整合能力、驾驭课堂的高超技能以及教学逻辑思维能力。下面以历史学科为例加以论述。

1.提升个人专业素养的学习力

"形而上者谓之道",历史学科呈现出众说纷纭的状态,但其中共同点就是强调学生在具备基础知识的前提下,古今贯通,中外贯通,要在学史中形成批判性的思维,学史鉴今,学史明智,从而达到提升个人素养的目的。我们常说,要给学生一碗水,老师就应该有一桶水,若要让学生具备学科素养能力,就要求老师深挖历史知识,不断提升能力水平。老师的能力来自平时的积累,所以阅读应该成为我们生活中的常态。当前,老师阅读的方式和渠道日益多元,很多的公众号都有丰富的有价值的书籍介绍,历史小论文、各种教学设计、教学实录、教学讲座、教研论坛都是我们扩展知识的载体。比如:"历史教学园地""高中历史教育""历史论文阅读分享"等微信平台都是值得历史教师遨游的知识海洋。历史教师要想让自己的课堂吸引学生,让枯燥的历史课变得更有趣味,就需要具备丰富的知识积淀。正如一名学生怀着无比崇拜的表情对笔者说:"我们初中的历史老师上知天文,下知地理,还懂军事……"质朴的语言无疑是对笔者最好的鞭策。

2.任务驱动性的问题设计能力

历史学科具有培养学生逻辑思维能力,使其形成正确的人生观、世界观和价值观,塑造其优秀的道德品质的功能。历史教师通过任务驱动激发学生的学习兴趣和培养学生的思维能力,可以更好地实现历史学科本身的育人功能与价值。提升教师的任务驱动性问题设计能力,需要注意两个方面。

一是理清历史课堂上常见的提问类型。课堂上,无效提问的现象比比皆是。比如:"隋唐时期的选官制度是什么?是科举制。"这种自问自答的独角戏,无视了学生的存在;又如:"北宋加强中央集权的措施是不是造成了积贫积弱的局面?是的。"这种选择性回答的问题毫无思维价值,对学生的深度学习无益。曾经听了一节高一历史课,我统计了一下,这位老师选择性提问的次数高达10次。下课后,我与这位老师交流,她却表示不记得自己这10次提问的内容是什么了。另外,简单式提问在我们历史老师的课堂上也是随时出现。这些都是值得高中历史教师深刻反思的。老师在进行课堂问题设置时,需要主要围绕培养学生学科核心素养,根据课堂问题设置的原因、问题提出的价值、学生的认知范围、学生思维的引领程度等方面来设计。这些是我们老师应该思考和重视的,那种低层次的、无效的问题应该被摒弃。

二是探究设计课堂问题的策略。在教学设计中,教师通过设置探究性问题来引导学生深度思维,在思维培养的过程中实现学生的学科核心素养培养。问题探究要能启发学生思维,就需要设置有效的问题。首先,问题设置不能随意,需要围绕学生核心素养的培育。其次,问题要有利于学生进行深度探究。再次,设置的问题要具有梯度性和技巧性,比如是采用反问的方式提问,还是逐步推进的方式等,这些都是值得深思和斟酌的。最后,设置问题难易应适中。太易或太难的问题对学生进行有效探究都是不利的,理想的问题应建立在学生已有的知识和能力基础之上,能够最大限度拓展学生的学科思维,便于学生进一步发现问题和解决问题。比如,在讲授"三国两晋南北朝的政权更迭与民族交融"一课时,围绕学习目标的要求,为了让学生理解此阶段民族交融的内涵,笔者呈现给学生一个梯度任务。首先,设置第一个问题:学生通过阅读教材相关内容,对比分析前秦与北魏统治者不同的民族政策。通过此问题的设置,学生能从对教材上基本知识的掌握过渡到对比分析,一方面放手让学生自己归纳基础知识,另一方面在学生具备知识储备的情况下进一步引入探究,对比前秦和北魏两个朝代民族政策的不同,此步骤使学生的唯物史观、时空观念核心素养都得到了培养。其次,总结北魏孝文帝改革的历史意义,对比分析后,归纳概括,学生思辨能力进一步得到深化。最后,通过小组讨论的方式,并结合生活例证阐释民族交融的内涵,合作探讨,学史明今,中华民族多元一体的意识自然形成,学生对当今社会多民族的交融有了进一步的认识。

3.课堂中的教学资源运用能力

2017年版普通高中新课程标准指出:史料是历史学习不可缺的载体。史料包括文献史料、实物史料、口述史料、图像史料等。要培养学生的史料实证素养,必须做好材料的搜集、整理,要秉持大胆怀疑、多源互证的原则。通过史料教学,让学生形成辩证唯物主义观,培养学生正确的态度和价值观。在史料教学过程中,坚持"论从史出""史论结合"的原则,将可信的史料作为证据,经过反复论证,形成证据链。要培养学生的核心素养,就需要教师进行深度学习,不断提升自身的史料素养。比如,史料在历史教学中究竟有怎样的价值? 史料在培养学生核心素养方面有何重要意义? 在史料教学中,应该使用文献性史料,还是图像性史料? 哪种史料是可信的? 我们不能局限于对史料的了解和应用,更应理解史料在解决问题、理性判断和探究真相等方面的价值。如:在设计"三国两晋南北朝的政权更迭与民族交融"一课时,为了让学生了解魏晋南北朝政权更迭与民族交融、区域开发的主要表现,认识其基本特点和历史意义,其中,将三国两晋南北朝政权更迭和北方少数民族内迁的情况以地图呈现,使学生直观地感受当时少数民族政权频繁更替中民族的交融。北方战乱,大量人口南迁,给南方的发展带来了深远的影响,从而引出本节课的第二个任务:学生通过阅读教材相关内容,并结合材料,自行归纳江南地区经济得到发展的原因、表现和影响。针对此问题,我分别从《史记》和《宋书》上各选择了一则材料,同时呈现2019年我国南北部分省份的经济发展的形势变化图,用多重材料印证当时南方经济得到了开发和发展。

4.教学中运用史料论证的能力

新课改在延续掌握必备知识的基础上,注重充分发挥历史教育在培养学生人文素养、理想信念和家国情怀方面的作用和价值。这几种学生能力的培养都基于教师的论证能力素养。在论证过程中,如何形成严密的逻辑思维链,选取哪些历史材料作为证据,都是需要思考的问题,还要注意选择多元材料进行比较甄别,选取真实且具有说服力的材料。论证的过程应该严密和科学,在论证过程中要基于事实进行分析,不能单纯对结果进行解释。

由历史学科延展开来可知,一名教师要具备培育学生核心素养的能力,应当具有强烈且持久的学习能力、教学资源的开发整合能力、教学问题的设计能力和严密的学科逻辑思维。

三、培养教师学科核心素养能力的路径

教师需要保持空杯心态和终身学习的态度,不断汲取新的知识力量,更新自己的知识体系,不仅要树立提升知识和技能专业发展的目标,更要注重自己综合素质的提升。

1.学科理论的学习和实践

学习学科专业理论有利于提高教师的专业素养。教师要以新课改理念指导教学实践活动,在学习与实践中深度思考,在深度思考中提升实践素养,在深度学习中提升理论素养,理论与实践相结合,深度总结两方面的经验,不断提升专业素养。对于历史学科老师来说,一定要深度研究新课标,明确每一个单元的主旨。在大单元教学下,把课与课之间的逻辑关系梳理清楚,找到课与课之间的联系;在单元目标的指引下,确定每一课的学习目标。只有把课标弄懂弄

通,才能更好地进行教学设计,在理论的指导下践行教学实践。

2.融媒体的运用和培训

随着时代进步和"互联网+教育"逐渐普及,越来越多的教师通过互联网进行学习和培训。海量的资源也使互联网具有得天独厚的优势,使我们借助互联网能够近距离接触到先进的教育理论和技术。通过学校的力量,让老师们做到线上研修和线下培训整合、信息技术与学科教学整合、网络研修与校本研修整合,从而实现资源的共享,促进教师的整体发展。当前,我校建立了教师研修平台,平台将教研组、"三名"工作室、学科工作站纳入整体研修范围中。通过平台,老师能够分享中国教师研修网上传的全国优秀专家的各类讲座视频和资源包。学校老师们也可以把学校优秀的资源上传至平台,大家互相借鉴和学习,互通有无。同时平台也是老师展示自己的舞台,能促进老师的学习动力,有力推动教师核心素养能力的提高。

3.专家资源的引领与整合

中学教师往往更注重技能和知识的学习,对学科理论和学科研究的能力比较薄弱,这大大地束缚了教师的专业能力提高,使他们难以成长为专家型、学术型的教师。一线教师若要在专业成长上走得更快更远,一定要有学科专家的陪伴指导,因为品格的养成需要言传身教,单凭埋头苦干对激发教师的成就动机、提供人格感染力作用不大。我们只有把老师送到先进地区或者优质学校学习培训,才能开拓他们的视野。学校要重视和高校的联系,同时可以请大学老师到学校办讲座,与教师交流,使老师了解学科领域内的前沿思想观点,让老师在成长道路上的问题得到解决。我校每年都要组织教师发展大会,邀请高校或者省内外专家到校为老师们举办讲座。如湖南师范附属中学的欧阳根根老师,她与学生的融洽相处模式,同样激发了学科教师探索在课堂上如何与学生建立良好的师生关系;贵阳乐湾小学的熊梅校长主题为"基于大单元教学下的课堂设计"的讲座,教给了老师们践行大单元教学的方法;贵州师范大学吕传汉教授的"三教三学"教学模式、学生体验式教学论文撰写方法等,都如同航道上的启明灯,为教师专业成长的道路上指明了方向。

4.共研平台的创建与拓展

俗话说,三人行,必有我师。学校要充分创设教师共研平台,并在实践中不断拓展范围,加大力度,挖掘深度。例如"三名"工作室平台,要充分运用起来,发挥名师的辐射引领作用,选拔一批业务精良、师德高尚的老师对青年教师、教学上有困难的老师进行帮扶指导。学校要善于发现每一位老师的闪光点,把他们擅长的一面挖掘出来:有的专业知识功底扎实,有的教学技能强,有的教育科研能力突出……教师要相互学习,取长补短。通过教研组、备课组活动,教师间在备课、上课、说课、课题等方面进行交流,互相学习和借鉴,最终实现共同进步成长。各种平台运转起来之后,要逐渐打破平台间的隔膜,让各平台相互交流碰撞,形成新的增长力。跨学科、跨工作室、跨工作站乃至跨校、跨地区进行拓展性交流,让教师开阔视野,激活思维,探寻创新型的、更有效的学科核心素养培育方法。例如,借助语文学科提升历史材料阅读能力,借助数学学科增强论证能力,借助地理学科提升历史空间能力,等等。

总而言之,高中教师要在教学过程中逐步培养学科核心素养,使学生得到全面而有个性的发展,就需要自己有终身学习的意识,在学中做、在做中思、在思中悟,持之以恒,博学笃思,知行合一,不断提升自身的专业素养培育能力。

6.

践行"三新"改革理念,提升常态教研质量

谢基祥

　　新课程新教材新高考综合改革(后面简称"三新"改革)是时代趋势,也是时代责任。新时代要求我们教育人抢新机,闯新路,开新局,出新绩。

　　新课改理念回归到育人本位,表现在三个方面。一是更加关注学生的发展。不仅关注学生在知识、技能上的发展,更突出学生学科核心素养的发展;不仅关注学生智育上的发展,更强调"五育并举"的全面发展和学生的个性发展;不仅关注学生发展的结果,更关注促进学生主动发展的过程。二是更加强调教师的成长。没有好教师,就没有好教育,在以学生为主体的基础上,教师的主导性作用不可或缺,因而,新课改更加重视教师的专业发展需求、专业发展规划和专业发展水平。三是更加重视以学定教的教学理念,强调教师对学生认知水平、情绪状态、思维层次、发展目标的关注。教学的预设要以学情为基础,教学的过程要以学生为中心,教学的预期要以学生的成长为目标。在此基础上,延伸出新的课程观、教材观、学生观、教师观和教学观。

　　如何将新课改理念落实到教育教学实践中?一线学校的教研工作起着举足轻重的作用。因为教研工作关乎新课改理念被教师接受的程度,关乎教师在教学工作中落实新课改理念的方法和过程,关乎新课改理念下的教学对学生发展的效益。因此,学校的教研工作应该围绕"如何践行新课改理念"这一问题建立起符合学校实情的科学务实的工作体系,从顶层设计到工作思路、管理制度、操作方法,最后到工作考评。而且这一教研工作需要形成常态,才能渗透到教学工作的各个细节,产生预期效果。

贵阳二中作为新课程新教材实施国家级示范校,积极践行"三新"改革新理念,不断探索优化和深化常态教研的工作机制,抓好教师专业发展,聚焦课堂教学质量,逐渐形成了具有学校特色的教研工作体系。

一、优化常态教研形式

除了建立一整套教研管理制度外,学校尤其重视教研形式的优化,使教研工作具有较强的针对性和操作性。

1.研讨和实施"1+5+1"课堂教学模式,落实"以学定教"的教学观

"1+5+1"课堂教学模式通过课前"1"环节,即课前导学环节,掌握学生的学情;通过课中的"5"环节,即预习反馈、问题探究、精准点拨、达成检测和总结反思,完成以学生学习目标和生成状态为基础的课堂教学;通过课后的"1"环节,即课后作业巩固,完成对学生学习的检测、巩固和辅导。模式被印制成教案,全员推行,允许和鼓励教师改进和创新。教研活动时集体研讨,形成一课一备成果,然后进行教学实践。

2.推行学习任务清单销号制,落实主动发展的学习观

学习任务清单销号制旨在改变学生学习目标和任务不明的被动状态,让学生在目标清晰、任务明确的状态下主动学习。任务清单由教师根据课标要求和学生学情拟定,在前一周发放到学生手上。教师以任务清单内容安排教学内容,并在完成教学后进行检测。学生完成一个任务,该任务即销号,未完成的任务,需进行补习,直至检测过关。教研活动时,备课组需商讨任务清单内容,编写任务清单检测AB卷。

3.开展说真题教研活动,深化新高考改革背景下的高三教学工作

新高考试题发生了很大的变化,无论是否进入课改区,高考试题都表现出对新课改"一核四层四翼"的积极响应。高考改革倒逼教学变革,教师尤其是高三教师必须认真研究,才能紧跟改革时势,优化自己的教学。说真题教研活动以解说高考原题为基本抓手,推动教师深入研究高考评价体系、课程标准、考试大纲和教材,理清课程、教材、教学、高考之间的内在联系,从而提升教学质量。说真题教研活动要求全员参与,各领专题,集中研讨,并请专家现场指导。活动效果明显,成绩喜人。

4.推广"三主"教研活动,推动新课程新教材下的教学实践

所谓"三主"教研,即一次教研活动包含主讲、主教、主评三个环节的一种集体教研形式。三人为一个团队,分别承担一个专题的主讲、主教、主评任务。主讲者需讲清楚所选专题的理论依据、课程分析、学科核心素养培养要求,以及从教法、学法、教学流程、教学亮点和教学的原创点几个方面解说教学设计;主教者除常规教学要求外,需要重点突显情境设置、任务驱动和支架搭建等新课改要求;主评者评价执教者课堂教学在"三新"理念(情境设置、任务驱动、学习支架)上的体现,教学流程及目标达成,教学活动及目标达成等。"三主"教研模式力争转被动为主动,变负担为担当,以促进新课改落地;转传达为传承,变精英为群英,以促进全员教研;转规定为规划,变零散为体系,以促进教研体系化;转活动为活力,变数量为质量,从而达到以研促教的目的。"三主"教研的推行,在很大程度上深化了教师们对新课程新教材的理解,教师们提升了教学技能,强化了研究意识,专业水平得到提升。

二、抓好教师专业发展

1.建构学校教师专业发展体系,让教师有动力

分析教师队伍的结构特征,找到教师专业发展体系建构的关键环节;响应上级要求,落实教育责任;明确教师专业发展目标,激发教师自主发展动力;拟定适合校情的具体规划,分阶段逐层推进;确定学校管理工作目标,做好"训—养—育"三期发展规划;将目标转化成教师队伍专业发展具体任务,并逐项落实;实施教师队伍专业发展策略,完善保障机制。

2.做好教师培训,让新理念、新方法入脑入心

教师培训讲求线上线下、点面结合。一是做好网络培训,通过手机观看或集体收看形式,完成国家、省市各级新课程新教材培训;二是做好专家培训,聘请省内校外专家到校面授,促进教师对"三新"改革的深入学习;三是开展省外培训,派遣骨干教师赴省外名校培训,参训教师返校后,再做二级培训,发挥传播引领作用;四是组织主题活动培训,借助新课程新教材实施国家级示范校平台,承办市教育局主办的面向全国的"三新"改革主题活动,全体教师参加学习;五是积极参加市级教研,承担市教科所安排的专题教研任务。

3.立足校本,双线推进课题研究,提升教师研究能力

培训是学习过程,但深入理解、逐渐应用还需教师发挥主观能动性去实践,形成合乎校情学情的经验、制度和体系建构。为此,学校积极鼓励教师立足校本,紧扣"三新"改革,开展课题研究。除申报教育部、省市级课题外,鼓励教师积极开展校本课题研究,聚焦教学中的有价值的现实问题,探究有效解决策略。越来越多的教师投入到教学科研中来,教学科研氛围愈发浓郁,教学智慧愈发彰显其推进作用。近年来,教学教研成果年均两项以上获省市级一等奖。

4.发挥教师专长,开展校本课程建设

课程建设分三类,一是国家课程的二级开发,组织教师根据学校生源特点,对国家课程做二次开发,形成合乎校情的专题课程;二是参与地方课程建设,鼓励学校教师积极参加生态文明、综合实践、国学教育等市级地方课程;三是校本课程建设,既有学科类校本课程,也有与社团结合的兴趣课程,目前已相对完整地建立起校本课程体系,并形成成果,获得省市级一等奖。在课程建设过程中,教师的专业能力得到拓展与提升。

5.打造名师,积极发挥教师的辐射引领作用,让教师有魅力

措施有五:一是鼓励教师出教学科研成果,提供人力物力保障,聘请专家指导,让教师有教学则有研究,有研究则有成果,有成果则有平台;二是鼓励教师出著作,帮助教师形成教学思想或理念,使教学体系化、风格化,教师可以更快成长为名师;三是开设教师大讲堂,让教得出色、研得透彻的教师登堂开讲,既增强教师的专业自信,也能推广其经验,产生辐射引领作用;四是支持教师外出讲学,以一种开放的姿态,为教师提供更为广阔的专业交流平台;五是为学校学科带头人工作站、名师名班主任工作室、市级学科基地提供有力保障。

教师师德过硬了,教风便会纯正;专业水平提升了,质量便有了保证。因此,教师专业发展是学生发展的基础,是学校高质量发展的关键。

三、聚焦课堂教学质量

1.研制课堂教学评价标准

为避免教学和评价的随意性,学校研制了《课堂教学评价标准》(表1),并印制在教案本和听课记录本中,让教师教学有的放矢,让教学评价有据可依。

表1　课堂教学评价标准

项目	评价标准	优	良	中	差
教学目标 (20分)	目标准确,标高合理,针对性强;能面向全体学生;体现必备知识、关键能力和学科核心素养	18~20	14~17	12~13	0~11
教学内容 (30分)	注意任务驱动问题化,问题体系化,即大问题分解成若干相互关联的小问题,逐层推进,小问题的解决最后促成大问题的解决	27~30	21~26	18~20	0~17
	教学结构完整,突显重点知识点和能力提升难点。紧扣教学目标,总结知识要点,总结规律,提炼方法,帮助学生有效掌握				
	注重知识的产生和发展的过程,强化各知识点相互之间的联系;知识系统性强;注重知识的拓展和延伸;注重能力的培养				
	选题具有典型性、针对性、有梯度,能兼顾学生差异				
教学方法 (30分)	教师引导到位,学生参与积极,师生互动充分。检测学生掌握度,体现教、学、评一体化要求,设定达标标准,跟进不达标的课后辅导	27~30	21~26	18~20	0~17
	教学方法多样,手段选择运用适当;能有效调动学生的动手能力,提升学生的思维品质				
	对于学生探究问题时产生的重点和难点,老师做精讲点拨,讲出层次性,讲出深刻性,讲出应用性,讲出该知识点在知识结构中的地位				
	教学节奏适度,反馈评价及时;对出现的偶发事件,能灵活机智地处理				
教学功底 (20分)	教学思维清晰,教学语言准确简练,教学仪态好,教学态度有亲和力	18~20	14~17	12~13	0~11
	板书工整、规范,设计合理,有新意				
	多媒体教学手段运用恰当				

2.深化听课交流

听课形式多样,共有五大类:一是督导性听课,即行政干部、教研组长、备课组长进班听课;二是指导性听课,聘请校外专家和学校学科指导委员进班听课;三是交流性听课,同学科教师间或者跨学科听课,旨在相互交流、共同提升;四是学习性听课,年轻教师听资深教师的课,重在对青年教师的培养;五是主题性听课,围绕某一课题进行全组公开课教研,或者课题组就某一研究问题组织公开课,相关教师集体听课。

虽然形式多样、重点各异，但是听课效果好坏的关键在于听后的交流是否深入。因此，学校明确要求听课记录本上必有课堂教学评价一栏，包含优点、不足、建议和反思四个部分。但执行过程中，也存在走过场现象，即都有填写，但基本浮于表面，缺乏深入思考。故而又推出撰写听课报告的形式，要求教师就课堂教学的某一个点，做出系统分析。本书的第二个部分，即部分教师就所撰写的听课报告改编而成的论文。

3.课堂教学技能赛

课堂教学技能赛一般有两种。一是各类上级部门组织的教学评比预选赛。由于指标有限，而报名者众多，所以先在学校层面组织预选赛，优胜者才可参加上一层次的比赛。二是学校每年主办团队技能赛，作为教学月活动的主体项目。比赛一般由四人组成，分别承担策划、说课、执教、评课的任务，并分项设奖，同时评选出最佳团队，在教师节时进行表彰。教学技能赛激发了教师尤其是中青年教师的职业热情，提升了教师们的专业能力，最终促进了课堂教学质量的提升，使学生享受到更高质量的教育。

教研工作是一所学校教学质量提升的发动机，这个发动机的功率有多大，学校的教学质量就有多高。我们深知，船到中流水更急，路到半山坡更陡。我们唯有心存教育情怀，肩担教育责任，继续凝心聚力，不断优化与深化常态教研，才能促进学校高质量发展。

第二篇　优化教研管理

　　　　教研与教学相辅相成,教研是教学的基础,教学是教研的目的。优质的教研可以为教学打造优质师资,提供教学智慧,使教学质量提升有源源不竭的动力。优化教研管理,让教师有目标、有动力、有平台,让教学有研究、有策略、有效率。

　　　　优化教研管理,需明确教研管理思路,拟定教师专业发展规划,并响应"三新"改革,围绕新课程新教材研究、高考研究、教师发展、课堂教学、学生主动学习等核心问题,创新教研形式,让教师的教研有目标性、操作性和可监测性。

　　　　那么,作为首批入选新课程新教材实施国家级示范校的贵阳二中,在优化教研管理方面有何作为呢?

1.

让教师有动力

——教师专业发展体系的建构

段丽英 邓昌柯

教育的关键在教师,一支师德高尚、技能过硬的教师队伍是学校高质量发展的保证,是新课改能否落地的关键。因此,建设一支高水平的教师队伍是每一所想要良好发展的学校的必需。学校管理层面必须建构教师专业发展体系,以确保教师队伍的健康发展。

建构学校教师专业发展体系,第一,要分析教师队伍的结构特征,包括性别结构特征、年龄结构特征、学历结构特征、职称结构特征和骨干力量现状。通过教师队伍的结构特征分析,可以找到教师专业发展体系建构的关键环节。

以贵阳二中2022年情况为例,其教师队伍的结构特征如下。(1)性别结构特征。182名教职工中,男61人,女121人;170名一线专任教师中,男57名,女113名。呈现出女多男少的特征。(2)年龄结构特征。一线教师中,35岁及以下的教师有58名,占比为34%;36~40岁的教师有23名,占比为14%;41~45岁的教师31名,占比为18%;46~50岁的教师34名,占比为20%;50~54岁的教师17名,占比为10%;55岁及以上的教师7名,占比为4%。合计45岁及以下青壮年教师占比为66%,45岁以上中老年教师占比34%。整体呈现出教师队伍结构年轻化趋势。(3)学历结构特征。170名一线教师本科学历123人,占比为72%;研究生学历46人,占比为27%。整体学历层次较高。(4)职称结构特征。170名一线教师中,二级职称教师48名,占比为28%;一级职称教师47名,占比为28%;高级职称教师49人,占比为29%;正高级职称教师3名,占比为2%。高级以上职称教师占比相对偏低。(5)骨干力量现状。现有特级教师2名,贵阳市市管专家1名,省级名校长(市级名校长)1名,市级学科带头人1名,省级名师4名,省级骨干7名,市级名师4名,市级名班主任2名,市级骨干33名,市级教坛新秀15名,市级百名学科带头人培养对象6名。骨干力量梯队结构完整,后备骨干存储量较大,队伍塔尖团队较弱。

综合上述数据分析,可以得出贵阳二中教师队伍呈现出两个特点:一是发展潜力优势明显。从整体上看,我校拥有的是一支成熟稳定、梯队特征明显、后备骨干存储体量较大的教师队伍。教师队伍平均年龄为40岁,60%的教师具有10年以上的工作经历,基础条件好,学历较高,业务水平较高,教师队伍建设潜力可观。二是发展空间较大。特级、正高、名师塔尖教师团队数量不足,普通教师占比偏大。可从巩固专业思想、提高专业意识和学习能力入手,进一步挖掘中年教师的潜力,让他们走出职业"高原区",重新确定职业生涯目标,向名师、专家型、研究型教师培养,逐步形成教师的独特教学风格。对于思维活跃、"新课改"意识强的年轻教师,通过"老带新工程"强化专业指导,丰富教学经验,促进其快速成长,融入教师发展梯队。学校为各层次教师提供良好的发展环境,搭建合适的发展平台,以多样化途径不断促进教师的专业发展,达成提高教师专业素养、打造高水平专业化教师团队的队伍建设目标。

第二,教师队伍专业发展体系建构要响应上级要求,落实教育责任。

要以党的十九大及历次全会精神、习近平新时代中国特色社会主义思想、习近平总书记关于教育的重要论述和全国教育大会精神为指导,以新时代普通高中育人方式的改革、新高考综合改革、新课程改革的需求为导向,根据《中共中央国务院关于全面深化新时代教师队伍建设改革的意见》《国务院办公厅关于新时代推进普通高中育人方式改革的指导意见》,准确把握教师队伍建设改革的时代要求,落实立德树人根本任务,遵循和把握教师专业化发展的特点和规律,适应和满足广大教师对培训多元化的需求,有计划、有步骤地落实教师专业发展培训任务,从而建设一支可持续发展的、具有创新精神和时代特征的高质量的教师队伍。

第三,建构教师队伍专业发展体系要有明确的教师队伍专业发展目标。

打造一支讲师德、爱学习、肯钻研、有品位的教师队伍,为提高学校教育质量提供强大精神动力和智力支持。找准教师研修路径,积极开展以教师发展需求为着眼点的教师专业发展培训,不断完善教师培训机制,提高教师培训活动的实效性,努力使教师成为教育思想先进、教育规律熟悉、教育技能扎实、教学科研意识强烈、个体风格显现、富有团队意识和创新精神的专家型教师。

第四,建构教师队伍专业发展体系要有适合校情的具体规划,分阶段逐层推进。

例如"训—养—育"三期发展规划,具体如下:

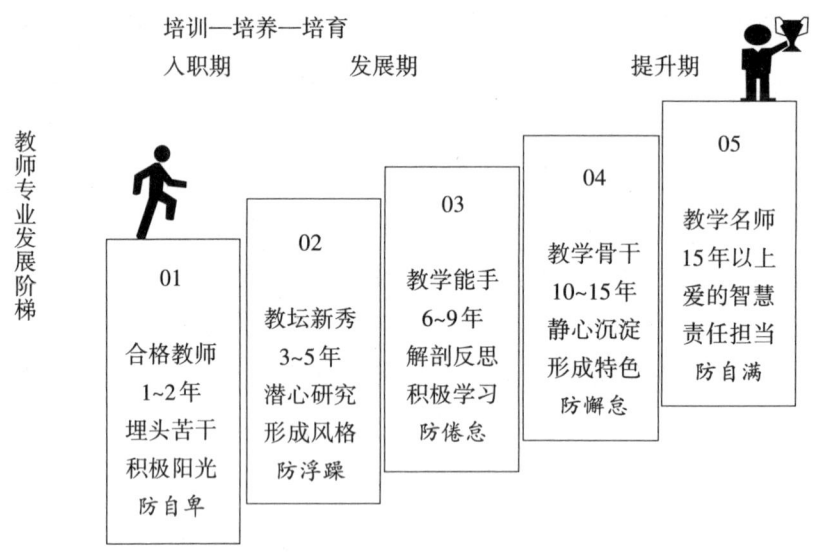

图1　贵阳二中教师专业成长阶梯图

第一阶段,培训入职期:(1)思想宣传。加强师德师风建设,从教师的内驱调动和情感需求出发,宣传国家教育方针政策,宣传师德榜样,使教师愿教。(2)技能培养。加强教师专业技能训练,以"三新"改革实施示范校建设为契机,促使教师转变观念,提升教师指导学生发展的能力。积极参与省教育厅组织的教学技能测试,力争80%的教师合格,50%的教师优秀,以后逐年增长。(3)青蓝帮扶。加强青蓝结对工作,重视入职五年内青年教师的成长,特别是音体美等学科要加强教师的组织能力培养和专业成长动力,力争实现音体美市级骨干教师零的突破,预设目标市级骨干新增3人,教坛新秀新增3人。(4)精准培育。深入

分析教师队伍现状及发展需求,分期分批制定培养目标、培育策略、帮带举措等,完善教师考评机制,指导中青年教师制定个人成长三年发展规划,营造公平公正公开的教育生态,让一部分条件成熟的老师先发展起来,打造名师、骨干,以带动更多的教师迅速成长。

第二阶段,培养发展期:(1)思想引领。坚定信念、厚植教育情怀,调动教师专业成长的积极性,使教师能教。(2)技能升格。鼓励教师开展课题研究,阶段性总结国家级"三新"改革示范校的建设成果,提升教师专业技能效能。积极参与省教育厅组织的教学技能测试,力争90%的教师合格,60%的教师优秀。(3)青蓝升级。在重视青年教师成长的基础上,将中级职称教师纳入青蓝对象,力争市级骨干、省级骨干榜上有名,预设目标市级骨干新增3人,省级骨干新增2人,教坛新秀新增3人,正高职称新增3人,第四批名师名班主任各新增2名。(4)骨干扩容。对照分期分批教师培养目标,认真落实各项研修举措,开展相关活动,保障培养计划顺利实施,加速教师成长。

第三阶段,培育提升期:(1)思想共鸣。出版学校师德建设成果,教师共享交流,改善办学条件,成就教师职业幸福。(2)技能娴熟。深入开展课题研究,强化育人方式改革实践,发挥国家级示范校的辐射引领作用,提升教师队伍整体专业水平,成就更多的教师专业进阶。积极参与省教育厅组织的教学技能测试,力争100%的教师合格,70%的教师优秀。(3)全面帮扶。检视教师队伍专业发展培养目标达成情况,更新分期分批培养计划,将高级教师纳入帮扶对象,力争省市级骨干教师稳中有增,形成良性发展态势。(4)名师团队。将科研成果转化为教学生产力,学以致用,根据个人优势,形成人人有教学风格的良好气象,形成全学科均有名师骨干的领军团队。

第五,建构教师队伍专业发展体系要有学校管理工作目标。

规划需要具体工作目标来推进。贵阳二中为了实现"训—养—育"三期发展规划,拟定了如下工作目标。(1)整合资源,搭建平台。发挥好贵阳二中大讲堂的作用,为教师专业成长搭台引路,举办多种形式的教学展示和技能评比活动,展示教师专业发展成果,发挥榜样的辐射带动效应。(2)更新理念,强化教研。以新课程理念为指导,加强学科拓展研究,鼓励教师开展教育科研,鼓励教师开发校本课程,编写校本教材。(3)组织保障,完善机制。完善教师管理制度,确保教师专业发展纵深推进,实现制度建设的引导、激励作用。(4)研修建模,丰富路径。进一步完善"训—养—育"一体化的教师研修模式,压实教师分级培养工作,进一步完善合格教师、教坛新秀、教学能手、教学骨干、教学名师的培养路径。(5)青蓝帮扶,全面培养。加强青年教师的培养和老带新工作,使他们在职业道德、教育理念、工作方法、研究能力等方面取得长足进步。

第六,建构教师队伍专业发展体系要有教师队伍专业发展任务。

将目标转化成具体任务,逐项落实。一是培育教学名师,以"四有三者好老师"标准进行队伍建设,开展学习先进师德标兵与弘扬身边的典型事例相结合,使教师学有榜样,形成学先进、赶先进的良好氛围,以升华师德师风。二是深化专业学习,或专家指引,邀请教科研专家,定期指导各课题项目组开展选题、设计研究方案、开展调查研究与行动研究等课题研究方面的培训活动;或专题研讨促进,每周定期进行校本培训,每月至少1次组织全校性教育教学专题辅导;或读书学习,开展教师读书沙龙活动,办好校内刊物,让读书学习成为一种愉悦的体验,教师每月看1本书,做读书备忘录(记录书名和值得记录的东西),教研组、备课组将学习列入教研计划,共同学习,交流体会,学校抽查记录。三是夯实教学研修,通过各个层面的校本研修,提出以抓好教师培训、重在研究教学、完善校本课程为切入口,更适合学校教师个人和学校发展的工作设想系统推进。各教研组、备课组根据学校现阶段校本研修的主题、目标、整体要求并结合本学科教学实际,有主题、有计划地开展教学研修活动;如有必要,可由学校指派中层以上干部每月1次深入各教研组督导研修活动。四是打造展示平台,包括竞技平台和讲堂,比如每年开展1次青年教师教学汇报课,开展1~2次教师教学技能测试,组织校级各校教学技能比赛、优质课评比等活动,为教师搭建专业成长的平台;或有序推进学校大讲堂,让学有所获、研有所得、教有所成的教师登台开讲。

第七,建构教师队伍专业发展体系要有教师队伍专业发展策略。

参考策略一:教师成长规划引路。根据学校教师专业发展规划和教师个人实际,制订个人专业发展年度计划。面向全体教师,狠抓青年教师培训,突出骨干教师培养,以提高教师实施素质教育的能力和水平为着眼点,以提高教师的整体素质为目的,提升师德修养,改进教育行为,努力建设一支结构合理、师德高尚、业务精良、善于从事素质教育并具有创新精神和实践能力的优质教师队伍。

参考策略二:校本培训形成联动。继续加强调研力度,使教师教育教学管理中遇到的问题和困惑成为教师讨论的热点,坚持学校组织培训和自主参与培训有机结合。开展重自主、讲实效的校本培训,要求教师每学年至少上交一份精心设计的教案、上一堂观摩课、参加一次论坛、点评一节功课、撰写一篇教学论文等。

参考策略三:师徒结对共同发展。实施"一年入门,三年成型,五年成才"的系列培训模式,为青年教师成才创造条件。完善岗位设置中全面师徒结对制度,制订师徒结对计划,达成师徒共同成长目标。师徒之间互相听课、互相学习、互相帮助、共同研讨,以老带新,以新促老,促进新老教师素质的共同提高。

参考策略四:骨干教师示范引领。优先选派中青年骨干教师到教育先进地区学习、考察,参加各个层次的教育研讨会、经验交流会、报告会等学术活动,使其开阔视野、拓展思路。本着"选好对象、培养骨干、加大培训、讲究实效"的原则,发现培养人才。

参考策略五:三级研修体系推进。一是针对新进青年教师的上岗期培训。实施以"训"为主的岗前培训,突出规范,采用集中面授培训研修模式,旨在唤醒教师专业发展内驱力。二是针对3~9年教龄教师的发展期培养。采用组建教师校本研修共同体的方式,实施以"养"为主的培养,帮助教师形成自己的教学风格。三是针对10年以上教龄教师的提升期培育。以"育"为主要方式,通过鼓励教师著书立说、提炼个人教学特色、上示范课、主持课题研究等方式,培育教学能手、教学名师。

参考策略六:有效课堂教学导向。继续巩固和深化"1+5+1"课堂教学模式的研究,创设有利于引导学生主动学习的课程实施环境,推动学校课堂教学改革,不断适应时代的发展,不断适应时代发展对教育提出的新的要求。以目标导向指引教学设计,以核心素养培育引导教学活动设计,倡导"预习反馈—问题探究—精讲点拨—达成检测—总结反思"五个环节教学,优化作业布置和作业设计,厚植教育情怀,全程陪伴学生学习、巩固提升。有效利用教育科研成果,进一步深化教师专业成长的研究和实践,鼓励教师自主发展,用好贵阳二中大讲堂,为教师搭建展示和交流的平台,加强教师的梯度培养,重点培育一批优秀骨干、学科领军教师。

第八,建构教师队伍专业发展体系要有机制保障。

一是强化组织保障。(1)建立组织。成立以校长为组长的教师专业发展领导小组,形成校长亲自抓,分管副校长具体抓,教学处主持推进,各职能部门负责人、教研组长配合抓的有分工、有配合的领导集体。组长保障教师专业发展工作的切实开展,副组长加强对教师专业发展工作的全方位指导,各职能部门负责研修的过程管理和绩效考核,有目标、分步骤地实施和落实研修工作。(2)纳入考核。教师专业发展学校工作纳入学校年度考核目标。校长和分管校长每年至少对全校进行1次关于教师专业发展学校建设工作、教师专业成长的专门报告。(3)打造团队。成立专门团队,深入广泛推进工作。建立教师专业发展技术支持小组、培训专家团队。

二是科学建章立制。(1)科学规划。明确教师专业发展的目标与要求,制订教师专业发展培训计划,保证培训工作顺利开展。进一步落实教师梯队发展制度、教师专业发展评价奖惩机制、教师专业发展档案管理制度等。(2)扎实推进。专人负责做好教师培训的项目管理,落实研修方案,规范常态教研和教师专业指导,确保专家、资源、组织到位。(3)经费支持。教师专业发展经费列入学校年度预算,学校按规定保障研修工作所需的经费,优先满足教师专业成长需求。

概而言之,教师队伍专业发展是一个系统工程,需要各方面的多角度思考和安排,其核心是促进教师专业发展,为学生的终身发展打造一支强大的护航队伍。

2.

让教研有活力

——贵阳二中教研管理思路解读

谢基祥

学校常态教研活动常有三种问题:困、难、窘。

教研之困表现为教与研两相脱节,研不促教,教不依研。教研活动沦为同组教师定期聚会,通知学校相关要求之后,天南海北,漫谈无边,无所获益。久而久之,教研丧失应有的创造力和活力。教研成了鸡肋,食之无味,弃之可惜,实为教师之憾。

教研之难表现在深不下去,统不起来。深不下去,是说教研容易浮于表面,流于形式,交流不深,研究不透,众说纷纭,莫衷一是,热热闹闹讨论,却并未触及本质,讨论的结论书于笔端,却少有人愿意运用。统不起来,是说教研主题零散,没有系统性。没有系统性的教研难以形成有价值的成果,不利于学校的课程建设与实施。

教研之窘的表现是少数人的折腾,多数人的折磨。少数人主要是备课组长、资深教师,他们承担教研的主要任务,思考、规划、宣讲、推行,根据上一级的安排,尽己所能,履行职责;多数人为组内普通教师,他们一般不具体承担任务,旁听、记录、接收、应付,在资料上予以配合,在教学上一如既往。如此教研,可以应付检查,却难以促进成长。看似规规矩矩的背后是教研活动的窘态。

困、难、窘三种状态下的教研活动的基本特征是被动,是缺乏活力和创造力。

优化状态下的教研活动应该是群英会,每位老师都能积极参与,展现自己的才情,交流自己的思想,资深教师可以掌舵扬帆,普通教师亦可奋楫推舟;优化状态下的教研活动应该是系统建构,依着课程标准的图纸,精研每一个基础部件,三年为约,分期推进,建构起适合校本学情的学科教育教学体系;优化状态下的教研活动应该有生长力,基于教学现实的土壤,向着教育目标的天空,伸张着每一根毛细根须,激活每一个细胞,极力汲取水分和营养,滋养教育教学的枝叶,结出学生全面健康成长的硕果,蔚然成林,满目葱茏。

　　基于此,贵阳二中在"三新"改革的大背景下,努力优化常态教研,形成具有校本特色的"梳理—规划—推进—引领—考评"五环节教研管理思路。

　　梳理环节。教研组认真学习新课改相关文件,了解政策要求;仔细研读课程标准和高考评价体系,明确教学要求;理性认识学校办学定位,了解现实要求。在此基础上,以调查、访谈的方式了解教学中的现实问题,并拟写成教研主题。主题源于师生实际情况,具有针对性;主题基于课程建设需求,具有导向性;主题指向工作实用,具有实操性;主题讲求内在联系,具有系统性。

　　规划环节。教研主题梳理出来后,就可规划实施方案。每一届以三年为周期,分派每年的教研工作,以学生学段特点和教材章节为基础,细化到每个单元或每周的教研任务,然后依次推行。因此,学期之初,备课组必须拟定教研计划,计划包括每期活动的主题、承担教师、活动目标和预期成果。活动主题可以是教学内容解读、教学方法研讨、学生学习状态评析、教学管理策略等;承担教师必须全员覆盖,可以采用组合方式,比如师徒组合方式、"三主"教研组合方式、团队竞赛方式等;活动目标要明确,解决问题要清晰具体,不能笼统模糊;预期成果可以是学习心得、研究小论文、资源包、学案、教学设计、试卷等。

　　推进环节。从规划到落实,需要学校教研管理部门的推进。学校常用的推进方式有三:一是交流。开展一段时间后,以沙龙、专题研讨会、主题汇报会等方式,组织教师进行汇报交流,教师接到任务后,自然需要对已经开展的工作进行整理、总结、提炼和反思,这个过程也就有效地推动了工作的进程。二是督导。对没有按照规划开展工作的教师,教研管理部门安排干部进组督导,一方面是督查,检查工作进度和质量;另一方面是引导,对开展方法不当或者不知如何开展的教师进行引导。三是整改。交流和督导后，对工作中存在的问题，管理部门给出整改意见，教师据此进行整改和优化，最终推进规划工作朝着预期目标发展。

引领环节。推进过程中，往往会产生许多新的问题。对于这些问题，有的可以通过反思获得解决方法，有些则超出了一线教师的认知，需要高一层次的引领。常用的引领方式有二：一是示范引领。组织相关教师到已经做得比较成熟的地区或单位去，让他们在观摩交流中获得突破问题瓶颈的灵感。二是专家引领。邀请高校相关专业的教授，或者是一线专家教师，到学校对老师们进行指导。例如，在提升学生学习力的策略研究中，学校就邀请华东师范大学崔允漷教授到校指导，有力助推了学校"赢在学习力"研究工作的顺利开展。又如，学校在基于红色文化和女性文化基因以及结合教育规律提炼"教育：唤醒　陪伴　引领"办学思想的过程中，得到了教育部中学校长培训中心王俭教授的指导。

考评环节。本环节既是对教师研究工作的评价，也是对下一步工作的指引和对其他教师新的研究的启发，是教研思路中的闭环部分。考评环节一般包含三个部分。一是教师的自评。教研管理部门给出评价表，教师对标对表进行自评。自评是教师的自我总结与校准、修改与完善、反思与进步。二是校评。教师本身囿于自身受教育背景、研究水平和思维定式，难以扩展视野、提升站位，校评则可以基于一定标准，换个视角，给予更有效的评价，而且学校可以充分利用高校、科研院所的资源，请专家进行评价指导，于是，这种评价又兼有培训作用。三是市评省评。学校完成评价后，提交市教科所或省教科院，由他们做出终审性评价，形成结题报告，并据此进行推广运用与实践检验。

运用此教研管理思路，学校的教研工作获得良好发展。十年间，学校申报立项市级以上课题达四十余项，覆盖了所有学科，数学组立项课题多达八项。在选题上，涵盖了党建研究、校园文化、教育实习、教师专业发展、课堂教学、课程建设、学科教学等各个领域，有效助推了学校的内涵发展。

3.

让教学有定力

——说真题教研活动的实践与反思

谢基祥

　　高三教学极易被各类高考复习资料绑架,很多教师钟情于借助成体系的一轮二轮复习资料开展教学的方式。这是一种便捷省事的办法,复习资料编者已经把各个高考考点揉碎嚼烂,学生在教师的引领下,学习、练习、检测,按部就班,有序推进。但这其实也是一种偷懒的办法,教师对考点的内涵与外延并没有深入研究,对考点的上位文本《中国高考评价体系》和高中学科课程标准缺乏研读分析,满足于资料编者对试题的解答和解析,有时甚至会出现这样颇具荒诞色彩的事情:试题答案不严谨甚至有错漏,教师却找各种理由为其圆满,讲得自己都将信将疑。

　　这种复习办法是浮于表面的,是一种没有教师主张和思想的附和式教学行为,是一种不以学生学情为基础的漂浮式教学,它可以有备考复习的完整流程,但缺乏深入肌理的精深思索。因而,教师的教学其实是缺乏定力的。高三教师教学的定力源于哪里? 重点应该在四个方面:《中国高考评价体系》、高中学科课程标准、高考真题和学生学情。

　　促使教师主动研究相关内容的管理策略是什么? 学校在新课改任务驱动理念指引下,充分发挥教师的主动性,推行了说真题教研活动。其基本模式如下图所示。

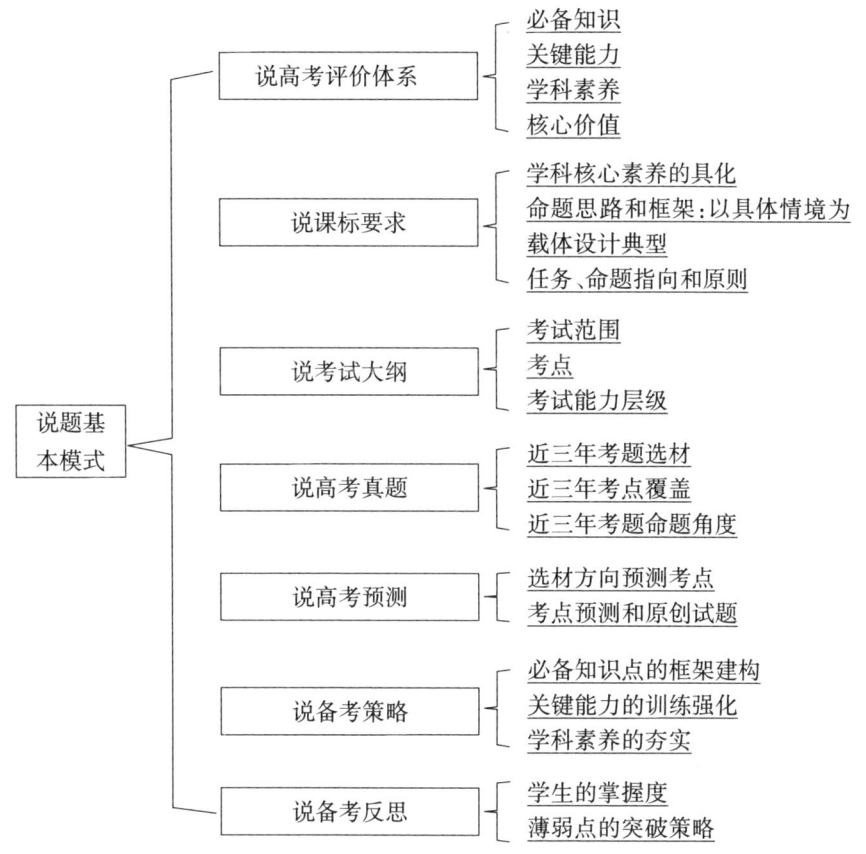

图1 说真题教研活动基本模式

该模式由"七说"组成,即每一名教师就所选考点从七个方面予以解说。具体阐释如下。

一说高考评价体系。此环节要求教师说清楚所选考点的必备知识、关键能力、学科素养和核心价值四个方面。以语文学科的文学类文本阅读专题为例,参考近年考题,必备知识主要包括小说和散文两大体裁的相关知识。小说体裁必备知识有人物形象、环境描写、情节结构、表达技巧、小说主题、语言特色等,散文体裁必备知识主要有行文思路、形象分析、人称作用、情感意蕴、表达技巧、语言特色等。关键能力有三:一是知识获取能力,含语言解码能力、信息搜索能力、信息整理能力和阅读理解能力;二是实践操作能力,含信息转化能力、应用写作能力和语言表达能力;三是思维认知能力,含形象思维能力、抽象思维能力、归纳概括能力、批判思维能力、辩证思维能力和演绎推理能力。学科素养三个：一是学习掌握，包括信息获取、理解掌握、知识整合；二是实践探索，包含研究探索、操作运用、语言表达；三是思维方法，包含人文思维、创新思维和科学思维。核心价值包括政治立场思想观念、世界观和方法论、道德品质综合素质三个方面。政治立场思想观念主要有理想信念、爱国情怀、人民中心；世界观和方法论主要有唯物辩证法、透过现象看本质；道德品质综合素质层面主要有奋斗精神、责任担当、审美情趣和人生价值。

二说课标要求。此环节要求教师说清楚所选考点对应的考点要求，包括学科核心素养的具化、命题思路和框架、命题指向和原则，以具体情境为载体设计典型任务。仍以语文学科的文学类文本阅读专题为例，其核心素养要求可以表述为：在语言建构与运用上，能正确有效地运用语言文字对文学类文本进行鉴赏与表达；在思维发展与提升上，要求能运用形象思维、逻辑思维、辩证思维和创造思维根据试题要求对文学类文本进行深刻的、敏捷的、灵活的、批判的和一定个性化的解读；在审美鉴赏与创造上，要求能对文学类文本进行审美体验、评价等活动，表现正确的审美意识、健康向上的审美情趣与鉴赏品位；在文化传承与理解上，要求能通过对承载着中华优秀传统文化、革命文化或社会主义先进文化的文学文本的阅读，理解文本文化的内涵。

三说考试大纲。说清楚所选专题在考试范围、考点、考试能力层级三个方面的要求。以语文学科的文学类文本阅读专题为例，考试范围为阅读鉴赏小说、散文等文学作品。考试能力层级有理解、分析综合、鉴赏评价和探究四个层级。具体来说，四个能力层级所对应的考点为：理解包含理解文中重要词语的含义和理解文中重要句子的含义两个考点；分析综合包含分析作品结构、概括作品主题、分析作品的体裁特征和表现手法等考点；鉴赏评价包括体会重要语句的丰富含义、品味精彩的语言表达艺术、鉴赏作品的文学形象、领悟作品的艺术魅力、评价作品表现出的价值判断和审美取向等考点；探究包括从不同角度和层面发掘作品的意蕴、民族心理和人文精神，探讨作者的创作背景和创作意图，对作品进行个性化阅读和有创意的解读等考点。

四说高考真题。以近三年考题为具体内容，分别从考题选材、考点覆盖、考题命题角度三个方面解说。以2018年文学类文本阅读题刘慈欣的科幻小说

《微纪元(节选)》为例,其选材为中国科幻小说代表作家作品,指向爱国情怀和乐观精神价值;其考点表现为:第4题考查文本内容和艺术特色的分析鉴赏,指向信息搜索与整合能力检验,第5题考查小说行文思路的梳理能力,指向信息整理能力、语言表达能力、归纳概括能力的检验,第6题考查探讨作者的创作背景和创作意图,突出对考生分析、比较、归纳、探究能力的检验;其命题角度为细节切入,着眼整体,注重能力,体现了综合性和创新性,考查整体感知、信息提取、理解分析、推断探究等能力。

五说高考预测。虽然此环节对一线教师来说,具有相当难度,但可以引导教师分析历年来高考试题和时代发展的关系,重点说清楚选材方向预测和考点预测两个方面。如针对语文学科文学类文本阅读试题近年来的特征,结合新课标将红色文学、社会主义文学等内容纳入新教材的动向,可以推断选材很可能为体现社会主义核心价值观的文学作品,突显爱国爱民、责任担当等核心价值,考点预测主要是文章词句含义的理解,情节、形象含义的分析与概括,以及表达技巧、文章的结构与主旨意蕴、主旨的启示等。即使题目预测有偏差,但是可以促使教师关心时事,思考命题新情境,而不至于沉溺于旧题库中。

六说备考策略。常见备考策略有必备知识点的框架建构、关键能力的训练强化、学科素养的夯实。必备知识点的框架建构强调自主建构与完善,强调知识点的深入理解与情境应用,强调知识点的辨析与熟练掌握;关键能力的训练强化强调练习量、熟练度,强调循环、巩固能力,强调经典试题的辨析以增强掌握的精准度;而对于学科素养的夯实,比如文学类文本阅读需有适当的小说散文创作以形成素养,把握选材方向以丰富思想素养,应试阅读与自由阅读结合以扩大素养涵养面。

七说备考反思。主要反思学生的掌握度、薄弱点的突破策略两个方面。例如在语文的文学类文本阅读二轮复习中,小说阅读基本框架已建立,但不够完善;基本答题思路已形成,但不懂灵活变通,约能得满分的三分之二,在准确和规范上容易丢分;形象概括措辞不准,需在情境中辨析常用词语的内涵;主旨概括过度拔高,需强化逻辑思维与抽象思维训练;结构思路梳理不清,需强化基础知识和情境运用训练。

　　说真题教研活动一般由组内教师选题,与大家所选内容合起来,就是完整的学科考试体系,大家在交流与碰撞中,达成对学科整体的研究。为了避免一线教师在深度和准度把握上的不足,活动一般要邀请高校教授和教研机构的专家参与指导,在所有老师都汇报完后,教授专家进行点评和指导。为了激励教师的积极性,学校还请专家对教师的汇报进行质量评定,并授予相应奖项,予以相应奖励。比如,让获奖者有机会到外校或者更高平台进行交流,以增强其专业自信。

4.

让教研有合力

——"三主"教研的实践与反思

谢基祥

"三主"教研是"主讲、主教、主评"三环节教研活动形式的简称。它的施行，让学校教研活动有了行之有效的组织形式，凝聚了教师的智慧，让教研组的研讨形成了合力。

一、"三主"教研提出的背景

2019年教育部发布第14号文件《教育部关于加强和改进新时代基础教育教研工作的意见》，明确指出：教研工作是保障基础教育质量的重要支撑，在推进课程改革、指导教学实践、促进教师发展、服务教育决策等方面，发挥着十分重要的作用。要求强化校本教研，立足学校实际，以实施新课程新教材、探索新方法新技术、提高教师专业能力为重点，着力增强教学设计的整体性、系统化，不断提高基于课程标准的教学水平，改进教育教学工作，形成在课程目标引领下的备、教、学、评一体化的教学格局，加强对课程、教学、作业和考试评价等育人关键环节的研究，提升教研工作的针对性、有效性、吸引力、创造力。2022年，教育部等八部门印发《新时代基础教育强师计划》，文中提到，到2025年，形成一批可复制可推广的教师队伍建设改革经验，培养一批硕士层次中小学教师和教育领军人才。贵阳二中现有硕士层次教师127人，占任课教师的75%，有着良好的人才培育基础。

但是,学校常态教研活动质量有待提升,因为它存在着以下问题。

一是时间不足。多数常态教研活动时间仅有一节课时间,难以进行深入的、有价值的研讨活动。二是被动零散。教研活动多是完成上级下发的任务,被动有余,主动不足,即使有所研讨,又显得零散,不成体系,对教学难以产生有效的促进作用。三是凸显精英。教研活动常常成为少数几个骨干教师的沙龙会,年轻教师和资历浅的教师常常成为旁观者和接受者。四是重视活动,忽视常态。学校举全校之力,承办一两次大型教研活动,没有问题;师资不足,可以请专家多次打磨;场面不够,可以请几个专家名师来撑场面;汇报的资料也没有问题,但是,教研的功能没有发挥出来。

鉴于以上问题,建议推行"三主"教研模式。

二、"三主"教研的架构与实施

1. "三主"教研的架构

包含支架搭建和任务驱动两个部分。支架搭建包含梳理"三主"教研专题形成体系,组建"三主"教研小组形成团队,拟订"三主"教研计划的三个部分,一般在开学之初进行,搭建起一学期的教研规划。任务驱动即每个团队承办一次教研活动,承担主讲、主教、主评三个任务:主讲教师需讲清楚所选专题的理论依据、课程分析、学科核心素养培养要求,以及从教法、学法、教学流程、教学亮点和教学的原创点几个方面解说教学设计;主教教师除常规教学外,需要重点突显情境设置、任务驱动和支架搭建等新课改要求;主评教师评价执教者的课堂教学在"三新"理念上(情境设置、任务驱动、学习支架)的体现,评析教学流程及目标达成情况,具体包括教学目标解析、教学活动分析、目标达成分析等。

2. "三主"教研的实施

教研模式的实施分团队主备、团队实施、组内评价三个步骤进行。即三人团队就所选专题展开研讨,形成成果,然后在教研活动时,进行主讲、主教、主评的展示交流,其余教师观摩并参与研讨,最后,组内其他教师根据三份评价表(表1、表2、表3)给出质量评价。

表1　主讲评价表

一级指标	二级指标	评审观测点	分值	得分
理论基础	理论依据	有明确的教育教学理论核心观点的采用及与所选专题教学契合的分析	10	
课程依据	课程分析	简要说明本专题在课程中的地位和作用;该节课如何依据教材内容(并结合课程标准和学情)来确定教学目标或任务;该节课如何确定教学重点和教学难点;说明教材处理上值得注意和探讨的问题	10	
素养培养	学科核心素养	明确说出学科核心素养,并能结合所选专题阐明落实的路径与方法	10	
教学设计	说教法	简要说出本节课所采用的最基本或最主要的教法及其所依据的教学原理或原则;教师为促成学生学习目标的达成而实施的具体教学行为及监控措施;为提升学生学习力所采取的具体措施;突出重点、化解难点的方法	15	
	说学法	简要说明学生在本节课中获悉学习目标的途径;教师为促成学生学习目标的达成怎样恰到好处地融入学法指导;教学设计旨在培养学生哪些方面的学习能力	15	
	说教学流程	简要说明教学全过程的总体结构设计;教材展开的逻辑顺序、主要环节、过渡衔接及时间安排;教学过程对新生成的教学资源将会做怎样的调整对策;教学环节对学习力的提升具有什么样的作用	30	
	说教学亮点	简要讲明教学设计的亮点	5	
	说教学的原创	简要说明如何对教材进行精选、合理地扩展和加深,阐明对教材的创新性处理的理由	5	
总分			100	

表2　主教评价表

一级指标	二级指标	评审观测点	分值	得分
教师基本素质	教学魅力	教态自然亲切,仪表、举止得体,教学语言规范、准确、生动。能创造气场,让思想情感的表达与教学内容达到和谐统一,提高教学效益	10	
教学组织与实施的有效性	教学设计	有生动的情境设置,情境设置能有效驱动教学	12	
	教学过程	目标的适切性:符合课标要求;符合学生的认知特点;有利于学生的心智成长	8	
		环节的流畅性:导入的内容能激发学生兴趣、符合学科性质;知识产生和形成的各环节的教学过渡自然、有逻辑性;合作探究明确有序;总结反思源于学生的认识;作业有阶梯性和层次性	8	
		对话的民主性:教师善于倾听学生的发言;学生仔细倾听教师的讲话	6	
		提升的明确性:教学过程有明晰的学习力提升的目标指向和措施	6	
	教学方法	采用有效提问的方法,且提问具有指向性、目的性、层次性、机动性	6	
		采用评价激励性的评价方式,对待学生的错误耐心细致;对待不同层次的学生分层解答,实现课堂公平	6	
		教学方法中有学习支架的搭建,帮助学生掌握学习方法,掌握学习内容	6	
	教学效果	教学目标达成:学生积极参与、认真倾听,进行深层次的思考和交流,课堂教学体现教学相长;针对不同层次的学生有反馈学习目标是否达成的措施和手段,且效果较好;能促进学生学科素养的提升	12	
		教学建立了师生、生生、媒体间信息交流的立体结构,合作讨论中有思考性、有独立思考的时间,讨论时间充分,学习力提升效果明显	6	
资源使用的合理性	黑板的使用	板书工整、规范、美观、简洁;突出教学思路和重难点;布局合理、结构平衡	6	
	多媒体使用	图、表、文字、视频等信息资料运用恰当,与教学内容吻合	4	
	其他教学辅助工具使用	对教材高度关注;课外资源的收集和呈现方式适当;对学生资源的利用有效	4	
总分			100	

表3　主评评价表

一级指标	二级指标	评审观测点	分值	得分
"三新"理念体现	情境设置	能对该课的情境设置的真实性和有效性做出评述	10	
	任务驱动	能对该课的驱动任务的结构和效用做出阐释分析	10	
	学习支架	能明确阐述该课所搭建的学习支架,并对其效用做出分析评价	10	
教学流程及目标达成评析	教学目标解析	能依据相关材料或教学实况判断、提炼和确定该课的主要教学目标,并能就这些目标是否体现核心素养培养做出评析	10	
	教学活动分析	能就教学实施过程中学生对活动的响应度和教师对学生的回应情况做出评析	10	
		能够分析上述活动与实现教学目标的关系,及其对达成教学目标的作用	10	
	目标达成分析	能用观察所得材料及数据对学生知识掌握、操作能力和思维能力训练等情况进行分析	10	
		能够对教学目标实现程度做出明确判断;能对学生学科关键能力的提升情况作出判断	10	
评者魅力	表达呈现方式	能用适当方式直观、贴切地表达自己的评课思路与分析结果	5	
		表达逻辑清晰、合理,易于理解	5	
	建议与设想	能从被评课者的角度提出易于理解、便于操作、恰当、得体的改进建议,有助于教学反思,促进教学者提升教学水平	10	
总分			100	

三、"三主"教研的实践与思考

"三主"教研最早始于2018年的高三语文组教研活动。当时,2017年版课程标准刚刚发布,为了探究高考试题对课程标准的响应,学校邀请教研员、专家到校讲座,开展说真题活动,但是被动的培训没有带来预期效果。于是,我们提出,与其别人讲,不如老师自己研读、自己讲。和当时的备课组长一商量,就定下了一人主讲对标研读心得、一人就该专题进行执教、一人进行评价的教研形式。实践证明,2019年语文高考成绩得到较大提升。之后,该实践逐步在各教研组推行,最后实现全面覆盖。在2022年的教学月活动中,11个学科的42位教师全面参与"三主"教研大赛,全体学科教师参与研磨,让学校的教学月活动展现新的风采。

"三主"教研的推行,在很大程度上提高了教师的理论素养,提升了教师的教学技能,强化了教师的研究意识,促进了教师的专业发展和学校教学质量的提升,推动着学校向高质量发展。学校2020、2021连续两年获贵阳市普通高中教学质量"入出口"评估城区示范性高中类一等奖,2021年,6位老师获得省优质课比赛一等奖,其中3人获一等奖第一名。

四、"三主"教研实施的效果

推行"三主"教研模式,实现了转被动为主动,变负担为担当,促进了新课改的落地。每一位任课教师都在努力落实三新课改精神,设置教学情境,搭建学习支架,以任务推动教学,力求帮助学生储备必备知识、强化关键能力、培养核心素养,全方位地展现了我校作为新课程新教材实施国家级示范校的阶段成果。

推行"三主"教研模式,实现了转传达为传承,变精英为群英,促进了全员教研。42位参赛教师中,既有年过五旬的资深教师,也有青年骨干教师,还有刚入职不久的新教师,大家协同努力,止于至善。全校所有任课教师都参与了观摩听课。

推行"三主"教研模式,实现了转规定为规划,变零散为体系,促进了教研的体系化。教研组从课程的角度,将所教内容列入研讨范围,依据教学进度,逐段展开,建构起了高中学段的教研体系。

推行"三主"教研模式,实现了转活动为活力,变数量为质量,达到了以研促教的目的。老师们钻研精神增强,对教育理论基础、高考评价体系、课程标准、教材以及学情都有一定的研究;越来越多的教师正在从经验型教师向研究型、学术型教师转型。教育科研成果被运用到教学观察中来,取得了良好的效果。

五、"三主"教研的辐射影响

贵阳二中推行"三主"教研后,取得了良好的效益。2022年5月22日,在由贵阳市教育局举办的面向全国直播的"新课程新教材新高考主题研讨会"上,"三主"教研得到了汇报和展示,产生了良好的反响。其后,其又在龙里县、罗甸县、修文县等多个州县得到推广。

5.

让教学有抓力

——"1+5+1"课堂教学模式解读

段丽英　谢基祥

　　众所周知,教无定法,贵在得法。但此语也需辩证看待,一方面,它指导教师努力进行教学创新;另一方面,其又成为很多教师故步自封的借口,他们以"教无定法"为由,拒绝接受他人的教学建议。因而,对于一所整体教学水平亟须提升的学校而言,通过教学建模的方式,推动教改理念的落地,促进教学水平提升,仍然极有必要。"1+5+1"课堂教学模式的提炼与推广,即此种背景下的学校教学管理行为。

　　"1+5+1"课堂教学模式是以教学环节为主线建构的,其具体内容如下:

　　"1"指的是课前导学环节。教师通过导学案指导学生完成课前预习,学生通读教材,完成基础知识的学习与整理,并提出自己的疑难问题,为教师的教学提供学情依据。同时,学生的自学能力得以增强。

　　"5"指的是课堂教学中的五个环节:预习反馈、问题探究、精准点拨、达成检测和总结反思。预习反馈环节中,教师通过查看导学案,检查学生对基础知识的掌握情况,梳理学生的问题,确定教学的重点难点。问题探究环节中,教师展示学生的问题,组织学生小组合作互助共研、自主探究,然后各组交流研讨结果。教师根据学生回答情况,作精准点拨,并对课标中要求掌握的必备知识进行拓展讲解。学生理解后,教师出示习题,进行教学目标达成度检测。最后,教师对本堂课所学内容进行总结,学生整理反思本课所学。

"1"指的是课后作业巩固。教师根据教学需求和学生课堂学习表现,精心设计作业,巩固所学知识,并根据学生作业情况,对不达标学生进行辅导。

学校将"1+5+1"课堂教学模式写进教案,并定期进行检查,以促使教师熟练地运用该模式进行教学。从施行情况来看,取得了预期效果,教学工作发生了以下几个方面的变化。

一、教师教学更加全面

表现有三:一是目标更具清晰性。教师的教学目标确定由单纯的以纲为本转变为课标、学情二者兼顾,即教师一方面根据课标的要求确定大的教学目标,另一方面根据学生预习反馈确定教学的重点和难点,目标更聚焦。二是程序更具规范性。"1+5+1"课堂教学模式覆盖了课前、课中、课后整个教学环节,包含了导学、提问、探究、拓展、巩固、运用等全套方式,教学流程更加完整,操作更加规范,对新教师和业务能力较弱的老师起到了良好的引领作用。三是教学更具针对性。"1+5+1"课堂教学模式贯穿始终的理念是以生为本,针对学生的特点和需求因材施教:预习反馈,得出学生学习的困难和教学的重难点;问题探究,突出学生的研讨合作,教师精讲点拨,针对学生的疑惑点,达成检测,落脚于学生对该堂课知识的掌握度,作业依据学生的学习状态而设;课后辅导,依据的是学生的达标情况,力争面向全体。

二、学生学习更加有效

表现在六个方面:一是任务驱动学习。学生在老师布置的课前预习任务、课中探究任务、课后运用巩固任务的驱动下,完成该课学习小任务,整合起来,完成的是单元或专题学习任务。二是目标式学习。每一个任务指向对应的学习目标,学生的学习行为有了目的性。三是探究式学习。学生在同学提出的问题和老师依据教学任务设定的问题探讨中,掌握相关知识点,形成相应的关键能力。四是习得式巩固。根据认知心理学规律,知识的理解与掌握、能力的形成与强化,需要一定数量的反复,才可以得到巩固。教学中,学生要接受达标检测和课后作业中习题的训练,以强化所学知识。五是反思中建构。每堂课均有总结反思环节,有利于学生系统建构知识体系。六是变式中升华。学以致用,用的过程既是巩固,更是灵活的创新,在教师提供的新情境任务中,学生运用所学知识去解决新的问题,便可以将课上所学的技巧升格为学科技能。

三、教学管理更加规范

"1+5+1"课堂教学模式的推行,经过了培训、督查、内化、创新、推广五个阶段,也因此形成了课堂教学管理的基本规范。首先,教学处干部对全体教师作"1+5+1"课堂教学模式的培训,包含模式的内涵解读、环节操作要点以及学校的督查管理要求,力求帮助教师全面深入地理解和掌握该模式。其次,教学口部门做好督查引领工作,将模式直接印制成学校的教案本,从格式上引导教师撰写"1+5+1"课堂教学模式教案,每周五上午集中检查教案,并在次周周一教学工作例会上对规范的教案进行展示表扬,对不认真的教师提出整改意见。同时,教学处干部、学科专家、教研组长和备课组长进班听课,调研教师对模式的应用情况。经过近一个学期的管理,教师已能基本熟练运用该模式进行教学,达到模式内化的目标。在经过一段时间的实施后,一些悟性较高的老师已在原有基础上做了有益的调整和创新。比如,有老师在"总结反思"中增加了"思维导图"环节。不少老师在校际交流中,向同行展示"1+5+1"课堂教学模式及运用心得,达到了推广的效果。

"1+5+1"课堂教学模式的提炼与实施,实则为新课改理念下对教学基本要素的整合与普及,属于教学建模行为,但是其目的在于促使教师在消化了教学基本要求的基础上,打造自己的教学风格,从而形成百花齐放的教坛风景。目前,学校已形成一支覆盖老中青三个年龄段教师的名师团队,他们各具风采,并在省市级优质课比赛中斩获多项一等奖。

6.

让教学有动力

——任务清单销号制的实践与反思

黄　毅

传统的常态教学往往存在一个弊病,即教、学、评脱节现象严重。要么环节不完整,有教无学,有学无评或简评滥评;要么三者难以融合,所教非学生所欲学,所评非正向促进之评。

以语文学科的文言文教学为例,教师所教往往聚焦在文意理解和语言知识,学生所学限于文本理解和字词句式等知识积累,但学生学习文言文最需要的恰恰是文言文语感的培养,以形成文言文阅读能力。这种能力的培养更需要的是诵读、熟记优秀文本,在足够的积淀基础之上,熏陶内化而成。而教师的评价常常落脚于对文意翻译的精准和对字词背记的熟练。如此教学状态下,学生读到高三依然难以破解老大难问题,看不懂文本。

因此,教、学、评一体化是提高教学效益的必需。

有不少教师开始尝试运用教、学、评一体化实施教学,但又多限于一个个知识点的教学,缺乏宏观把握和整体规划,使得教、学、评一体化的效用大打折扣。

实现教、学、评一体化,需要一个管理抓手,才可以将一环节、一课时的零散实施,变成一个教学体系。

贵阳二中师生历经两年摸索,形成了促进教、学、评一体化的教学任务清单销号制度,在实践中产生了良好的效益。

任务清单销号制以以生为本为基本理念,以课程标准要求和学生学情为基本参照,以任务驱动为基本特征,将教、学、评三个环节用成系统的系列任务融

合一体,有效解决原有教学中目标不明、系统散乱、针对性差、驱动力弱等问题。

任务清单销号制的实施以一周为基本周期,以"研讨编写布置任务清单—依照任务驱动教学—任务检测销号"为基本流程。其具体操作如下:

1.任务清单编写

前一周的周一至周四,各备课组根据课程标准教学要求和学生学情,研讨编写下周任务清单和任务检测AB卷,并上传教学群,周五下发任务清单给学生,学生根据清单任务预习,教师根据清单任务备课。任务清单成为教师教学的内容、学生学习的目标和教学评价的要求。教、学、评三个教学环节围绕任务清单展开与闭合。

2.任务驱动教学

教师根据清单任务进行教学,突出任务中的必备知识积累、必备能力训练和核心素养培养;学生根据清单任务完成学习,完成一项,销掉一项,在销号的过程中享受成功感。

3.任务检测销号

周四至周五使用A卷进行任务完成质量检测。成绩达标者,清单任务销号;未达标者,周五下午使用B卷补考。

操作流程图示如图1:

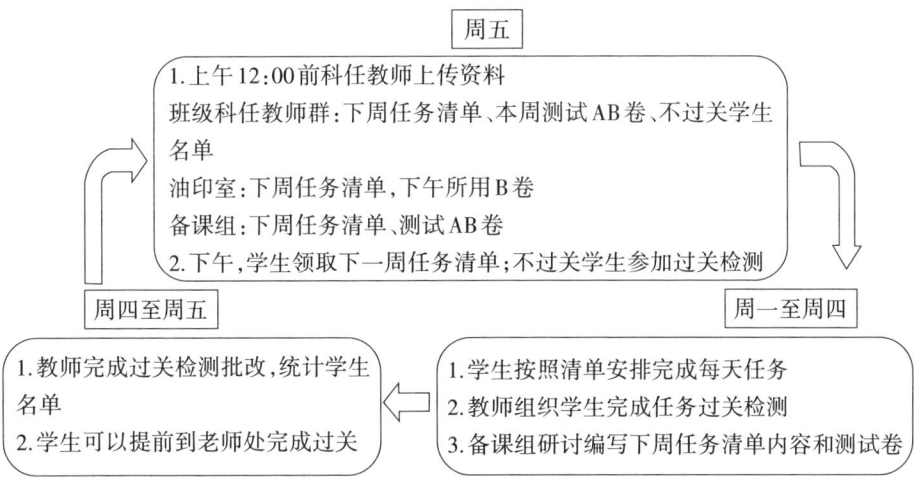

图1　任务清单销号制操作流图

任务清单销号制的实施策略具体如下:

1.协同管理,合力推进

校长为主导,负责全校动员和统筹工作,教学分管校长具体部署;年级级部为主管,负责各年级的实施管理,把握好工作节点和教学任务的质量,广泛动员备课组长承担起各学科的具体安排;教师为主体,教师是任务清单的拟订者、教学任务的实施者和学生学习质量的评价者,也是清单销号的把关者。

2.尊重差异,和谐推进

虽然统一实施教学任务清单销号制有利于协同管理,但毕竟存在学科差异、班级差异和学生个体差异。例如各学科的核心素养不尽相同,理科重逻辑思维的培养,文科尤其是艺术类学科则更重视形象思维的培养。班级之间存在着层次差别,基于因材施教原则,不少学校进行了班级层次的划分,在选科走班的新课改背景下,班级较多的同一组里,也有快慢班的区别,要求所有班级用同一任务清单,有违教育规律。学生个体之间的差异则更加明显,有人擅长某一学科,有人则对另一学科情有独钟。因此,尊重学科差异、班级差异和学生个体差异,教学任务清单销号制才便于和谐有效推行。

3.统筹规划,循序渐进

知识的学习,绕不开遗忘规律的影响,所以任务清单对知识的覆盖应该是循环滚动推进的。每一周的清单任务讲求新旧衔接,上一周的易错点将在下一周的清单中重现,所有清单任务组合起来,就是一个完整的知识能力体系。

实施策略图示如图2:

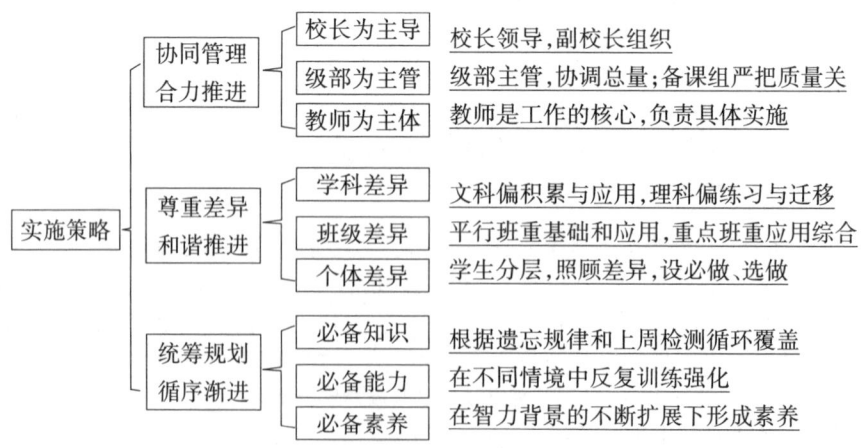

图2　任务清单销号制实施策略图

　　任务清单销号制实现了教、学、评一体化,教师带着任务教,学生带着任务学,目标明确,针对性强,及时监测,面向全体,既突出个体特性,又注重系统建构。学生的学习主动性、目标性以及成就感得到了关照,整体实施效果良好。

　　教学任务清单销号制推行以来,已进行多场次培训会、专题会,产生任务清单和过关测试AB卷数百套,学校教学资源库因此而丰富。学生课间学习、求问现象蔚然成风,教师的教学管理思维明晰了,教学管理有了可行的抓手,学校的教风和学风改善明显。

7.

让教师有魅力

——贵阳二中大讲堂精选

贵阳二中大讲堂是学校给一线教师搭建的展示平台,它始创于2021年面向全国举办的新课程新教材改革主题研讨会。其时,有来自教育部中学校长培训中心的代蕊华主任、王俭教授,来自国家行政管理学院的《中小学校长》杂志编辑,以及来自全国各地的两百余位高中校长参会。会上,举行了隆重的贵阳二中大讲堂的揭牌仪式。然后,学校的谢基祥、杨漪、陈石、曾拥四位老师先后登台作双新改革实践与思考的主题发言,获得良好反响。四位教师也因此获得更加高涨的专业自信。2022年,第二期贵阳二中大讲堂又迎来了政治组王新惠、李喻、刘欢三位教师的"三主"教研现场展示汇报。

大讲堂让平日里有思考、有总结、有思想的教师有了面向省内外展示自己的舞台,也是学校教研成果的交流阵地。

下面是首期大讲堂上其中三位发言教师的发言稿。

利他思维,"三新"改革背景下教师专业长效发展的驱动内核

谢基祥

能在我校首期大讲堂上向大家汇报,在我主持的市级课题"新高考改革背景下教师思维品质提升策略的实践研究"中探讨关于"三新"改革背景下教师专业发展的三个问题,备感荣幸。

问题一,什么是利他思维?

首先,我想跟大家分享一个寓言故事。有甲乙两棵苹果树,都结满了果子,后来人们摘果子的时候折断了很多树枝。甲苹果树觉得自己受了伤,便决定不再结果子,而乙苹果树觉得自己的果子给别人带来了喜悦和欢乐,选择结更多的果子。后来人们便砍断了那一棵不结果子的甲苹果树。

一样良好的出身,却是不一样的悲喜结局。原因何在? 在于两棵树的思维不同。被砍的甲苹果树所持的是短视化和功利化的利己思维,光想着自己的委屈,只顾着自己的利益和得失,结果身死他手;乙苹果树持有的则是利他思维,它心中装满的是他人的喜悦和欢乐,结果是备受青睐。

在我们身边是不是也有这样的现象? 有教师在评上心中理想的职称之后,就开始懈怠了,觉得自己受尽了工作的辛苦,不愿意再多付出,不再写论文,不再做课题,不再上公开课,甚至连学生评教和教学成绩都看得极为淡薄,并自诩为所谓的不贪不争、无欲无求的"佛系"。但我觉得佛祖估计是有意见的,因为佛是要普度众生的,而他们看得更重的是自己的安适与惬意,这是利己思维的表现。而有的教师则相反,他们工作不息,奋斗不止,心里装着学生的喜悦和欢乐,是利他思维的表现。

说到这里,我们可以通俗地理解为,利他思维是指人们在处理利益关系时,不但想自己,还要想别人;不但想现在,还要想将来的一种思维形式。迁移到教师身上,即教师不但想着自己,更要想着学生;不但想学生的现在,更要想学生的未来。利他思维是教师将以生为本从概念转化成内心自觉和行为自觉的根基。从这个角度讲,利他思维是教师的核心素养,是教育中最本真的思维模式,是教师专业发展最本质的资源,是一个教师专业长效发展的驱动内核。

问题二,为什么说"三新"改革背景下教师的专业发展尤其需要利他思维的支撑? 理由有三。

一是更高的育人目标。不可否认,原有的基础教育的确促进了我国整体文化水平的提高,为祖国富起来培养了大量人才。但是,知识本位、课程本位和重应试教育的现状已经难以适应强国建设的新时代发展的要求,难以肩负实现第二个百年奋斗目标的历史重任。民族复兴伟大梦想的实现更需大量的创新人才,而且是爱党爱国、能做社会主义事业建设者和接班人的创新人才。教师有利他思维,才能自觉站在为党育人、为国育才的高度去立德树人。

二是更实的生本理念。创新人才的培养,需要教育工作者从更深层次落实以生为本理念。教师不应只满足于对学生基本人格的尊重、传授知识时的对话交流,更应从教育科学的层面去重视学生学习的选择性、主动性、创造性和长效性。学生学习知识的过程,实质上是一种探究的过程、选择的过程、创造的过程,也是学生科学精神、创新精神,乃至正确世界观逐步形成的过程。为此,必须拆除阻隔学校与社会、课程与生活之间融会贯通的藩篱,让学生感到学习是生活的需要而不是额外的负担,并且原先在被动"学习"活动中处于边缘位置的有时甚至被作为消极因素而遭到排斥的情感、体验等教育因素,也需获得与理智同等的地位。教师有利他思维,才能以促进学生成长为基本考量标准,去思考自己的教育行为。

三是更全的教师要求。教师不只是会上课,还要能指导学生做生涯规划;不只是会教课本上的知识,还要能整合时代资源,开发新课程;不只是一支粉笔写春秋,还要能熟练运用信息化技术服务教育;不只是知识的传授者,还应是习近平总书记要求的学生成长的引路人,新时代的"大先生"。教师,尤其是像我这样的中老年教师,若没有利他思维,如何肯进行新的学习,提升新的技能,融入新时代的新教育?

所以说,一个教师,假若上不可为国育才,利于国家,中不可修身与时俱进,利于时代,下不能促进学生成长,利于学生,其所谓的专业发展难道不是只是材料的堆砌,徒有其表吗?

第三个问题:利他思维型教师该如何融入"三新"改革实现专业长效发展呢?

我以为至少有三个方面。

1.更全面地理解学生成长的含义,形成正确的学生观

他们懂得学生的成长应该是健康阳光的。有充足的睡眠,让身体自然地生长,在那寂静的午夜,有学生抽枝拔节苗壮成长的最美小夜曲;有多彩的体育活动,强壮学生的躯体,锤炼学生的意志,那急速的心跳、流淌的汗水与扩张的血脉,是学生青春激情的挥洒;有健康的书籍,打开学生的视野,陶冶学生的情操,

在喜怒哀乐的情感体验中,在共鸣与思辨的理性审读中,培育丰富的心灵;手机回归为助力成长的工具的定位,作业还原为助力学业发展的手段的本位。学生人格健全,身心健康。

他们懂得学生的成长是全面而有个性的。若把学生比作一棵树,那么,美好的德行就是树根,深深地扎进社会伦理的土壤,连成家国之网,筑牢民族地基;健康的体魄是树干,一年年的光阴,是他们越发苗壮的年轮,一次次风雨,是他们愈加坚强的韧性;丰富的智慧是树枝,每一个创新的嫩芽,都会长成一片绿云,虬枝交错,织就每一个孩子的空间;辛勤的劳动是树叶,舒展开来,吸收阳光雨露,蓄积生长能量;敏锐的审美是花朵,红的热烈,白的圣洁,黄的温馨,紫的高贵,蓝的深沉,黑的静穆,开一树七彩的花,赏一世多彩的人生。五育并举,学生自能苗壮成长。利他思维型教师深知,每一个学生都是一棵树,每一棵树都有它独特的价值。高大的乔木,自有栋梁的责任;壮实的果木,能让整个秋天变得丰实;美艳的花木,能点亮万山的春天;即便是矮密的灌木,也能护一方水土,添一片绿意!

他们懂得学生的成长是自觉而长效的。每个学生的成长都有自己的轨迹。有人年少有为,有人大器晚成,他们从不仅仅以三年表现就判断学生一生发展。他们有静待花开的耐性,他们深知,教育价值的终点是促进学生的长远发展。知其长远,故而懂得如何养其根须,蓄其后劲。他们理解"双减"的意义,学生作业负担和课外培训负担的减轻,实则是对学生学习自主性和自信心的加持。

2.更全面地掌握促进学生成长的技法,建构师能体系

他们牢记习近平总书记的嘱托,当好学生成长的引路人。

他们熟悉教学的艺术,让学生乐于学习。他们懂得因材施教,是班上每个孩子的导师;他们有宏观的专业视野,建构起完整的学科课程体系,并有根据学段分层分级的具体安排;他们清楚所教知识的来龙去脉,帮助学生深度掌握知识;他们能结合社会生活教学,设置真实的教学情境;他们能创设各种驱动任务,调动学生积极主动探索。他们有很高的思维品质,能清晰地提问和表达;能纵横发散,打开学生的思路;能深度挖掘,引领学生探究事物的本质;能高度概括,教会学生综合思维;能批判审视,培养学生的思辨思维;能随机应变,捕捉课

堂教学的生成点。他们懂得情感的妙用,在一言一行的细节中,营造和谐的班级氛围,凝聚团结的班级力量,打造温馨的班级文化,让学生有家的温暖感和归属感,让自己的身份由老师升格为"班爸班妈"。他们的课堂有情、有趣、有料、有效。

他们懂得选择的艺术,帮学生明确方向。新课改一个很大的特点是突出了学生的选择权。但是对于十四五岁的孩子来说,学会选择并非容易的事。所以,教师要教会学生选择。选择是对自身的认识与判断,是对社会发展形势的研判,是对自我发展与社会需求之间的权衡。关于选择的指导,实则是对学生的理想教育、自我认识教育、生涯规划教育的综合。利他思维型教师会引入各种社会资源,让学生了解各行各业的工作内容与特点;会借助各种心理测评工具,让学生理性地认识自己;会提供各种体验平台,让学生在切身感受中判断自己的发展方向,从而做出人生的第一次重要选择。

他们懂得规划的艺术,指引学生成长路径。没有方向的拼搏是迷茫的,没有规划的努力是徒劳的。选择让学生有了前进的方向,规划实施才能让学生有走向成功的路径。利他思维型教师会把自己当作北斗导航,指导学生输入规划的起点和终点,告知路况,在关键岔路口做出提示,在多条路径中,给出参考。他们清楚,方向盘在学生手中,油门在学生脚下,规则意识在学生脑中,学生需要独立面对。学生有时会不听提示,变更道路,他们会耐心地提醒学生重新规划路线。他们坚信,只要学生目的地不变,终归是可以到达的。

3.更加努力地提升自己的素养,形成自我驱动机制

为了更好地引领学生发展,利他思维型教师会主动地去提升自己的专业素养,并使之成为专业自觉。他们常用的方式有三种。

一是终身学习。他们将优于昨天的自己视作优秀,追求日有所进,不断培养自己的格局意识。为此,阅读是生活的常态,读经典,也读时文,读专业著作,也读闲散文章,广泛涉猎,博观而约取;研讨是相互砥砺的良方,喜欢思想的碰撞,乐于同行共进,他山之石,可以攻玉,是他们的信念;他们把培训看作福利,纵使千山万水,舟车劳顿,也定然马不停蹄,风雨无阻,只为聆听大家灼见,一睹名家风采。他们从不慨叹年岁无情,因为眼前的少年让他们永远年轻,永远多情;他们从不畏惧暮年将至,因为眼前总有朝阳。生命不息,学无止境,他们是学习型教师。

二是实践研究。他们知道,教育与时俱进,不断迎来新机遇,也不断带来新挑战;学生茁壮成长,点燃新的希望,也产生新的问题。教育工作,从来就没有毕其功于一役的捷径。所以,他们善于就教育实践中的问题进行深入而切实的研究,只为寻找教育的规律,解决实际的问题,不让任何一届学生掉队。至于课题研究的成果证书,不过是无心插柳柳成荫的见证。教书一日,研究不止,他们是研究型教师。

三是总结反思。用心至深,必有所悟,每有所悟,提笔成文。每一次教育叙事,都是对自己教育行为的记录与分析;每一次论文写作,都是对自己教育经验的审视与提炼;每一部著作的撰写,都是对自己教育思想的解析与建构。在不断的总结反思中,他们日臻成熟;在不断的提炼升华中,他们越发从容。事半功倍的教育效果,变成了现实;轻松愉悦的教育感受,体现在学生的笑脸上。他们用勤劳与智慧,换得学生更宽广的发展空间。集腋成裘,聚沙成塔,他们是智慧型教师。

学生即未来,教育即未来,现在即未来。利他思维,以生为本,促进学生全面发展、个性化发展、长效性发展,是我们教育人对人民期盼的最好的回答,对新时代呼唤最响亮的回应,对未来做的最好的铺垫,也是我们教师专业长效发展的驱动内核。

培育英才千千万,复兴华夏四海安;他日疆场凯歌奏,何人不思今杏坛?

单丝不成线——"三新"改革背景下的学生发展指导

杨　漪

各位领导、各位同仁、各位校友、各位同学:

大家上午好! 欢迎来到贵阳二中大讲堂,今天我与大家交流分享的主题是《单丝不成线——"三新"改革背景下的学生发展指导》,我将主要从"三新"背景下我们为什么要进行学生发展指导,何为学生发展指导及我们如何更好地开展学生发展指导几个方面与大家分享交流。

什么是好的教育? 江苏省锡山高级中学校长唐江澎面对媒体记者的提问

这样说道:"好的教育是把学生培养成终身运动者、责任担当者、问题解决者、优雅生活者。"随着高中课程改革的深入和高考制度的改革,普通高中学生发展指导工作的重要性也愈发凸显。我们对学生发展的深入理解,就成了开展好学生发展指导的前提。

教育部颁布的一系列文件与政策均对"学生发展指导"制度的重要性予以了明确,并在《国家中长期教育改革和发展规划纲要(2010-2020)》的基础上,将学生发展指导制度的内涵阐释得更具体化、清晰化。

那么,究竟什么是学生发展指导呢?北京师范大学发展心理研究中心在国内外研究的定义的基础上,把学生发展指导定义为:学校在教学任务外,为全体学生在品德、心理、学业、生涯、生活等各方面,提供课程活动、团体辅导、个别指导等一系列服务,旨在促进学生全面而有个性的发展,把学生培养成社会主义建设的接班人。

为何在"三新"改革的背景下特别强调学生发展指导呢?我想,它是一种发展的需要:即适应国家发展、世界教育发展、高中阶段的个体发展、教育实践的需要。它是一个理念的坚定:促进健康成长、幸福生活;它是一个决心的下定:坚决扭转片面应试教育倾向;它是一条路径的选择,以学生发展的重构,迫使教、学、育方式的变革;它也是一个重心的改变:由问题导向向促进发展导向的转变。

在指导途径、形式、领域单一化,目标不明确,评价机制缺失等因素导致的学生发展指导效果不明显的现状下,我们应该如何更好地进行学生发展指导呢?

单丝不成线,我们需要将学生发展指导实践系统化。如何系统化呢?

1.构建学生发展指导的课程体系

我校在学生发展指导体系探索的过程中也做了很多的尝试与努力。基于让学生健康成长、幸福生活的目标,助力国家发展与实现个人理想及自身智能结构与兴趣爱好两个结合,以及本校"教育:唤醒 陪伴 引领"的办学理念,建构了促进学生自主发展的"BAIS"育人体系。在不断的实践与反思中,开发了涵盖"理想、心理、学业、生活、生涯"五个方面的贵阳二中五力课程群,五力共力、融合发展,构建高中生自主发展的良性生态圈,并进行面向全体学生促进正向发展的一级指导,面向部分学生防止和减少发展问题的二级指导及面向个体学生处理和解决发展中的问题的三级指导,在这些系列的课程中,培根铸魂,启智润心。

(1)构建生涯规划课程体系。我校于2015年5月,采用华东师范大学《普通高中学生发展指导问卷》对全校三个年级开展了问卷调查。针对调查结果进行问题梳理与分析,发现生涯发展规划现状得分最低,生涯发展指导的需求最高。我们又对学生学习动力不足、专注度和持续度不够、亲子关系紧张等常见问题的根本原因进行了剖析:学生对自我认识不足,自我定位、人生目标模糊。自此,我们重点对生涯规划系统课程进行了开发与实践。通过生涯规划系统课程的开设来引导学生树立自主发展的观念,帮助学生更好地认识自我、发展兴趣特长,并通过环境和职业探索掌握生涯规划的技能,引导学生把当下的学业和未来的生涯发展有机结合,明确发展方向,储蓄前行力量,成长为最好的自己。

根据高中三年成长发展不同的需求和成长阶段的不同特征,我们设定了三个年级的生涯发展目标:高一年级的生涯发展目标是对自我认知、自我探索及专业和职业的初步认识,了解自己在学科上的学习状态和发展潜力,逐步确定选考科目;高二的生涯发展目标侧重专业与职业探索,加强自我认知与专业职业的联结及自我管理、自我实现;高三是了解职业、确定大学和专业的填报,同时开展指导性课程和个性化辅导。

以高一年级生涯规划课程为例。确定目标后,我们分为生涯唤醒、自我探索、职业初探、选科与专业认知、开启规划走向未来五个模块进行,在五个模块下分课时,比如"何为生涯规划、我是谁、兴趣岛、职业连连看"等课,从而达成各模块目标。学生在生涯规划中一次次地成长与前行。比如2021级的陈祉彤同学将汉服的兴趣及对语文的喜爱相结合,在传统文化中找到设计元素,又用她的设计传播中国传统文化,寻找到了前行动力。我们以这样的生涯系统课程来帮助孩子们解决"我是谁""我将要成为谁""我将要如何成为谁"的恒久哲学问题。在追求分年级的生涯发展目标的过程中,我们利用多元平台、多种活动等来助力目标的更好达成。

（2）构建研究性学习课程体系。我们开设了贵阳二中研究性学习通识培训课、选题指导课、开题指导课、过程指导课、结题指导课及"236"模式下的各类评比、展示活动课。在活动实践中完成学科的融合、人文底蕴的丰厚、精神的传承、自我的成长及性格的培养。依托景季萍老师"综合实践名师工作室"，我们大力开展了研学旅行，开发了研学旅行的"236"模式，根据行前、行中、行后三个阶段的不同特点设计了系列课程。因"生材""学材""教材"而施教，充分就地取"材"，利用教育资源，使教育教学更灵动。比如我们开发了研学系列课程，并在大的主题下开设系列小课程，学生在这些系列活动中认识自然、感知历史、感悟传统文化与精神，联通、迁移知识，认识自我、发现自我、提升自我，更好地汲取了前行的动力。

2.万人操弓：以导师制，全员促进学生发展

传统学生工作的主要内容是聚焦学生问题，以改变学生行为范式为目的。而"5L&5S高中生三级发展指导模式"认为，学生的关系系统是一个有机的整体，问题虽然出现在学生的身上，但反映的却是学生所在关系系统的问题，比如在关系中被过度关注或忽视，因此，学生发展指导工作是通过创造积极而有创造性的关系来促进学生的发展，改变关系系统是促进学生发展的根本途径。而导师制可以很好地进行全员育人，它同时也是微型成长共同体的建立，在建立生生关系、师生关系、家校关系、亲子关系中，将指导对象转向教师、学生、家长，来更好地解决学校与家长的全面与个性的辅导的不足，也解决群体家长会指导的片面性，从而更好地促进学生的发展。

做好学生发展指导工作，我们还需建设学生发展指导中心。这打破了我们传统的教学处、教育处、团委、信科处各自组织相关学生活动的局面，在一定程度上割裂教育内容的完整性的现状。以学生发展指导为中心，把处室相关工作进行整合，对课堂学习、校园活动、社会实践进行重新梳理，构建了更加系统化的课程指导体系，更好落实学校的育人目标。

3.整合学生成长数据，开发学生"数字化"多元成长档案

学生在图书借阅、作业完成、高考选课、平日选修课、社团课、实践课等日常学习、生活中的表现，都能被数字化，并做好归类。同时利用好每次考试的成绩

分析、职业测试、性格测试、兴趣测试、风格测试等测试结果,以及日常出勤和各类活动等行为表现和个人荣誉等,多元整合数据,开发学生成长记录绿皮书和个性化成长报告,从而让学生更好地认识自己、完善自己,也使教师能更好地指导学生的发展。

我想,单丝不成线,无论是我们的课程、活动、指导人员和对象及评价等都需要丝丝相接、融合成线。纵使学生发展指导之路还有很多的荆棘与坎坷,但坚持走好学生发展指导之路,是教育的回望与梳理,是作为教育人的你我自强不息的追求,是不断跋涉育好人的初心,是漫漫教育之路的坚守,更是于漪老师"一辈子做老师,一辈子学做老师"的醒戒。行走在这教育之路,你我或许也如这微薄的单丝,但心往一处使、力往一处用,携手同心,众丝成线,定能助力学生及我们自身更好地生长与生活。

教育之旅是一场修行,也是一场悟道,更是一生的奋斗之旅。让我们莫负好时光,挥鞭再次起航。

你听,芽在春天破土生长,枝丫拔节向上。

你闻,百花绽放,是教育的芬芳,缭绕一生。

与你分享,共同成长,谢谢大家!

"三新"改革背景下课堂教学模式探讨

陈　石

新课程新教材新高考,吹响了高中教育教学改革的冲锋号。"三新"改革的全面实施,将对学校育人目标、课程结构体系、课程形态、课程设置和课时安排等产生重大而深远的影响。"三新"改革要求教师关注每一个学生的发展,关注他们的情绪和情感;关注他们的道德生活和人格养成;关注他们的学习,关注他们的发展。关注本身就是最好的教育。

新课程新教材新高考下的课堂需要教师在综合学生、目标、问题、资源和教材等因素的基础上,精心设计任务、情境、问题和学生学习活动;要求教师转变为多角色,教师在课堂中既是实践者也是研究者,既是组织者也是学习者,既是引导者也是开发者。教师更应充分发挥自身的水平,在课堂中选择适合自己的教学形式,通过实践、研究,不断反思,逐步拾级而上,成为新时代落实素养目标、助力学生发展的人。

课堂是落实新课程理念的主阵地,"三新"改革背景下的课堂要贯彻以人为本的理念,需要老师组织学生在课堂中自主学习、合作分析、积极思考、努力创造,全身心投入学习活动中。教师要站在学生角度,关注学生的需求,提升学生的学习能力。

我尝试用"3+1"的模式来解读"三新"改革背景下课堂教学模式。"3+1"指的是课堂教学的结构性、生活性和发展性加课堂教学的生命性。

一、课堂教学的结构性

课堂的结构性主要体现在课堂中教学结构化和思维结构化两方面。

1.课堂结构化

我们的课堂不仅仅是那上课的40分钟,一节教学内容要顺利完成,至少还包括课前准备、课中进行和课后反馈的学习过程。

课前教师认真研究教材、构建知识结构和学习目标,可以以预习学案为载体,根据学生需求设计教学环节,并安排学生做好课前准备。课前学生的预习任务分四步完成:通读课本、把握概况;精看教材、知识提炼;填写学案、整理记忆;针对训练、及时巩固。

课中分五段:第一段教师评价预习情况并分配任务;第二段学生分组探究;第三段学生分享展示、补充疑问,教师在这段时间里需要倾听、观察、发现、归纳;第四段教师点评内容和思路方法、分析疑难点、拓展新思路和方法,学生在这个时间段完善学案、做好笔记、补充新知;第五段学生自主练习、归纳整理、理清体系,教师进行个性化辅导。

课后用学案作为载体来及时反馈学生学习情况,并用作下一节课的教学活动设计的依据。

2.思维结构化

老师面对教学任务时能全方位思考,将零碎的信息归纳梳理到系统化、层级分明的结构当中,并制订方案,选取恰当的研究方法。所以在进行备课、教学

目标设定的时候首先要注意思维结构化问题。理清课文逻辑关系,分清能力层次,引导学生进行有序思考并且拓展思维。

二、课堂教学的生活性

课堂的生活性主要体现在课堂教学的情境化和课堂教学的实践性两方面。

1.课堂教学的情境化

瑞士著名的民主主义教育家裴斯泰洛齐认为最有效的学习方式就是让学生到要学习的知识的原生环境或模拟情境中去体悟。皮亚杰认为个体的知识就是个体在与环境交互作用过程中逐渐建构的结果。

实例:物理教学"宇宙航行"这节课上,老师为了让学生感知什么是第一宇宙速度,把愤怒的小鸟终极版的游戏带到课堂上,学生的学习兴趣非常高。物理课研究曲线运动中的转弯限速问题,老师把火车的轨道模型带进教室,模拟火车转弯和过曲面轨道的问题。学生在情境中获得知识的过程是积极的、主动的。

2.课堂教学实践性

教师主动走下讲台,为学生提供相互探讨和学习的机会,引领学生大胆地讲解,分享自己的思想和经验,体验新知的形成。学生自主、合作学习就能得到最大程度的发挥,学生通过参与、行动、实践、经历就能感悟真正属于自己的课堂。

实例:语文老师在现代新诗教学时,以某期刊作为载体,通过整体把握、分析探究、动情朗诵、撰写推荐语等环节,引导学生赏读优秀的青春诗文、学习诗歌语言的表达。

三、课堂教学的发展性

课堂教学的发展性主要体现在教学目标和育人目标两个层面。

1.教学目标

教师应该引领学生主动参与学习、协同学习,并且要鼓励学生大胆进行课堂展示、问题讲解和合作交流。教师要进行及时的点评,同时引导学生互相评价,满足学生深度学习的心理需要,促进学习的原动力。教师还要激发学生的思维活力,让学生真正学会、弄懂,满足学生学习的深度心理需要。这是新课程改革的核心本质"以人为本"的体现,即在教学中尊重学生个体,让学生在课堂上自由地表现自我。

2.育人目标

维果斯基的最近发展区理论认为,学习与发展是一种社会和合作活动,是永远不能被教给某个人的,学生在他们自己的头脑中构筑自己的理解。而正是在这一过程中,教师扮演着促进者和帮助者的角色,指导、激励、帮助学生全面发展。

教师应培养学生的爱国主义、集体主义精神,正确的世界观、人生观、价值观,社会责任感,实践能力、创新精神,科学和人文素养,终身学习意识,良好的心理素质,助学生成为一个热爱生活的人。

四、课堂的生命性

教育者和被教育者都作为一个个具体的、无法被任何一个人所代替的人而存在,教育行为始终指向具体的每一个人。知识的授受、智慧的开启,最终都是为了点化或润泽生命。人生命的独特、丰富、多样,也使教育变得富有魅力、困难重重,任何教育的探索都永无止境。

课堂的生命性就是生命对生命的唤醒,生命对生命的陪伴,生命对生命的引领。从关注每一个学生,从尊重每一个学生,从满足每一个学生的需求,从善待每一个学生,从开启每一个学生的智慧,从相信每一个生命的意义,从成全每一个生命发展开始,生命教育也就开始了。

第三篇　深化教学思考

　　课堂教学是"三新"改革的主阵地,关系到育人方式变革的要求是否真正落地。进入"三新"改革一年多来,我们的课堂是否发生了预期的变化?贵阳二中入选新课程新教材实施国家级示范校以来,优化教研工作,强化课堂教学观察,长期组织学校行政干部、学科指导委员会教师和省市级骨干教师深入各班听课,并在完成基本观察记录的基础上,撰写听课心得。这些心得中,既有课例陈述,也有听课教师的感悟。课例陈述可以呈现教师们在"三新"改革路上的行进状态,听课感悟更可以展现教师对"三新"改革的认识和思考。深化课堂观察和思考,既是良好的教研形式,也是学校其他教研工作的基础。本篇精选的是教师听课、教学过程中的21篇教学反思。

1.

一线教师如何迎接"三新"改革的挑战

班军萍

普通高中新课程新教材新高考(简称"三新")改革已经于2021年秋季正式在贵州省展开,作为一名一线物理教师,深感只有学习相关政策、理念,保持追求先进教学业务能力的锐意进取精神,才能在改革中抓紧机遇,与时俱进,成就自身专业水平的发展,更成就学生的终身发展。

投身"三新"改革实践已有大半年时间,一面在自己的教学中努力实践,一面深入同行课堂观摩思考,我认为一线教师可在"三个更新"中迎接"三新"改革的挑战。

1.教学理念要更新

广泛而深入的听课,使我对此感悟颇深。整体印象而言,我们的课堂仍然存在老师讲解太多的问题,教师没有学会放手,也不太敢放手,导致了我们的教学效果短期化,缺乏生长力。尤其是物理的实验教学,不少老师依赖于视频展示,然后告知答案,也有部分教师自己现场演示,学生做笔记,取消了学生动手实验的环节,这直接导致了学生学习效率的低下。学生要经过多次的练习与背诵才能积累相关的知识,而且是枯燥的知识。

教学效果还有待进一步提高的现状,让我觉得我们至少有三个问题需要深入思考。一是课堂观。我们需要思考在"三新"改革的背景下,我们究竟需要什么样的课堂?是传统课堂的包揽型、灌输型,还是开放型、自主探究型?是以师为主,还是以生为本?二是学生观。是将学生视作被动的接受者,还是将其视为主动探究者?是相信学生,放开手脚,任其驰骋,还是忧心忡忡,包办替代?

三是知识观。知识是静态的,还是动态的? 是重视传授的终端,还是重视学习的体验过程?

2.教学方法需更新

教学方法是达成教学目标的途径,它的好坏直接影响到目标达成度。"三新"改革呼唤转变育人方式,我想,作为一线教师,首先应该从改进教学方法开始。

首先,教学方法要能激活学生。教师要了解学生心理,考虑学生兴趣,精心设计课堂教学。

例如龙维利老师讲授"电磁感应中的单杆模型"时,用建立模型引入新课,在讲解中层层递进,由水平的轨道变成倾斜的轨道,再变成竖直情况,情境直观又能引发思考,激发学生的学习兴趣,课堂气氛非常活跃。

又如公开课"牛顿第一定律",这节课以典型情境及问题为引领,以翔实的物理学史为依托,以大量典型实验为基础,充分调动学生积极思考,采用对比、演绎、分析、综合、推理论证等方法,纠正学生的错误思维方式,引导学生体会力和运动的关系,整节课逻辑清晰,思维碰撞激烈。

再如"简谐运动"这一节课,新课引入非常生动,有吉他、弹簧小车、秋千、阻尼器等道具,展现了简谐运动的运动形式。这节课的教学特色在于以学生为中心,学生间的讨论对简谐运动模型的建立起到了非常好的作用。授课老师还利用了频闪照片,展示简谐运动的特征,通过物理教学,使学生思维不断深化,同时与生活实际紧紧相连,展现物理与生活的紧密联系,非常符合现在"三新"改革的目标。

其次,教学方法要有思维含量。从感知活动引入新课,从思维加工让学生获得能力,从理解应用让学生形成能力,最后形成完整的一个知识结构。通过物理教学,使学生思维不断深化,体现物理的学科核心素养。

再次,教学方法要考虑真实情境设置。"三新"改革使用的是新教材,新教材的内容与生活实际紧密联系,基于真实情境的教学活动设计非常重要,这也是新课程对人才综合素养的要求。在物理学科知识高度模型化的背景下,对物理课程的教学活动设计就有了不同的要求。例如,我们可能非常熟悉的一个滑块沿光滑斜面下滑的情境,就是一个假象的抽象化模型。在实际教学中,这样的理想化习题情境对于训练学生知识掌握的熟练程度是必要的,但是如果教学是基于这样抽象的情境而展开,则不利于发展学生的物理观念、科学思维。如果我们把问题变成挑战性活动——为滑草场设计一条倾斜的滑道,学生可能就会围绕滑道的倾角、滑道的摩擦系数等问题而展开思考讨论和交流,这对于发展学生的解决问题能力就更为有利了。

3.知识结构需更新

新教材提倡问题情境的创设。问题情境的创设,对于激发学生学习兴趣起着决定作用。物理教学中如果运用一个贴近学生实际生活的问题情境,则更能激发学生的求知欲。教学中,若能联系学生实际生活,通过各种问题情境的设置,在教师的引导下,让学生经过实践、思考、探索、交流与合作,从而获取知识、形成技能、发展思维、学会学习,这对学生今后主动地、富有个性地学习物理知识大有益处。所以,在教学中要深钻教材,深刻领会教材编写意图,密切联系学生生活实际,联系本地区、本班学生的实际情况,精心创设问题情境,努力激发学生的物理学习兴趣,调动学生的物理学习积极性。

新课程新教材新高考,呼唤新的教学理念,教师应以科学的态度转变观念,跟上教学改革步伐,提高教学技能,走出一条适合自己的教学新路。

2.

如何端正"三观"以践行"三新"改革理念

钱悦青

新课程改革必须在观念方面有根本的变革。教师只有全面深入地了解和理解新课程改革的背景、理念和具体内容,才能真正走进新课程。因此物理学科教学要以转变观念为切入点,对教师进行"洗脑",使教师在实际教学工作中全面把握新课程的思路、全面贯彻新课程的精神,不偏离新课程的宗旨和方向,保证新课程的教学沿着正确的目标前进。

新课程理念体现了基础性和时代性,改变了过去繁、难、偏、旧的老问题。新课程不仅要求学生学习物理学最基本的概念和规律,了解物理学的基本观点、思想和方法,掌握物理实验的基本技能,同时还拓展了"知识与技能"的内涵,要求了解物理学的发展历程,反映经典物理与近代物理的融合,关注科学技术的主要成就和发展趋势,以及物理学对经济、社会发展的影响,关注物理学与其他学科之间的联系以及应用。这就要求我们用全新的课程理念开创教育的新境界。

1.树立"以人为本"的新课程观

为了促进学生的全面发展,丰富学生的各种素养,新课改特别强调各地要严格执行国家课程,落实地方课程,开发校本课程,并要求有条件的地方应编写具有地方和学校特色的相关教材。从某种程度上说,课程问题已成为教育改革的核心问题,需要我们高度重视。那么,我们所需要的新课程观是什么呢?

(1)真正关注学生的主体要求与主体意识的培育,强调对学生个体生命发展的关注,更多地注重学生主体意识的培育以及对学生人格的完善。龙维利老师在上课过程中就非常关注学生的学习精神状态。

（2）明确课程是实施培养目标的施工蓝图，是组织教育活动的最主要依据，教师必须把以新课程为依托的教育活动当成一种创造性劳动，使教学在创造中发展、在发展中创造，演绎出无穷的生命力。

（3）思想素质方面，教师应依托新课程中的人文因素，把教学中的情感因素提升到一个新的层面，以达到情感、态度和价值观的和谐可持续发展，使情感、态度和价值观成为教学内容的血肉，成为教学过程的灵魂。

2.建立"一身多面"的新教师观

新课改倡导以人为本的主体教育，这种教育是发展个性、构建独立人格、倡导以问题为纽带的教育，是着眼于让学生学会发展、学会创造的教育。因此，教师不仅在观念上要不断更新，教师的角色也要转变。教师应由单纯的教书匠和"传道授业解惑"者，转变为学生"学习活动的组织者、个性发展的辅导者和社会化进程的促进者"，以及把思想政治教学工作作为研究对象的科研者。

（1）从师生关系看，贯穿新课改的人本精神要求教育作为一种生命活动、作为师生平等交往和对话的过程，这就需要教师从传授知识的核心角色中解脱出来，尽快充当起教学活动中的共在的双主体之一的角色，发挥出教师的主体性作用，促进另一共在主体——学生的积极性、主动性、创造性的充分发挥。从这个意义上说，教师的角色应转变为组织者和引导者。

（2）从教学与研究的关系看，新课程要求教师必须是教学科研者。教师必须充分发挥自身的教育智慧，在遵循教育规律基础上大胆"标新立异"，敢于突破教材的限制，对教材不断拓展、补充与创新，认真研究教学过程中出现的新生事物，深入探究新的教学模式，不断总结每一时期的教学经验。这一过程是教师由教书匠角色逐渐转化为教学科研者角色的过程。

3.确立"交互主体"的新学习观

新课程强调教师应该把学生的学习当成一种创新活动，要求教师必须认真去构建创新学习观念，摒弃传统教学模式中总是强调学生必须从课本、教师那里接受现存的知识的学习观念，大力推行体现"自主、合作、探究"理念的以研究性学习为代表的创新学习方式，通过接受、探索、模仿、体验等方式的应用，使学

生在民主、平等、宽松、和谐的学习氛围中满足学习需求,体验学习兴趣,发展学习个性,实现学习上的大飞跃。实验是物理学的基础,通过实验激发学生的学习兴趣,养成良好的科学作风,特别是使学生获得亲身体验和实践经验,是十分宝贵和不可替代的。张灯红老师的课就能够引导学生做许多生活中的实验,在学中做、在做中学,这是目前物理教学十分需要的。

3.

新课改背景下如何定位教师的角色

廖爱林

为贯彻落实《国务院办公厅关于新时代推进普通高中育人方式改革的指导意见》《教育部关于做好普通高中新课程新教材实施工作的指导意见》《教育部关于加强和改进新时代基础教育教研工作的意见》精神,发挥国家级示范区、示范校的辐射引领带动作用,进一步推进示范区新课程新教材新高考改革(简称"三新"改革),我校开展了"主讲、主教、主评"(简称"三主")教研活动,期待在这样的教研活动中,教师们以团队合作的精神、空杯的心态、认真学习的态度,彼此真诚合作,分享所学所得,趁着"三新"改革的东风,将我校的教育教研质量推向新台阶。在本次教研活动中,我很高兴承担了"主评"的任务,我们的课题是:外研社 2019 BOOK 3 "Unit 2 Make a difference: Writing a Biography of a famous man or woman"。

我从三个方面来总结本次教研活动的听评课:Pre-Listening(听课之前的预设),While-Listening(听课过程),After-Listening(评课)。

一、Pre-Listening(听课之前的预设)

"三新"改革强调在"大观念视角下的单元整体学习"中把握单元主题,建立各语篇关联,形成大观念主题语境,因此我们团队共同学习研讨本次课题,达成了对单元课题的清晰认识、深刻理解和共识。本单元大观念:正确认识全球面临的贫困问题,深入认知"善"的力量,培养良好品德,关注公益组织,参与公益事业,培养国际视野,服务社会,树立共同关爱他人、践行"善"并服务社会的价

值观。本单元的主题语境是"人与社会"——优秀品行、社会责任感。在单元主题语境下以3个子主题来呈现单元主题：

子主题1：感知优秀品行——

Period 1：Starting out & Vocabulary　认知善行，学习主题语块；

Period 3：Using language：Grammar　了解公益组织，聚焦人物品格；

Period 4：Listening & Speaking　了解慈善，学会电话咨询。

子主题2：深入认知"善"的力量——

Period 2：Understanding ideas　个人成长，公益事业，社会服务；

Period 5：Developing ideas　国际精神，社会贡献。

子主题3：参与公益活动，践行"善"，树立社会服务意识——

Period 6：Writing　人物传记，榜样的力量；

Period 7：Presenting ideas & Reflection　关注榜样及人物品格，回顾单元内容。

我们团队的黎应吉老师要呈现的是Period 6的写作课，因此在集体备课的过程中，团队在单元整体学习的基础上，针对本节课内容从三个方面深入学习研讨：教师的教、学生的学、学生的学习成果。下面我结合之后的听课及评课来综合记录及反思。

1.教师的教(The teaching from the teacher)

我们团队在确定课题之后立即就教师在课堂上应当怎样来推动学生对这节写作课的学习进行了深入学习和探讨，最后达成共识：本节课学生要学习写人物传记，而且是为著名医学家屠呦呦写人物传记，所以我们当从两个方面来push（推动）学生对于本节课的学习。一是From emotion（从情感上激励学生）。因为那些对世界做出了卓越贡献、促进了社会进步的科学家们对学生是有很强的激励作用的，所以我们可以利用介绍屠呦呦获诺贝尔奖及其在医学事业的贡献的视频来导入这节写作课。在后来的上课过程中，我们看到这样的导入的确带来了很好的课堂效果，激励了学生，激发了学生想更多了解屠呦呦的兴趣，为之后学生阅读屠呦呦的CV（个人履历），获取人物信息来学习写她的传记铺垫了情感基础。二是From writing skills（从写作技巧及方法上）来推动学生这节课的学习。在学生有了浓厚学习兴趣的基础上,我们"以搭脚手架(Scaffold)"的方式帮助学生从文本框架结构、字词句的运用、所给CV的信息提炼及整合等方面一步步地来帮助学生从理性认知到实践写作这篇传记整个过程的实施。在后来的教学过程中,我们很高兴地看到当黎应吉老师将文本框架结构、字词句等信息一步步呈现出来并带领学生们来学习的时候,学生们有很精彩的表现。

2.学生的学(The learning from the students)

针对学生的课堂学习,我们从下面这三个方面进行了预设和研讨:(1)Starting out & Understanding ideas;(2)Developing ideas;(3)Presenting ideas。由于我们团队在"教师的教"这个环节做足了功课,同时又对学生在课堂的学习从这三个方面进行了预设和研讨,加上黎应吉老师在课堂上富有激情的引导和讲授,以及同学之间小组的合作讨论都帮助到绝大部分学生在理解本课内容、呈现本课内容上有了较令人满意的表现。

3.课堂成果的呈现(The output)

在教师的教及学生的学积极有效的配合下,我们对这节课的成果预设是:学生能够自主从所提供的CV中获取人物信息,并按照老师的要求自主写出一篇人物传记。在后面黎应吉老师的课堂上,大部分学生如我们课前预设一样写出了老师所要求写的人物传记,达成了这节课的教学目标。有3名同学还自告奋勇地朗读了自己所写的人物传记。最后黎应吉老师还设计了一个问题:What kinds of personalities do the famous people should have? 同时还提供下列描写人物性格特征的词汇给学生们参考:optimistic, independent, ambitious, analytical, aspiring, careful, candid, cooperative, creative, energetic, faithful, generous, intelligent, modest, objective, precise, punctual, realistic, responsible, steady,扩大了学生的词汇量,同时又在潜移默化中培养了学生的优秀品行及社会责任感,呼应了本单元大主题。

二、While-Listing(听课过程,略)

三、After-Listening(评课)

在上述背景下,4月28日,我校如期举行了"三主"教研活动,黎应吉老师为

我们成功呈现了一节英文写作课。我听完课后的评价是："三心二意,层层推进!""三心"意指:(1)黎老师"精心"备课:他深入钻研教材,合理整合文本,大胆取舍,例如课程导入的视频原本约有5分钟,太长,黎老师就根据这节写作课的需要将导入视频剪辑为约2分钟,灵活调整了教学内容,为后面的深度教学预留更多的时间。他认真备课写教案并把自己上课要说的过渡性的话语也认真写下来,上课当天的早自习时间,我还听到他在走廊上大声地试讲。(2)黎老师"用心"上课:本节"人物传记"的写作课,以教材提供的屠呦呦的CV为写作素材,教学目标是为屠呦呦写一篇人物传记。黎老师的这节课,教学环节条理清楚并附上设计说明,简洁合理,层层深入。从视频导入引出本节课的两个主题,一是为屠呦呦写人物传记,二是了解那些为世界做出了卓越贡献的人。通过skimming的阅读策略获取基础信息,通过when/where/why/how/what等问题设计,利用scanning的阅读策略处理CV的细节信息并提炼人物传记写作的素材。黎老师问题的设计具有情境性、层次性、递进性,学生参与度高,老师富有激情,引导得法。(3)黎老师"贴心"留家作:黎老师的课后家作是让学生将自己在课堂上所写的屠呦呦的传记修改润色并提供评价的标准。这样的课后写作设计比较合适,针对性较强,并能对人物传记写作的基本能力达到初步诊断的效果,而且学生的用时也不会超过30分钟,课业负担不会过重,不可不谓是"贴心"家作。"二意"是指"课程大观念意识"和"促进学生成长意识"。"三新"改革的背景下,强调在"大观念视角下的单元整体学习"中把握单元主题,建立各语篇关联,形成大观念主题语境。黎老师整节课的呈现,匠心独具,尤其课程最后一个问题的设计:What kinds of personalities do the famous people should have? 在引导学生感知优秀人士的卓越品格的同时有意识体现本单元的大观念主题语境:One small act can make a big difference,促进学生在潜移默化中成长。

几个可商榷的细节:(1)整节课老师的声音很大,语速较快,充满激情但似乎又显得有点过于急躁。我的建议是:音量可以降低一点点,语速可以缓一点,课堂教学节奏可以再慢一点。(2)老师在授课的过程中,应当注意自己的单词发音,不能因为着急而忽略单词的发音甚至发错音,因为这个过程也在无形中教导学生正确的单词读音。(3)提问学生的时候,如果学生一时回答不了问题,老师不要着急让他坐下,这会无形中挫伤他的学习积极性或学习兴趣,而应当耐心等候或引导他回答。

本次教育教研活动的总体感觉是:众人拾柴火焰高,教师当是一个共同学习、积极分享、整体进步的团体。凡事预则立,不预则废,所以教师必须熟知他所要教的内容,为所教课程做好充分的准备。没有完美的课堂,遗憾也是一种美。

4.

"三新"改革背景下高中语文课堂教学有哪些变与不变

韩凌霞

新课程新教材主题教研活动中的三堂公开课给我留下了深刻的印象,仿佛在看名著。杨开珍老师的"两只虫子的隔空对话"像《水浒传》,风风火火;陈洁老师的"从叙事视角赏析《促织》与《变形记》"像《三国演义》,沉稳有谋,剑指高考核心考点;罗艺老师的"大甲虫与小促织"像《红楼梦》,温情中有深刻的悲凉,悲凉中又有一丝光热。三堂课虽风格各异,但都很好地表现了一线教师在对"三新"改革的追进中的转变。

这些变化表现在以下三个方面。

一、更加重视情境的设置,由原先的导入升格成整堂课的教学环境

杨开珍老师的"两只虫子的隔空对话"以剧本的竞标与推介为主要情境,并使之贯穿整堂课的教学;陈洁老师的"从叙事视角赏析《促织》与《变形记》"虽是以学科情境为主,但也在结尾部分设置了"高一年级微电影大赛中从促织视角拍摄《促织》化虫、斗鸡、脱贫三个片段"的生活情境任务;罗艺老师的"大甲虫与小促织"重视文本的细读,但从《促织》动画视频的暖场、美剧《人生切割术》的导入,到推介语的撰写,都体现了基于文本与现实的契合的思索。

二、更加重视任务的驱动,任务成为贯穿课堂推动环节的教学线索

三堂课基本上按照大任务明确学习目标、小任务分解推动大任务的达成、

检测环节完成对任务完成度的监测这么一个基本思路,充分彰显了任务驱动在教学中的推动作用。

杨开珍老师的总任务设定为两篇小说的主旨的探究,分解任务为:(1)剧本"竞标",在剧本的讨论中落实小说社会环境、故事情节、人物塑造、作品主旨等要点的理解;(2)导演说戏,重在荒诞手法如何表现真实情理的探究;(3)剧评评戏,水到渠成引导学生对小说"物欲异化人性"主旨的探究。最后撰写推介语,检测学生对两篇课文的情节、人物、主旨、启示的掌握情况。

陈洁老师的课以叙事艺术赏析为课堂教学目标,分体验叙事视角、感悟叙事魅力两个子目标。小任务有三:一为初识视角,以《断章》导入,然后感受《促织》中成名的角色视角;二为理解视角,以《变形记》里的三个片段例析,理解格里高尔的有限视角(角色视角)和作者的全知视角;三为运用视角分析文本,从格里高尔视角(视角、触觉、嗅觉——虫的真实)表现他的善良、无力、无奈,从作者的全知视角(人的视角、作者视角——世界的真实)表现现实世界的冷漠、厌弃、残酷、压抑,两相对比中,得出异化的世界和深刻的绝望两个结论,最后以从促织视角描写《促织》化虫、斗鸡、脱贫三个片段完成对学习效果的检测。

罗艺老师的课的总目标锁定作品赏析,重点在作品的象征意义的解读,先以自读反馈,感知点拨文本现代主义创作重视心理描写的特点,然后安排了两个"经典共读,对比品鉴"活动:一是"赏变化之形,思变形之由",二是"一样的异化,两般结局"。两个活动驱动学生深入理解文本,最后以续写心理活动、撰写推介语为课后思考合作探究任务来完成对学习效果的检测。

三、更加重视支架的搭建,知识方法成为解决情境问题的必备支架

在"两只虫子的隔空对话"课例教学中,杨开珍老师分别搭建了小说鉴赏支架,包括情节的梳理、人物形象的鉴赏、社会环境剖析、小说主旨概括、作品的意义;剧本评析支架,包括忠实原文维度、改编创新维度、艺术手法维度、主旨表达维度、观众悦纳维度;文本阅读方法支架,包括速读晓大意,跳读寻关键,精读品细节,朗读摩情感,深读悟主旨,联读比异同、拓视野、获哲思;推介语撰写支架,包括内容要求、格式要求、功能要求和创意要求。

在"从叙事视角赏析《促织》与《变形记》"课例教学中,陈洁老师提供了全知视角、有限视角的叙事视角知识支架,包含抓重点材料和关键细节的文本定向阅读方法支架,以比较阅读法和设疑讨论法为主的学习方法支架。

在"大甲虫与小促织"课例教学中,罗艺老师提供了为文中形象画像和以鱼骨图理清内容的文本初读感受支架,从个别到一般、具体到抽象,以挖掘文中形象的象征义的文本深读支架,以及搭建比较阅读评析语的语言建构支架。

四、更加重视素养的培养,核心素养成为课堂教学实践的基本目标

在语言建构与运用方面,要整体规划、分期落实。如语言基础,包含字词的认读书写、词语的准确使用、句式的灵活运用;表达方式,包含说明、记叙、描写、议论、抒情等基本表达方式的理解与运用;基本文体,包含记叙文、议论文、说明文、应用文等文章体裁和诗歌、散文、小说、戏剧等文学体裁两个大类;语感培养,包含语言素材的长期积累,尤其是文言语感的培养;情境应用,包含能根据具体语境准确得体运用口语和书面语表达交流。一课一得,有支架,重实训,三年体系化教学。

在思维发展与提升方面,培养学生的联想与想象、形象思维、批判思维、思辨思维等各种思维品质,尤其是逻辑思维。细心研究,我们会发现,一张高考试卷,绝大部分试题的解答需要用到逻辑思维的归纳与演绎、分析与综合、抽象与概括、比较思维法、因果思维、递推法、逆向思维等方法。

在审美鉴赏与创造方面,重在品味语言艺术而体验丰富情感、激发审美想象、感受思想魅力、领悟人生哲理,并逐渐学会运用口头和书面语言表现美和创造美,形成自觉的审美意识和审美能力,养成高雅的审美情趣和高尚的品位。

文化传承与理解是指学生在语文学习中,能继承中华优秀传统文化,理解、借鉴不同民族和地区文化的能力,以及在语文学习过程中表现出来的文化视野、文化自觉和文化自信。学生对文本的理解要走向深入,尤其需要人文素养的培养。如《道士塔》中培养学生理解传统,具备历史意识;《边城》教学引导学生对人的命运,人存在的意义、价值和尊严,人的发展与幸福的深切关注;《变形记》教学中告诉学生要珍视人的完整性,反对对人的生命和心灵的肢解与割裂,拒斥对人的物化与兽化,否弃将人简单化、机械化;教授《与妻书》时,引导学生

思考,崇尚自由意志和独立人格,并对个体与人类之间的关联有恰当的体认;教授《哦,香雪》时,可以引导学生思考人的心灵、需要、渴望与梦想;在《我与地坛》中培育学生叩问心灵、反身而诚的自我反思意识和能力;在《故都的秋》中强化学生超功利的价值取向,使之乐于用审美的眼光看待事物;在《〈宽容〉序言》中使学生学会承认并尊重文化的多样性,对于差异、不同、另类,能够报以宽容的态度;在各类文章中,有意识培育学生的人文素养,使之生命得到浸润。

那么,"三新"改革下的语文教学有什么是不变的呢?根据前面的论述,我们大体得知,必备知识的积累不变,关键能力的训练不变,思维品质的提升不变,文化素养的培育不变。把握语文学科的特性,我们就能在变与不变中左右逢源,从容潇洒。

作为一线教师,有以下六个方面需要注意,方能胜任新课改。一是紧盯核心素养,尤其是语言建构与运用和思维发展与提升,文学重审美,活动重传承;二是调整组织方式,注意整合资源,关注基本语言技能的掌握与社会生活的言语运用的整合;三是做好活动设计,备课时可以双线结构设计,既有活动的,也有知识技能、思维素养的,并使双线融合;四是重视课外延展,课前的学案、预习案和课后的固学案、拓展成为必须;五是提高课内时效,一课一得,重在能力和思维的培养,支架搭建要有针对性、有效性和系统性;六是强化组内协作,分工协作、资源整合、各司其职,方可共进共荣。

5.

高中英语课堂中如何精准实现发展学科核心素养的目标

——新外研版必修三第三单元第2课时The New Age of Invention教学案例

陈　运

　　高中英语新课标以在学科教育中落实立德树人根本任务为育人使命,强化了英语课程的学科育人价值,明确了英语课程的学科育人目标,提出了英语课程的学科育人路径。高中英语新课标明确了英语教育应该以德育为魂、能力为重、基础为先、创新为上,英语课程应该以学生为中心,以学习活动为载体,通过发展学生学科核心素养,培养具有家国情怀、国际视野和跨文化沟通能力的社会主义建设者和接班人,培养新时代人类命运共同体的建设者和推动者。这是普通高中英语课程在学科育人观与实践路径上的一项重大改革。

　　英语课程在落实立德树人根本任务的过程中,必须将价值塑造、知识传授和能力培养三者融为一体,寓价值观引导于知识传授和能力培养之中,坚定学生理想信念,以爱党、爱国、爱社会主义、爱人民、爱集体为主线,结合专业知识教育引导学生深刻理解社会主义核心价值观,自觉弘扬中华优秀传统文化、革命文化、社会主义先进文化,增强政治认同、文化自信和家国情怀,提高人类命运共同体意识、信息化时代的人文素养以及全球化时代的跨文化沟通能力,塑造正确的世界观、人生观、价值观。英语课程必须以学生为中心,英语课程不仅仅是教师的教程,更应该是学生的学程,要为学生未来发展奠定基础。

对于一线英语教师来说,高效使用教材,有效地开展指向学科核心素养发展的学习活动,既是教育观念的更新,也是教学实践的变革。本文以外研社版必修三第三单元第2课时 The New Age of Invention 为例展开核心素养导向下的单元整体教学案例分析。

本课时选自第三单元 The World of Science,属于三大主题语境下的"人与社会",内容涉及科技发展和科学精神,旨在引导学生深入思考科学与生活之间的关系,培养学生对待科学的态度和批判性的思维方式,并引导学生尝试用科学改变自己的生活。本单元内部联系紧密,基于多模态语篇,设计了大单元整体教学活动,构成了单元育人蓝图。

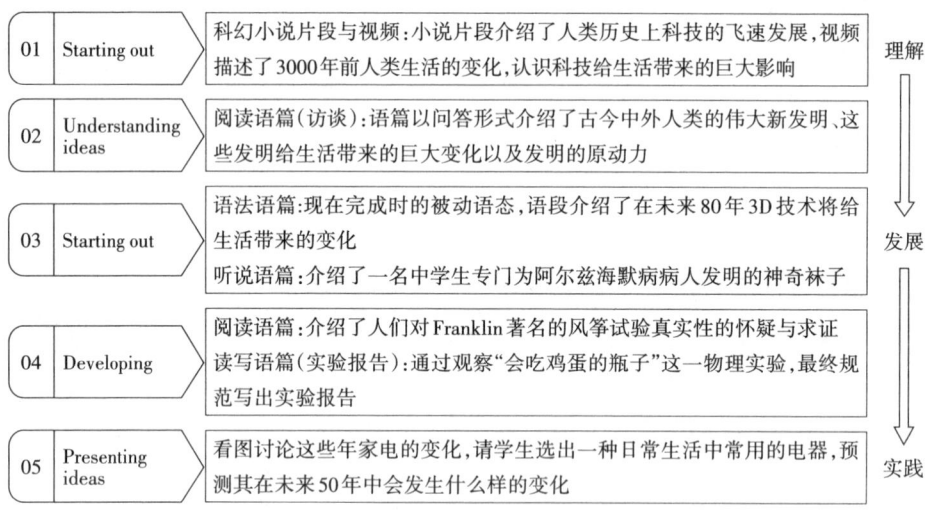

图1 "人与社会"主题单元教学内容结构图

新教材整个单元的设计以大观念 Science Changes Life 为引领,3个小观念为依托,形成完整循环链。本课是大单元设计中的第2课时 Understanding ideas:The New Age of Invention 。本课时教学设计呈现一篇反映单元主题的课文,语篇类型为访谈。课文以问答的形式介绍了古今中外人类的伟大新发明、这些发明给生活带来的巨大变化以及发明的原动力。读前的导入活动通过比较古代人和现代人生活的不同,帮助学生熟悉语篇话题,为课文学习做铺垫。读中活动考查学生对文章内容的理解。读后活动则通过细节理解、思维导图和开放性问答等活动,启发学生深入思考,探究主题意义。教学内容分析如下:

【What】本文以问答的形式介绍了古今中外人类的伟大发明和新发明时代的产物、这些发明给生活带来的巨大变化以及发明的原动力。

【Why】语篇的意图在于激发学生了解现代科技发展的兴趣,并通过阅读了解未来世界科技发展的趋势,形成国际视野,加深对单元主题的认识。

【How】本文的语篇类型为访谈,文章结构包括过去的发明、当代的发明和发明的原动力三个部分,各部分内容之间过渡自然、衔接紧密,访谈语言较为正式,并含有科技类专有名词,需要教师辅助学生理解访谈内容,逐步帮助学生由理解到发展最后到实践的过程。

教学目标是带领学生通过略读,获取文章大意,激发学生了解现代科技发展的兴趣;带领学生通过精读,了解文章观点和细节信息;引导学生了解未来世界科技发展的趋势,形成国际视野,加深对单元主题的认识。

为了精准辅助学生,学情分析必不可少。本语篇主题语境为"人与社会",涉及科技发展和科学精神,学生对这一主题感兴趣,但对科技这一话题相关词汇和表达积累较少。因此可能会产生相应问题,如学生个体差异较大,多数学生口头表达能力较弱;学生使用目标语言进行分享、交流的意识较为薄弱;对主题意义缺乏深入思考,等等。基于对学情的分析,本课因材施教,采取了应对措施,如设计差异化任务,努力确保全员都能参与课堂探究与分享;提供评价量表,帮助学生聚焦目标语言;通过问题链的形式启发学生深入探究主题意义。为落实以上教学措施,本课采用了情境教学法,融入现代教育技术,以促使学生自主学习。

依据语篇分析和学生学情,本课设计了与核心素养一一对应的教学目标。经过本节课学习,学生能够:观察文本框架,解析访谈类文本关键要素;提取访谈关键信息,以思维导图的方式复述文本;设计有逻辑的问题,为后续访谈做准备。为了帮助学生达成上述学习目标,本课通过教材所提供的学习活动,引导学生基于语篇完成对主题意义的探究。为精准达成以上目标,首先通过让学生观看与科技主题相关的视频,激发学生对话题的兴趣,完成激活与导入。而后的读中活动部分,引导学生观察语篇,获取访谈类文本结构,并关注访问者的提问方式,尤其是用陈述句表达提问这一方式;紧接着,以访问者提出的问题串为线索,引导学生一步步获取文章大意,了解主要观点和细节信息,完成可视化思维导图,理清文章脉络。读后,基于思维导图复述语篇,内化已知,再通过设计访谈问题的应用活动加深思考,逐步完成对主题意义以及访谈提问的探究,培养学生创造性思维,最后提供评价量表帮助学生互评,实现语言知识与思维品质的内化与运用。为了进一步巩固并延伸本课的学习内容,课后作业为打磨问题,并进行真实的访谈。为学有余力的学生提供了基于访谈内容书写报道的作业,以满足不同层次学生的需求。

本教学设计从熟悉语言的学习理解类活动转化到实践与内化语言知识的应用实践类活动,最终以学生为中心,迁移运用所学深入思考世界科技发展的趋势。本课时以新课标为指导思想,教学从单元视角出发,引导学生层层深入地研读语篇,通过环环相扣的学习活动,将六要素整合的英语学习活动观成功落到实处。本课教学始终践行学习活动观,学习活动不孤立,最终促进了学生四大英语学科核心素养的有效形成。

总的来说,高中英语新课标所倡导的指向学科核心素养发展的英语学习活动观,符合外语学习综合性、关联性、实践性等特点。基于真实社会情境和学生生活语境的自主学习、合作学习和探究学习活动是体验式的、过程式的,同时也是建构式的。在英语课程教学过程中,基于语篇所提供的主题情境,由信息获取与理解、梳理与加工、整合与内化、表达与交流、迁移与创新等环节构成一系列融语言、思维、文化为一体的学习活动,旨在架起课程内容和课程目标之间的桥梁,使教师在以学生为中心的学习活动中落实英语课程内容和素养发展要求,使学生通过体验式、互动式、建构式的生动有趣且富有挑战的学习活动,逐步实现发展学科核心素养的具体目标和成为具有家国情怀、国际视野和跨文化沟通能力的时代新人的课程总目标。作为一线英语教师,我们应该牢记高中英语新课标要求:"指向学生学科核心素养的英语教学应以主题意义为引领,以语篇为依托,整合语言知识、文化知识、语言技能和学习策略等学习内容,创设具有综合性、关联性和实践性的英语学习活动,引导学生采用自主、合作的学习方式,参与主题意义的探究活动,并从中学习语言知识,发展语言技能,汲取文化营养,促进多元思维,塑造良好品格,优化学习策略,提高学习效率,确保语言能力、文化意识、思维品质和学习能力的同步提升。"

6.

指向核心素养的地理教学如何落地

罗文攀

从2017版普通高中课程标准正式颁布以来,广大中学地理教师努力学习新课标,钻研新教材,研究新高考,在课堂教学中积极践行新的课程理念,"'三新'改革,聚焦课堂"成为各级教育教研部门实施新的课程改革的重要抓手。

自我省进入新课程改革以来,市级教研部门从全市层面启动"三新"改革实施研究,组织课标解读培训,教学设计、说课比赛,公开课展示等为全市高中地理教师践行新课程改革助力,涌现出一大批践行新课程改革的青年教师。我校作为新课程新教材实施国家级示范校,又是贵阳市高中地理学科基地,通过承办市级优质课比赛、备课组主题教研、校内"三主"教研,推动新课程改革落地。2022年4月,学校推出了各学科专家的校内听课视导。5月22日,在由贵阳市教育局主办、贵阳二中和中国教研网承办、联合了省内多所名校参加的"'三新'改革推动常态教研促进普通高中教育高质量发展"的大型联合教研活动中,我校政治教研组展示分享了我校开展"三主"教研的活动过程,参会学校的领导分享了"核心素养下的校本教研"进程,九大学科分别开展基于核心素养的同课异构,有上课、说课和专家点评几个环节,并通过中国教研网平台面向全国直播,授课教师和线上、线下参加听课的老师多达数千人,大家受益匪浅。

近一段时间,听了多节新课程背景下的高中地理常态课和公开课,有校内常规视导课,也有展示课,感觉课堂有很大的变化,有很多共同的优点,老师们都在积极探索课堂教学如何实现从三维目标到素养目标的转变。第一,老师们在进行教学设计时都非常关注课标,并认真对课标进行解读,我认为这一点非常可喜。老师只有在备课时关注课标、解读课标，才能制订出明确的学习目标。第二，都比较注重情境的创设和问题式教学。只有选择与内容目标高度契合的问题情境，并通过设计有思维含量的问题，形成链条，层层递进，才能让学生在真情实境中解决问题，建构知识。这应该是新课程努力倡导的。第三，教与学的方式呈现多元化特征，从过去的一讲到底改变为以学生为本的自主学习和合作探究，学生的思维被极大地调动了起来。第四，课堂气氛的活跃度较以前有较大改善。以前的课堂上，学生主要是被动地听老师讲授，而现在的课堂中，学生时而自学，时而合作探究，动手去做，动脑思考，动口表达，学生的能力得到全面提升。第五，评价方式由单一纸质笔试向多元化转变，过程性、表现性评价越来越被广大教师接受。第六，老师们积极尝试将信息技术与教学融合，板书设计普遍使用了逻辑性强的思维导图。但也存在诸多不足：第一，课标的解读虽然被关注，但大部分老师对课标的解读还不够到位。第二，对学情的关注不够。只有通过深入研究课标，关注教材，立足学情，才能制订出明确的教学目标。第三，在情境和问题设置上过于关注乡土，与教材的契合度不够，忽视教材上的典型情境案例，没有深挖并充分利用教材上的典型案例；问题随意，没有精心进行设计，未能形成问题链，缺乏层次递进。第四，教与学的方式虽然出现多元化，但存在形式化和效率不高的问题。如何依据课标、结合学情选择恰当的教学方式至关重要。第五，课堂气氛的活跃度虽然有所提高，课堂看似热闹，但是否真正发展了学生思维，值得思考。第六，过程性和表现性评价还未真正落到实处，尤其是针对课堂临时生成的问题，对学生回答的梳理还不够到位。第七，媒体选择和信息技术的使用是否恰当值得商榷，存在滥用媒体和信息技术使用不够恰当的问题。总感觉核心素养下的地理教学还没真正落地，自己也有很多困惑，新课程改革任重而道远。

如何使核心素养下的地理教学真正落地，解决课堂教学中的诸多困惑，我认为，湖南长沙市的地理教研员刘玉岳老师提出的"五有四化"教学也许能带给我们一些有益的启示：努力做到"五有"，即创设问题情境，使教学有趣；联系生活实际，使教学有用；注重问题探究，使教学有理；关注主体发展，使教学有效；渗透地理思想，使教学有魂。"四化"，即知识结构化、结构问题化、问题情境化、情境生活化。让我们共同努力，使核心素养下的地理教学真正落地。

7.

如何搭建学习支架促进学生思维发展

—— 以潘慧冰"以关键词敲开审题之门"作文指导课为例

杨开珍

学习是一个由未知向已知探寻的过程。作为母语教学的语文教学,则会面临另一层面的尴尬:学生似乎能读懂、看懂,但在理解和表达上流于表面化和空泛化,在学习过程中不愿深入探究;此外,学习中如果缺乏教师方法的引领,学生仅凭感性去阅读、去理解,其学习也无法走向深入,学习思维得不到发展。

我们该如何解决这一问题以促进学生高阶思维的发展呢?

对于想要却够不着的东西,我们常常选择支架来获取帮助。在学习过程中,当我们现有的学习效果与期望的学习目标之间存在差距时,我们可以借助一定的支持或特定的手段,在现有的学习效果与期望的学习目标之间建立起连接的桥梁,从而使学习效果得到提升,这种支持与手段,就是学习支架。学习支架是基于建构主义理论、最近发展区理论、皮亚杰的认知发展理论以及布鲁纳的学习支架理论提出的。它对帮助学生建构知识、更好地从现有发展水平向潜在发展水平过渡,使学生成为一个独立自信的学习者具有良好的促进作用。因此,教师在课堂上如何搭建学习支架,如何教会学生运用学习支架解决学习中面临的问题,是提高课堂效率、引导学生走向深度学习的关键。

潘慧冰老师的这堂"以关键词敲开审题之门"的作文指导课尝试运用学习支架,引导学生破解审题立意的难题。

潘老师以一则作文材料为例。

农民工老王突发胃穿孔,被送进医院。为救治这名家庭经济贫困患者,医院开通"绿色通道"给他做手术,又进行了十天治疗。虽然老板主动送来5000元,老王仍欠下5000多元医疗费,但医院默许他出了院。老王一康复就回到了工地:"哪怕打工还钱再难,我也得努力。是医院和老板救了我。"可还钱还是像石头一样压在他心上,最终,老王鼓足勇气找到医院,说出了想在医院打工抵债的心思。院方深受感动,聘他为陪检员,老王也特别敬业,作为曾经的患者,他格外懂得怎样帮助别人。

环节一:学生寻找关键词。学生朗读作文材料,思考2分钟,写出3个关键词;写完3个关键词后,尝试再写3个关键词,但不能与前面的相同;完成上述任务后,尝试再写3个关键词,也不能与前面的相同。

词语

组数	词语1	词语2	词语3
第一组			
第二组			
第三组			
总结			
我的立意			

环节二:教师示范自己寻找的关键词,与同学分享。教师提取了"老王""努力""打工抵债""绿色通道""默许""感动""敬业""帮助""主动"等关键词,并与学生分享选取的原因。

环节三:老师启发学生思考,能否从社会主义核心价值观24字中提炼关键词?学生快速地提出了诸如"诚信""友善""敬业""和谐"等关键词。

环节四:老师总结如何提取关键词——材料中多次出现的词、动词、体现材料中心的词。

环节五:学生将课堂习得的这种方法运用于联考作文的审题立意中。

面对作文立意不新、不深,甚至有跑偏现象的学情,潘老师的这节课为学生

搭建了作文审题的学习支架。通过对作文材料进行三个层次三组关键词提取的活动,学生不断挑战思维难度,挖掘自身的思维深度,也不断跳出自己的学习舒适区,激发了自己的潜能与兴趣,获得了思考的快感;通过示范寻找提取关键词的教学活动,教师与学生形成学习共同体,进行平等对话与评价,拉近了与学生的距离,增强了学生克服学习困难的信心;通过启发学生从社会主义核心价值观中去寻找帮助,帮助学生获得一把思维发展与提升的"金钥匙"。通过几个教学环节的设置,学生的思维从碎片走向聚合,从模糊走向清晰,达成了思维品质提升的目标。最后,再尝试将习得的学习支架运用于其他作文情境,可以帮助学生从现有学习水平向潜在学习水平过渡,对学生关键能力的提升、使学生成为一个独立自信的学习者等方面都具有良好的效果。

但是,学习支架的搭建仍需注意一些问题。

一是需要秉持有效性和可行性的原则。本堂课搭建的学习支架是基于学生作文审题立意的策略指导,需要有一定的普适性,即不仅在本则作文材料中可用,在其他材料作文的审题立意中也可行。以本节课为例,学生提取的关键词与后一环节的社会主义核心价值观之间并没有建立起必要的逻辑联系,甚至可以这么说,学生知道可以从社会主义核心价值观24字中去对关键词进行提炼总结后,他们或许可以考虑跳过关键词提取的环节,直接取巧地从其中获取核心立意,这样一来,关键词的提取环节则形同虚设。而如果换成其他与社会主义核心价值观联系不紧密的作文材料,学生可能还是一样在审题立意上无所适从。因此,支架的搭建需要真的起作用。

二是在指导学生运用学习支架的过程中,要以关注学生思维品质的训练为第一要务。提取关键词是本学习支架运用的关键环节,虽然历经三个层次,学生的思维在逐步走向深入,但学生提取的关键词仍有大量跑偏的情况,因此必须通过适度的评价引导学生掌握提取关键词的方法。在这个环节中,教师可以现场将学生的学习成果予以展示,并采用学生自评、生生互评、教师点评的方式,一起分析学生为什么提取的是这几个而不是那几个。通过不同形式的评价,让学生真正理解一则材料中哪些词可以作为关键词,让学生的学习走向深度学习,进而实现思维品质的进一步提升。

　　三是学习支架的设置可以多元化。比如可以通过设置问题支架,让学生自己提出自己的学习困惑,以实现学生与文本、与学习共同体、与自我的三重对话学习;通过设置情境任务支架,引入真实生活体验,激发学生阅读兴趣,发掘学生在完成情境任务过程中的思维闪光点,培养学生分析、比较、归纳等思维品质;通过设置评价支架,以催生读与写的深度融合。

　　学习支架的搭建能有效地避免课堂教学的随意性。在科学的学习方法引领下,语文课同样也可以凭科学严谨的思维吸引人,语文课"可上可不上"的尴尬或许可以化解。

8.

"三新"改革背景下如何运用"3S"技术培育中学生地理核心素养

——以"城镇化"教学为例

马　星

在新课程新教材新高考的背景下,立德树人根本任务多次被提出,教育的改革方向也随之明确。地理学科作为落实立德树人任务重要载体的基础性课程,特别是作为一门培养学生空间思维、家国情怀和国际视野的学科,更加成为落实立德树人任务的重要手段与纽带。因此,在2017年地理核心素养被确立后,众多学者就分别从教学设计、教学策略、高考研究、研学旅行、评价测量等方面进行了相关研究。地理信息技术(简称"3S"技术)是遥感技术(RS)、地理信息系统(GIS)和全球定位系统(GPS)的统称,代表了地理学科发展的前沿,体现了地理学的时代性,是地理研究与学习的重要工具。"3S"技术应用于中学地理教学,能够以生动、量化的方式给学生提供直观的信息,是辅助教学、落实学生核心素养的重要手段。目前,众多学者对地理信息技术应用于中学地理教学的重要性、现状、问题、教学设计以及对策等方面进行了研究,但是只有少量文章提及"3S"技术应用于地理教学有助于落实地理核心素养的培养,因此能够给一线教师提供参考的案例很少。本文对中学生地理核心素养的培养过程中"3S"技术能够应用的功能进行了归纳与整理,并以"城镇化"教学为例,旨在为广大地理教师提供参考。

一、"3S"技术在落实中学生核心素养中的独特优势

2017年普通高中地理课程标准将地理学科核心素养确定为人地协调观、综合思维、区域认知和地理实践力。

1.人地协调观

人地协调观是指人们对人类与地理环境之间的关系秉持的正确的价值观，是现代地理学和地理教育的核心观念。培养学生的人地协调观，应该使学生认识到水、土地、森林、草原、动物、矿藏、石油等资源的有限性，帮助学生树立正确的资源观，形成可持续发展的意识。而"3S"技术的数据获取、管理、分析与应用以及可视化功能，有助于学生直观理解地理现象。因此，"3S"技术在培养学生人地协调观素养中能够发挥独特的作用。

2.综合思维

综合思维指人们运用综合的观点认识地理环境的思维方式和能力。地理学是一门重视研究地球表面自然现象和人文现象的学科，而地球表面具有综合性的特征，这也决定了地理学研究具有综合性的特点。但是，综合思维包括要素、时空、地方的综合，对于高中生来说，具有一定难度。而"3S"技术具备缓冲区分析、叠加分析、数字地形分析、空间统计分析等强大的空间分析功能，能够帮助学生多角度多维度地分析地理现象的成因与分布，对培养学生的综合思维素养能够发挥独特的作用。

3.区域认知

区域认知指人们运用空间—区域的观点认识地理环境的思维方式和能力。地理学是一门重视研究地球表面自然现象和人文现象的学科，然而这些研究都需要建立在区域认知的基础上。但是，地理要素的空间性和抽象性较强，空间尺度较大，对于高中生来说，具有一定难度。而"3S"技术具备强大的地理定位、数字地图表达、空间查询、空间分析等功能，对培养学生的区域认知素养能够发挥独特的作用。

4.地理实践力

地理实践力指人们在考察、实验和调查等地理实践活动中所具备的意志品质和行动能力。地理学是一门实践性很强的学科，培养学生的地理实践力，应

该将学生置于真实情境中。而"3S"技术能够为地理考察、调查提供精准的数据,能够提升考察、调查的速度与精度。因此,"3S"技术在培养学生地理实践力素养中能够发挥独特的作用。

二、"3S"技术落实中学生核心素养的路径

1.人地协调观——直观生动的表达

在培养学生人地协调观素养时,教师可以通过国家统计局、国家基础地理信息中心、中国科学院资源环境科学与数据中心等相关网站下载我国水、森林、土地、草原、野生生物、各种矿物和能源等资源的数据,并运用GIS将数据可视化为图像、图形等形式展现给学生。相较于教材中纸质版的我国人均水资源、土地资源图,GIS制作的地图具备属性查询功能,学生可以在教师的指导下点击查询家乡以及不同地区的水资源情况,更了解其所生存的地理环境,深刻地认识到资源的有限性,形成危机意识,提升人地协调观素养水平。这是纸质版地图不能够比拟的。RS具有大面积的动态监测功能,利用RS技术可以获得全球的变化信息。RS能够监测全球淡水、海水、空气污染的情况以及自然灾害情况,在进行相关教学时,教师可以通过RS将实时数据和历史数据综合运用,直观地呈现给学生。通过RS技术能够让学生直观地感受到人类对地理环境造成了哪些影响,地理环境中的因子发生了哪些变化,从而让学生形成危机意识并懂得尊重自然规律的必要性。

2.综合思维——要素、时空、地方的凝聚

缓冲区是对一组或一类地图要素按设定的距离条件,围绕这组要素而形成具有一定范围的多边形实体,从而实现数据在二维空间拓展的信息分析方法。缓冲区分析广泛应用在高中人文地理教学中。例如,在进行工厂、城市住房的选址分析,服务业的服务范围,大城市的辐射范围等内容教学时,教师将ArcGIS的缓冲区分析功能应用于教学,能够将其中的信息可视化,使学生直观地观察,从而引导学生理解地理各要素之间的相互作用关系,提升综合分析问题的能力。叠加分析是将代表不同主题的各个数据层面进行叠加,产生一个新的数据层面,叠加结果综合了原来两个或多个层面要素所具有的属性。叠加分析能够在高中人文地理中广泛应用。例如,在学习影响农业发展的因素复杂多样时,

教师可以运用ArcGIS叠加分析功能对影响农业区位选择的地形、土壤、气候、交通等自然因素进行叠加分析,将复杂多样的因素叠加到一个图层中,做到要素的综合,提升学生的综合思维水平。综合思维要求从地方、区域综合的角度分析地理问题,其实也是要建立在对区域认知的基础之上。GPS的空间定位功能能够帮助学生在对区域认知的基础上,提升综合思维水平。具备综合思维的表现是能够从空间和时间综合的角度分析地理现象的发生、发展和演化。遥感可以对地理环境进行大面积多时相的监测,并具有历史数据存储功能,能够记录地理现象的发生、发展、演化过程。将遥感应用于地理教学中也能够培育中学生的综合思维。

3.区域认知——不同尺度下的展现

通过ArcGIS等地理信息技术软件的辅助,教师可以依据自己的教学思路,选择在地图中要显示的要素,制作主题鲜明、要素鲜明的专题地图。在ArcGIS软件中,还可以依据教学需要建立属性数据库,将人口、GDP、道路、资源等空间数据制成饼图、柱状图、坐标散点图或线条图等添加到专题地图中,使学生对这一区域的基本情况形成更为直观的认识。同时,教师可以根据自己的教学需要,控制图层,灵活地展示地理要素。例如在学习气候类型分布时,若直接展示世界气候类型分布图,图中大量的信息会使得学生感觉"多""杂""乱"。而通过地理信息技术控制图层,可以依次显示各种气候类型,通过划区划块的方式引导学生分析气候类型分布的规律。此外,ArcGIS等地理信息技术软件制作的电子地图还具备放大、缩小后仍然不失真的特点。在课堂教学中,通过放大与缩小,可以让学生从不同尺度来观察地图,渗透地理学的尺度思想,提升学生的区域认知素养。最后,ArcGIS等地理信息技术软件制作的电子地图可以根据教学需要插入热链接。热链接可以是音频、视频、文稿、图片等形式。例如在进行某区域的教学时,教师可以插入文本、视频等热链接,在制好的地图中点击此区域就会弹出相应的Word文档或者视频。这样可以激发学生兴趣,增强课堂参与度,同时可以提升学生对区域的基本认识。GPS具备地理定位功能,将GPS应用于地理位置相关的教学时,能够激发学生学习兴趣,同时也可以帮助学生对所学区域产生更为深入的了解。RS具有大面积动态监测功能,教师可以运用

91卫图或奥维互动地图等其他软件,依次输入"中国""贵州省""贵阳市""南明区"并展示,使学生在由大到小的尺度上建立区域的认知。

4.地理实践力——真实情境的映照

在高中地理教学过程中,大部分教学内容都是以二维方式呈现,如何将二维场景转化为三维场景成为教师学生面临的难题。而GIS可以将二维场景转换为更直观的三维场景,帮助学生理解和分析教学重难点。通过ArcGIS三维可视化功能,可以将峡谷、山脊、山顶、山谷、河谷等地形要素以直观、三维立体化的方式显示。在野外的真实情境中,学生运用教师制作的山地三维立体图等工具,并通过实际观察,可以探索和尝试解决实际问题,提升地理实践力水平。目前的手机APP如"两步路""六只脚"等,具有地理定位的功能,学生在进行野外实践时,可以运用此类APP查询所在地的经纬度、海拔和相对高度,同时,可以记录野外实践路线。教师可以在实践结束后,引导学生将路线导出,利用Arc-GIS制作实践路线图,提升学生的动手操作能力。遥感影像是比较容易获得的一种影像资料,类型多样。在野外进行地貌观察时,教师可以利用遥感影像图,并根据目视解译法,引导学生辨别不同地貌的影像特征。如在遥感影像图中,喀斯特地区的影像特点是呈"花生壳状"。此外,遥感是野外地质构造观察的重要工具,可以从高空获取区域宏观信息。教师可以结合地质构造图,引导学生对构造类型进行识别,从而落实对学生地理实践力素养的培养。

三、基于中学生地理核心素养培育的"3S"技术运用案例——城镇化

城镇化是指人口和产业活动在空间上集聚,乡村地区转变为城市地区的过程。城镇化的程度可以从城镇人口占总人口的比重、劳动力从第一产业向第二三产业逐渐转移、建设用地规模几个方面来衡量。反映城镇化进程的"3S"手段多样,它们都能够直观地反映城镇化的现象,帮助学生理解并助力核心素养的落实。

1.整体上反映城镇化进程的"3S"技术

DMSP/OLS夜间灯光数据是由美国发射的DMSP卫星搭载OLS传感器获得的遥感数据。DMSP/OLS传感器在夜间工作,可以探测到城市、小型居民地、车流等发出的灯光,并使其区别于黑暗的乡村背景。DMSP/OLS夜间灯光数据能够较好地刻画人口分布、人口迁移、城镇化进程,是辅助地理教学的优质资源。

2.基于城镇人口占比反映城镇化进程的"3S"技术

城镇人口占总人口的比重可以反映城镇化的进程。国家统计局有我国全部的人口普查数据,城镇人口的变化可以通过这些数据展现出来。然而学生倾向于直观表达的数据,因此,通过GIS将繁杂的数据进行统计,生成直观的地图,更加利于学生的学习。

3.基于城市建设用地规模反映城镇化的进程的"3S"技术

城市建设用地规模可以反映城镇化的进程。RS具备大面积、多时相的动态监测功能,学生通过观察真彩色或假彩色遥感影像,对遥感图内地物进行解译,便能够从图中看出城市用地规模的变化,从而感受城镇化的发展进程。

4.基于劳动力转移反映城镇化的进程的"3S"技术

劳动力从第一产业向第二、三产业的转移能够较好地反映城镇化的进程。国家统计局有我国各省份的社会经济调查数据,劳动力的转移变化可以通过这些数据展现出来。然而中学生倾向于直观表达的数据,因此,通过GIS将繁杂的数据进行统计,生成直观的地图,更加利于学生的学习。

5."3S"技术对核心素养的落实

通过对遥感影像图的解译,以及GIS对城市经济、城市土地利用规模及城镇人口占总人口比例的量化,能够让学生对城市有更为深刻的认知,帮助学生养成从区域的视角认识地理现象的意识与习惯,落实对学生区域认知素养的培养。同时,运用不同时期的城市遥感影像资料,说明人口、经济增长与城市空间扩张的关系,通过要素、时空、地方的综合提升综合思维素养水平。此外,运用遥感影像的对比,列举城市变化以及城镇化对地理环境的影响,培养学生用发展和辩证的观点来看待问题,提升人地协调观素养水平。最后,通过图表资料的分析、地理信息的归纳整理,引导学生对世界城镇化进程做简单的预测,对城市发展提出建议,落实学生地理实践力素养。

四、结论与展望

"3S"技术以直观、量化的方式给学生提供直观的信息,是辅助教学、落实学生核心素养的重要手段。本文对中学生四个核心素养即区域认知、综合思维、地理实践力和人地协调观的培养过程中地理信息技术能够应用的功能分别进

行了挖掘与整理。但是我们必须认识到,四个核心素养并不是相互独立的,而是存在联系的有机整体,因此,在进行案例设计和课堂实施时应该基于素养的整合视角。同时,核心素养的养成也是日积月累的过程,需要通过一系列的案例研究,在研究中不断培养学生的能力与品格,逐步巩固与加强,最终达到落实学生核心素养的目的。

9.

如何创设课堂活动增强学生自主学习意识

——观杨红丽老师"句式变换"课的思考

王 蔚

杨红丽老师虽是青年教师,但课上得颇有特色,热情、活跃、高效,我总是被她上课的激情所感染。她不只是授课,更是与学生进行心灵的沟通,用自己的热情唤起学生的求知欲,用自己的情感开启学生的思维。杨红丽老师的课堂,气氛活泼,学生积极配合、探讨问题,课堂效率很高。这让我体会到,课堂教学的活力源于在课堂活动的巧妙设计中,以此唤醒学生的自主学习意识。

本课的授课内容为"句式变换",重点讲述了"长短句变换"和"整散句变换"两个内容。教学内容本身有一定的难度,因为句式的变换往往涉及学生对基本句式的掌握,学生没有一定的语法基础是难以熟练、准确地解题的。而红丽老师执教的班又是一个理科普通班,相较而言,难度更大。各种解题的技巧,如果不建立在学生扎实的语法基本功的基础上,只能是空中楼阁,再怎么强化,也不过是隔靴搔痒,功效甚微。杨红丽老师也清楚这一点,因而在教学中设计了几个教学活动。

一、放手探究

上课伊始,杨红丽老师抛出了一道练习题,要求学生把三个短句改写成一个长句,限时三分钟独立完成。教师没有给任何提示,放手学生自然作答。学生笔走纸端,快速完成,洋洋得意。杨红丽老师抽取几位同学交流答案,每回答

一位,就给出一个分数,以6分为满分,得分者大多不超过3分。学生情绪急转直下,不甘中夹杂着疑惑。杨红丽老师胸有成竹,含笑凝视。本活动充分暴露出学生在"长短句变换"知识点上存在漏洞,因此生成了教学点和学生学习增长点。

二、对标研讨

在学生疑惑重重的状态下,杨红丽老师给出了参考答案,让学生讨论自己的答案和参考答案有什么区别。学生四人一组,很快进入3分钟讨论环节。3分钟后,杨红丽老师让学生交流讨论结果,学生先后答出有四点区别:一是形式上,参考答案只有一个句子,中间没有逗号;二是结构上,参考答案只有一套主谓宾结构;三是内容上,三个短句的主要信息全部保留;四是表达上,连贯顺畅。在学生回答时,杨老师将要点一一板书在黑板上。

三、精准引导

在表扬了学生讨论深入且成果丰富之后,杨红丽老师抛出了"单句"的概念:一个句子只有一套主谓宾,长句即长单句,所以改写后的长句应该没有中间的逗号,抽取主干后,它只有一套主谓宾。接着,她又抛出一个问题:三个短句的信息如何处理呢?分清主次,主要信息选作主干句,次要信息有机嵌入,作修饰成分。有学生听得云里雾里,杨红丽老师又花几分钟补讲了主谓宾定状补的基本语法知识。杨老师精讲时间不多,但都讲在了学生的疑问处。

四、经验生成

学生理解知识点后,杨红丽老师又出了一道巩固习题,学生基本能在3分钟内完成;然后,又出了一道长句变短句的练习题。学生以此类推,成功作答。杨红丽老师适时地点拨道:"我们要解决一个问题,需要明晰基本概念的内涵和问题的解决条件,这是我们应该具备的基本思维。接下来请同学们完成下面这道散句变整句的练习题。"学生顺势提问,什么是整句和散句?至此,学生已经生成了思维经验,探究问题要回到基本概念的理解上。

听完杨红丽老师的课,有两点感想值得梳理总结。

一是学生的自主学习意识培养离不开教学过程的收放得当。老师放手让学生自主探究解决问题,很有耐性地对学生进行有效的引导,充分表现了"教师以学生为主体,学生是教学的主人,教师是教学的组织者、引导者和合作者"的教学理念。教学中,杨红丽老师一方面指导学生在变换句式时,要细心地寻找一个好的切入点,不可闭着眼睛瞎改一气。另一方面,她强调学生要培养良好的语感。当然,句式变换应该是结合阅读、写作的一项综合性的、长期性的任务,一节课不可能有太多的进步,但从学生解题的习惯入手,逐步纠正学生"拿题就写,写了就扔"的坏习惯,是本课目标的达成,也是学生上完本节课的所得。杨红丽老师自上课至课终,对学生并没有过多限制和束缚,学生的讨论、练习是自由进行的,学生占据了课堂的主阵地,但是,学生没有脱离教师精妙设计的运行轨道。教师充分"放"了学生,学生充分"离"了老师,但学生学到了知识,充分体现了"传道、授业、解惑"的内涵。

二是学生的自主学习意识离不开教学活动的巧妙设计。在课堂活动过程中,因学生素质、纪律观念、教学条件存在参差等原因,学生不会老老实实完全按照老师的要求去做,活动操作过程中会出现这样那样的问题,如:在活动进行时,课堂有些混乱,还有冷场、答非所问、时间不够用等情况。这就需要我们在教学各个环节中精心准备、合理组织,研究学情,充分发挥主导作用,探索适合本节课特点的教学方式。新课改强调任务驱动,任务的设计最终要落到活动的组织上。活动的设计应该包含对学生学习的认知心理、认知规律的尊重,以充分调动学生的主观能动性。

概而言之,杨红丽老师的课让我意识到,高中语文教学必须优化教学过程,从课堂活动入手,加强学生自主参与课堂教学的意识,把课堂变成学生探索知识、提高认识事物能力、发挥创造才能的舞台。

10.

如何提升课堂教学的有效性

冷　刚

在学校相关部门安排的教学活动中,我有幸聆听了姚金梅老师和何一冰老师的课。两位老师在课堂教学中充分调动学生的积极性,采取学生分组讨论、设计实验、证据推理等手段充分提高课堂教学的有效性,值得我学习。在课后和两位老师的交流中,我们均认可提高课堂教学有效性的重要性。

在实际的高中化学教学过程中,要注重不断地进行教学改革和创新,真正实现课堂教学的高效率,不断提高学生的学习能力,让学生能够从传统教学中解脱出来。在目前开展的新一轮课改的环境下,教师要认识到要想提高化学课堂教学的有效性,就需要不断地提高学生对化学学习的兴趣,将化学教学立足在培养学生的兴趣之上,促进学生主动学习。

一、提高化学课堂教学有效性的重点

1.提高学生兴趣是基础

不论在什么教学阶段、对于什么学科,首先都需要培养学生的学习兴趣。因此在目前新课改的环境下,教师需要注重不断地提高学生对化学学科的兴趣。目前,有部分高中化学教师一味地针对高考教学进行教学设计,这样错误的教学观念必然会影响学生对化学学科的认识。新课标也明确提出,高中化学教学的重要目标就是要提高学生对化学知识的兴趣,保证学生具有有效地掌握、运用一些化学知识的基础能力。在提高高中化学教学有效性的过程中,培养学生对化学学科的兴趣有着重要的意义。高中化学学科本身有着一定的难度,学生如果在不理解的情况下学习,只是一味地死记硬背,根本无法有效提高化学学习效果,还会间接性地增加学习压力。

2.创新教学模式是重要途径

学生在实际的学习过程中,如果只是一味地被动接受知识,无法有效地选择自身感兴趣的知识,没有学习动力,就会导致学习效率低下。所以教师在实际教学过程中,要注重不断创新化学教学的模式,精心组织教学活动,引导学生积极参加,提高他们的学习主动性,从而提高教学效果。教师要注重融合高中化学的相关知识点,在实际教学中结合学生的实际情况,围绕关键知识点进行教学,而不是一味地依靠课本,采取模式化的教学方式。在姚金梅和何一冰两位老师的这两节课堂教学过程中,她们都通过分组设计实验、学生讨论实验方案等方式很好地引导学生积极参与课堂教学,让学生在课堂教学中体会到了化学学习的快乐。

二、提高化学课堂教学有效性的措施

1.优化教学内容和组织形式

要想有效提高高中化学教学的有效性,就需要转变传统的教学模式。教师要尝试脱离课本,在教学过程中要注重紧密地结合学生的实际情况,充分发挥自身的认知,重新组织知识重点。例如,教师可以将化学教学中一些重点性内容,以一个利于学生学习、吸收的方式,重新组成系统的知识点,将高中化学教学中各个章节的内容有效地串联起来。在讲解新的知识点时,教师就可以及时地穿插学过的知识点,通过这样的方式有效地巩固学生的所学知识,同时帮助学生加深相关的记忆,更好地理解新知识。另外,教师在实际的教学过程中,还可以对教学组织形式进行有效的创新。例如在实际教学过程中,可以有效地结合小组式的教学形式,通过学生之间的合作学习,充分发挥学生的自主性。

2.丰富课堂教学方法

在高中化学教学中,教师不断丰富课堂教学的方法,可以有效地提高学生对化学学习的兴趣,从而提高高中化学教学的有效性。在新课标背景下,教师在实际教学中可以结合探究性教学、情境教学和多媒体教学等多种方式,丰富课堂教学方法。例如,在讲"有机物的结构与分类"时,教师可以采用情境教学

的方式,结合多媒体技术为学生展现一些实际生活中常见的有机物,让学生通过观察加深对所学知识的理解,同时提高学生的学习兴趣。另外,教师可以设置一些针对性的问题,引导学生进行有效的思考,真正提高高中化学教学的有效性。

3.加强实验探究教学

化学离不开实验,很多化学理论都是通过实验得出来的。因此,在化学教学中,实验教学是重要的组成部分。在教学过程中,教师要注重实验探究教学,有效地提高学生的动手能力,让学生在实践活动中学会思考、研究、操作和发现问题。例如,在亚硝酸钠和食盐鉴别的实验教学中,教师可以在实验之前向学生抛出一些探究性问题,让学生研究如何从成分、性质、特征等方面来辨别二者的不同。这样的方式能够有效地提高化学教学的效果,使学生在实践活动中充分发挥自身的主动性。通过设置一些有意义的探究性问题,能够让学生在实验中进行自主探索和学习,真正提高高中化学教学的有效性。

总之,教师要认识到化学课堂教学有效性的实现,是立足于不断提高学生的学习兴趣之上的。因此,教师要优化教学内容和组织形式,丰富课堂教学方法,提高化学教学的针对性,加强实验探究教学。只有这样,才能提高化学课堂教学的有效性。

11.

"三新"改革背景下如何认识数学教学设计的目标性

——以"函数的应用(一)"课为例

陈先睿

最近,我校作为新课程新教材实施国家级示范校,在高一年级开展了广泛的基于"三新"改革的课堂教学实践和听评课活动,目的是让更多教师的常态化教学顺应新一轮改革需求,使教育高质量发展落到实处。几节带有明显新课改特征的数学课引发了我对数学课教学设计目标性的几点思考。

《普通高中数学课程标准(2017年版)》指出:教学目标的制定要突出数学学科核心素养,要充分关注数学学科核心素养的达成;要结合特定教学任务,思考相应数学学科核心素养在教学中的孕育点、生长点等。教学目标的确定,对正确运用数学方法、合理设计教学过程、充分挖掘教材内涵、最终实现课程总目标具有指导性的作用。下面就以听过的"函数的应用(一)"课为例分享几点感悟。

一、从课程理念、课程目标的准确性来看,本课能正确地把握课程的基本理念和课程目标

1.高中数学课程的基本理念

(1)构建共同基础,提供发展平台;(2)提供多样课程,适应个性选择;(3)倡导积极主动、勇于探索的学习方式;(4)注重提高学生的数学思维能力;(5)发展学生的数学应用意识;(6)与时俱进地认识"双基";(7)强调本质,注意适度形式

化;(8)体现数学的文化价值;(9)注重信息技术与数学课程的整合;(10)建立合理、科学的评价体系。

2.高中数学课程的课程目标

(1)使学生具有必要的数学基础知识、基本技能以及其中所体现的数学思想方法,具有比较开阔的数学视野。(2)提高学生空间想象、直觉猜想、归纳抽象、符号表示、运算求解、演绎证明、体系构建等诸多方面的能力。并在此基础上培养学生6个能力,即学习新的数学知识的能力,提出、分析和解决问题的能力,数学表达和交流的能力。发展学生的3种意识,即数学应用意识和创新意识,并希望能够上升为一种数学意识,即自觉地对客观事物中蕴涵的一些数学模式做出思考和判断。(3)激发学生学习数学的兴趣,使学生树立学好数学的信心。认识数学的2种价值,即科学价值和人文价值,崇尚数学思考的理性精神,欣赏数学的美学魅力,形成批判性的思维习惯,再进一步树立辩证唯物主义世界观。

本节课的教学过程体现了课程的基本理念,特别是体现了第(1)、(3)、(4)、(5)、(9)、(10)条;基本实现的课程目标有第(1)、(2)、(3)条,使学生掌握了基本的借助分段函数模型分析和解决实际生活问题的能力,利用化归思想方法和数形结合方法使学生掌握如何完善函数模型,培养了学生运用数学分析和解决问题的能力,形成建构函数关系的方法和步骤,让学生体验到函数模型解决问题的重要性和数学学习的有用性。如缴纳个人所得税新函数关系建立和自变量范围确定、利用图像分析建立路程s与时间t的关系及t值范围。在确定精准数据过程中不断地思考、尝试、再思考、再尝试,有助于培养学生的科学精神和百折不挠的精神品质。

二、从资源使用来看,本节课使数学课程的地位和作用得到一定的展现

在教学资源方面,在例1的讲解中,利用学案在学生学习过类似问题的基础上,将新问题与旧知识改造创设为一个阅读材料,通过一系列的"问题串"设置,逐步引导学生从具体常量计算到变量关系建立再到函数关系的建构。能借助Excel软件让学生体验和憧憬个人未来收入与纳税额、用计算机软件GeoGebra画出$y=h(x)$函数图像让学生直观感受,带动学生识图、读图和分析图像,顺

利与例2实现前后呼应式的接轨,尝试从具有关联的两个量的图像分析,到新的两个量的函数的解析式的建构及图像探索。整个过程展现了数学思维方式的建立,培养学生知、能、行综合素质和逻辑思维的重要作用,凸显数学课程的地位和作用。

三、从教学任务、教学目标的适切性来看,教学任务、教学目标的确定较为合适

作为课堂教学的微观性设计,它是一个师生围绕既定目标而进行的双边活动,教师为目标而教,学生为目标而学,教学目标是教学活动的出发和归宿。

1.知识与技能的目标较为清晰,所用的行为动词基本准确

如讲道:"能够通过题目给出的函数模型,建立应缴纳综合所得个税税额与全年综合所得收入额之间的函数关系""能通过函数关系解释实际生活中的个税纳税问题,并解决例1中的问题(2)""能读懂例题2中的关系图,能理解关系图实际就是速度关于时间的函数,并能通过题目提示,求解出给定的路程中汽车里程表读数与时间的函数解析式,并画出图像"。其中,用到了"给出""建立""通过""解释""理解""解出"等词汇。过程与方法适切,所用的行为动词能针对学生实际,如让学生"计算""交流讨论""谈谈""感受""说出""找到""得到""补充""讲讲""分享""补充"。情感与价值的目标较为具体,所用的行为动词恰到好处,如在应缴纳综合所得个税税额 y 与全年综合所得收入额 x 之间的函数关系建立中,步步分析分享,培养学生的科学精神、严谨意识。同时,强调依法诚信纳税,培养学生们的规则意识、法治意识。

2.注重目标设计的整体性,符合全面整合的要求

特别是内容分析中,将本节课内容的所在大单元定位体现出来,并说明了本节课学习的作用和意义。本节课所在大单元关系图为图1:

四条主线之数学建模活动与数学探究活动			
初中方程、函数建模教学	函数应用（一）	函数应用（二）	函数建模
"用一元一次方程、二元一次方程组，可化为一元一次方程的分式方程、一元二次方程解决问题""用一元一次不等式（组）解决问题""用一次函数、反比例函数、二次函数、锐角三角函数解决问题"三大类建模教学	借用"分段函数应用"，初步了解建立函数模型解决实际问题的过程，学习用函数描述客观事物变化规律的方法——分析变化、析出常量与变量及关系；或者明确变化特征、确定变化类型	借用"指、对数型等函数及性质应用"，更深入理解用函数构建数学模型的基本过程。学习应用模型思想发现和提出问题、分析和解决问题的方法	观察实际情境 → 发现和提出问题 → 收集数据 → 选择函数模型 → 求解函数模型 → 检验 → 观察实际情境（检验不符合实际时返回选择函数模型）
初中部分	高中必修1第3章末幂函数、双勾函数后	高中必修1第4章末指、对数函数后	高中必修1第4章末完全结束后

图1　"函数"大单元关系图

3.凸显在核心素养中培育关键能力的目标

本节课分别体现了数学抽象、逻辑推理、数学建模核心素养培育，特别是在数学建模的前奏中集中分析问题，能帮助重构修改和完善模型环节教学，能帮助学生积累用数学模型解决实际问题的经验，即"用模"阶段，能促进学生数学运算能力、数据处理能力的形成。

四、几点教学反思和建议

当然，任何一节课堂教学都是"遗憾的艺术"。如果按照新课程新教材新高考更高要求来看，本节课还需要在以下几个方面加以提升：

（1）在教学过程中，需要建立多元化评价机制，进一步关注学生的个性与潜能的发展，本节课中评价机制和环节多样化还不够。

（2）还需要进一步体现数学的人文价值，使学生树立学好数学的信心，提高学习数学的兴趣，充分发挥数学的育人功能。如本节课在数学的有趣性、学习小组合作等方面还可以有更全面的涉及所有组员的更有深度的设计。

（3）时刻关注函数应用中大单元整体结构化教学过程、教学目标的具体体现。注意到本节课在教材教参中虽然要求是"了解函数解决实际问题过程"，但是，在"函数应用（二）"中是"更深入理解用函数构建数学模型的基本过程"。这就需要我们搭建一定的具有整体化的情境创设和高阶的思维问题，如课前视频，可以自然过渡到"如果你是一个税务人员，发现郑爽所在的一家演艺公司的钱总、李经理和工作人员小孙分别收入为……如何认定他们是否有偷逃税行为？"，这将更加有利于实际生活问题情境的创设，充分体现数学的有用性；讲到高阶思维问题设计或作业设计时，可设计"该公司几个员工针对自己的纳税问题，给出以下线索，请据此给出他们的具体收入：1.甲：我的收入刚好不用交税；2.乙：我需要纳税48元；3丙：我需要纳税240元；4.丁：我需要纳税5712元；请2人一组展开研讨解决"等问题。

（4）在精讲点拨中，需要细化整理步骤，设计新的"问题串"来逐步引导学生，逐步体验和展示构建分段函数的过程与方法，形成年综合收入与个税之间函数关系的归纳要点或口诀。

（5）总结中，希望能更具有开放性，加入让学生"谈谈用已知的函数模型解决实际问题的时候，有哪些自己觉得是难点的地方？有哪些建议？"等环节。

（6）作业布置，可安排开放性、实践性作业，让每个学生都享受成功的喜悦。对某些生活问题进行数学化(分段函数的)解决。如对贵阳市出租车收费问题，对行驶路程x与收费y的函数关系进行探究等。

（7）重点中，是否可以加入"数学建模中分析问题环节的一般过程和方法归纳"，以及图示法表示函数的基本步骤归纳。

（8）需要引导学生独立举出一定数量的用于说明问题的正例和反例，建立不同知识之间的联系，正确把握了数学知识的结构、体系。

总之，教学无止境。为了追求教育的高质量发展，我们将在情境与问题、知识与技能、思维与表达和交流与反思方面继续开展顶层设计，使数学核心素养的培育在每一节数学课堂教学中落到实处。

12.

如何基于课程标准分解高中数学学习目标

吴小凤

教师在进行教学活动时,都应该对以下问题进行深思:课程标准怎样合理使用才能有效指导一线教师的教学? 制定出的目标怎样指导我把学生带到目的地? 在课堂教学中我用什么方法、措施带领学生去目的地? 怎样利用教学评价监测学生已经到哪里?

一、学习目标的内涵

学习目标是预期的学习结果,具有可观察性、可测量性、可评价性。教师可利用学习目标进行教学设计,并为完成学习目标设定相应的教学环节,它是课程目标完成情况的重要评价凭据。怎样实现教师的教学活动、评价与课程标准相统一? 课程标准提出的目标范围广,很抽象,容易造成教师在教学中不能有效监测目标是否完成的情况。教师课前应先将课程标准的内涵深入进行研究,再将其剖析、细化为学习目标,即分解课程标准,将课程标准分解成具体的、可操作的、可评价的、能直接指导教师教学与评价的学习目标,并以学习目标为依据进行教学设计和课后评价。

二、学习目标的基本要素

学习目标的制定应明确谁学、学什么、怎么学、学到什么程度,由此构成制定学习目标的四个必不可少的因素:目标主体、目标条件、目标动词、目标程度。教师要恰当表述每节课的学习目标,即学习的内容是什么、学习的方式是什么、学到什么程度。这样,学习目标可以指明教学活动的方向,并对课后学生学习效果进行评价。

1.行为主体

学习目标叙写的常见误区是用教师的教学活动代替学生的学习活动。一般用"能概括出……""能解释……""能说出……""能写出……""能对……做出评价"或"根据……对……进行分析"等描述,明确学生是达成目标的行为主体。

2.行为动词

课程目标中常用的是表示教学结果目标的行为动词"了解""理解""掌握",但实际教学中我们发现"了解""掌握""知道""熟悉"等词语较笼统、含糊,难以测量,无法评价。那应让学生学习掌握到什么程度,让学生用什么样的方法进行学习?这是由课标中规定的行为动词决定的。所以制定学习目标前教师应先标出课标中出现的行为动词,再用相应的可观测、可操作、可评价的行为动词进行叙写。"了解"常见的替代目标动词有:"说出,辨别,画出,举例……";"理解"常见的替代目标动词有:"说明,解释,概括,处理,归纳,查找……";"掌握"常用的替代目标动词有:"得出,分析,推算,评判,解决,证明……"。

3.行为条件

指为学生完成规定的学习活动而设定的条件。如"通过举例,能概括出……""通过互助学习,能总结出……""运用分析、比较,能探究出……"等。

4.行为程度

是指在课堂教学中对学生的学习表现、学习结果进行测量的标准。如"能准确推导出……""能精确地归纳出……""能在坐标系下示范画出……"用学生的表现程度来评判目标完成情况。例如,"在作图过程中,体会角的终边与角的对应关系,体会终边的位置对角的分类的影响,从而能准确地说出象限角、轴线角的概念。"其中,行为主体是"学生",行为动词是"说出象限角、轴线角的概念",行为条件是"通过作图和观察",行为标准是"准确地"。

三、分解课程标准的基本策略

1.学习课程标准,找到它与学习目标的对应关联

表1　课程标准与学习目标对应关联

课程目标	常见分解	学习目标	关联	基本策略
I	→	A	一对一	替代
II		B	一对多	拆解
		C		
III		D	多对一	组合
IV				联结(聚焦)
V				

表2　案例"幂函数"学习目标的分解

课标要求与建议	目标分解与组合	导学活动	目标检测
课标要求: 1.通过具体实例,了解幂函数的概念 2.结合函数 $y=x$, $y=x^2$, $y=x^3$, $y=x^{-1}$, $y=x^{\frac{1}{2}}$ 图像,了解它们的变化情况	①通过五个实例分析归纳这些函数的共同特征,并能准确概括出幂函数的概念	活动一	
	②能够在不同直角坐标系中画出函数 $y=x$, $y=x^2$, $y=x^3$, $y=x^{-1}$, $y=x^{\frac{1}{2}}$ 的图像	活动二	
	③通过作图,让学生体会研究函数的具体方法——作图	活动三	练习1 课后训练5
	④通过观察画出的五个幂函数的图像能说出研究函数的具体方法——观察函数图像说性质	活动三	例1 练习1
课标建议: 通过五个实际问题,引出五个常用幂函数,并由此概括它们的共同性,获得幂函数的定义。教学过程中,让学生通过作图,观察函数的图像,类比指、对函数图像,归纳幂函数的基本性质	活动三 例1		课后训练1
	⑤运用特殊到一般的研究思想,观察5个特殊函数 $y=x$, $y=x^2$, $y=x^3$, $y=x^{-1}$, $y=x^{\frac{1}{2}}$ 图像的变化规律能准确说出幂函数的性质,为今后研究一般函数的图像和性质总结思路和方法	活动四 活动五	练习2 练习3 课后训练2、3、4

2.基本的分解策略

(1)替代策略:利用一条课标对应一条学习目标的对应关系,将课程目标加上行为动词、行为条件、行为程度加以替代。如将"通过具体实例,了解幂函数的概念",应用替代的方法进行分解并叙写为"①通过五个实例分析归纳这些函数具有的共同特征,并能准确概括出幂函数的概念"。

(2)拆解策略:利用一条课程标准对应多条学习目标的对应关系,将课程标准进行细化,叙写为具体的学习目标。如将课标"结合函数 $y=x$, $y=x^2$, $y=x^3$, $y=x^{-1}$, $y=x^{\frac{1}{2}}$ 图像,了解它们的变化情况"拆解为三条:②能在不同直角坐标系中画出函数 $y=x$, $y=x^2$, $y=x^3$, $y=x^{-1}$, $y=x^{\frac{1}{2}}$ 的图像;③通过作图,让学生体会研究函数的具体方法——作图;④通过观察画出的五个幂函数的图像能说出研究函数的具体方法——看函数图像说出函数性质。

(3)组合策略:将多条课程标准组合为一条学习目标。如"通过具体实例,了解幂函数的概念"和"结合函数 $y=x$, $y=x^2$, $y=x^3$, $y=x^{-1}$, $y=x^{\frac{1}{2}}$ 图像,了解它们的变化情况"这两条课程课标,都运用了特殊到一般的研究方法,因此将其组合形成一条学习目标:"运用特殊到一般的思想,发现幂函数的性质和图像的变化规律,能总结出研究一般函数的图像和性质的思路和方法"。

(4)聚焦(联结)策略:将几条课程标准相似的或联系比较密切的内容聚焦,对应成一条学习目标。如"体会随机模拟中的统计思想:用样本估计总体"和"把求未知量的问题转化为几何概型求概率问题",通过聚焦/联结形成"能通过几种随机模拟的具体操作,将几何概型求概率问题转化为随机模拟"这一学习目标。

因为拆解是组合、联结/聚焦的基本前提,所以,叙写学习目标的根本策略是对课程标准的拆解。

学习目标的制定除了要分析学习基本要素、掌握课程标准的分解策略,还需要注意以学生的学情为基础。知识的分解可以依托内容标准来操作,而数学思想、问题解决和情感态度则需要从教学内容中深入挖掘。所以教师需按照学情分析、知识分解、提炼数学思想的顺序来制订具体的学习目标。

13.

何为新课改下的优秀物理课

罗　静

物理是高中阶段的重要学科之一,也是一门与生活、生产有着密切关系的学科,也可以说它是随着时代进步发展的,因此,它又是灵活多变的。

但是,在传统的课堂教学中,物理常常被教"死"。表现有三:一是教学目标"僵死"。学习物理的目的似乎就是为了提高成绩,为升学打好基础,这导致物理学习的实际意义没有得到重视,更难以体现"物理观念""科学思维"和"科学态度与责任"的学科核心素养。二是教学内容"枯死"。知识原本都是生动的,传统物理课堂上学生所学的知识却多为"死"知识。很多教师执着于概念与定律的讲解、习题的反复训练,缺少与生活的有机联系。虽然学生的书面成绩较好,但一旦需要实际运用知识解决现实问题,就会"露出马脚"。三是课堂气氛"死气沉沉"。多的是教师的讲解声、学生的演算书写之声,以及其间的叹息声,少了学生的讨论声、在探究中有所发现的惊喜声,以及和教师互动的声音,"科学探究"的学科核心素养培养几乎没有什么体现。

然而,在2022年由学校承办的市级公开课"力的合成"一课的观摩中,我的视界为之一开。老师们正在从本质上改变传统的教学观念,去真正落实新课改的教学理念。新课改理念下的物理课原来可以这么优秀。以下是教学案例。

师:同学们,那么力的合成要遵循什么样的法则呢?要探索这个问题需要我们进行实验。准备的实验道具有木板、白纸、橡胶圈、棉线、弹簧测力计。

师:第一个问题:如何测出力?

生:用弹簧测力计。

师:第二个问题:使用弹簧测力计需要注意什么?

生:需要水平木板放置,读数时目光需要与刻度线垂直,读数需要估读。

师:那第三个问题:如何确定力的方向?

生:用铅笔沿着棉线点两点,连接起来由O点指向弹簧测力计的方向就是棉线的方向,也可以说是力的方向。

师:非常好!最后一个问题:如何使得分力和合力之间是等效替代的关系?

生:把弹簧圈和棉线的节点O拉到同一个位置,就可以说合力和分析是等效替代了。

师:那就开始吧!

(教师用多媒体设备播放实验的演示动画)

(学生进行分组实验)

师:请问你们在实验结果中发现它们是什么样的关系呀?

生:不清楚。

师:想想在数学中要找到几何关系,很多时候有一个关键手法是做什么?

生:画辅助线。

师:那你们怎么去寻找辅助线呢?

(学生动手,教师用多媒体演示辅助线动画过程)

师:找到什么关系了没?

生:老师,我觉得它们在一个平行四边形内。

师:那这是你们的猜想,我们应该还要用更加先进的实验来进行验证,因此大家来看这个利用传感器可以将力的方向和大小在多媒体中具象化的设备。我将刚才的实验用这个再进行一次,请大家注意观察多媒体。我们发现这三个力最终成了一个什么?

生:平行四边形!

……

以下是我的三点听课感受。

首先,优秀的物理课需有先进的教学理念支撑。教学理念是教学行为的理论支点。新课改背景下,物理教师应该经常反思自己和他人的教学行为,以及学生的思维惯性,及时更新教学理念。课程是老师、学生、教材、环境的整合,教学是一种对话、一种沟通、一种合作共建,在这样的课堂文化中存在和谐、民主、平等的鲜明特色。那我们该如何体现呢? 在本次听课中,老师在课堂正式开始前,一进入教室,便提着很重的教具,见此情状,有一名同学便立马上来帮忙,然后两人在大家的面前一起合力将教具抬上了讲桌。教师在幽默地表达感谢之后,立马引导学生思考问题"为什么两个人一起抬上讲桌,比我一个人抬上去要轻松这么多啊?"同时利用动画将这个过程在课件中播放拆解,这便是新课改下十分经典的一种引入方法:情境—问题引入法。老师非常自然地将一些生活中的简单小事转化为了教学中的实际案例摆在课堂上,从而在教与学的交互活动中,培养学生独立思考、自主学习的能力。

其次,物理学科的重实验特征必须突显。物理作为一门以实验为基础的课程,在教学中教师一定要充分发挥出实验的重要性,这也是传统教学极易与其相悖的环节。而在本次"力的合成"一节的教学中,如何开展"平行四边形法则"的实验教学便是其中的重点与难点。在课堂上,老师并没有将思路直接告诉学生,而是通过力所产生的效果进行引导,让学生自主思考、自主设计。老师作为一名组织者,只是提供简单的仪器给予帮助。在这个过程中,老师会发现有的学生思维十分新颖,学生很有可能不会按照传统的实验思路进行操作,当然,这对老师的专业能力是很大的考验。但这种看似冒险的做法,却能够充分调动学生的积极性,让学生主动参与到实验教学中去。学生不仅掌握了必备知识,还提高了动手能力和创新能力。

第三,优秀物理课应该重视多媒体的辅助作用。虽说教师的个人魅力同样可以激发学生的学习兴趣,但是多媒体在物理教学中的辅助作用,仍旧是难以替代的,其原因有三:一是物理学科中有些知识带有抽象性,需要借助多媒体予以形象展示,以帮助学生理解。二是当下的学生生活在信息化时代,他们对多媒体有着特殊的情感体验,应用多媒体辅助教学其实就是在充分利用学生的生活体验以寻求教学的契合点。三是多媒体的应用有助于调节课堂教学节奏和气氛。高中生仍属未成年人,他们集中精力专注于一件事的时间仍旧较短,因而需要不断变换教学方式,以提高学生的学习效率。在本课教学中,教师利用各种软件进行了精心且巧妙的设计,课件中包含了许多新奇趣味的动画、案例与知识,让学生的思维更加清晰与活跃,这也是新课改下的物理课堂与传统物理课堂的最大区别。

　　课堂结束之后,我与老师也进行了一番交流,感谢他能让我观摩到如此活泼又深刻的一节课。他告诉我:物理永远都是一门实用的现实科目,只要能够在课前引入中让学生真正有参与感,让学生感到快乐,那后面的内容便是水到渠成!经此一提,收获颇多,我想在之后的教学生涯中,一定要充分利用一切机会,多对比、多思考,提高自我的教学素养,真正达到教育的理想境界——寓教于乐!

14.

如何在高中物理教学中创设情境

张冰杰

《普通高中物理课程标准(2017年版)》(以下简称新课标)中就高中物理课堂教学实施提出了以下建议:

(1)物理概念的建立需要创设情境。

(2)物理规律的探究需要创设问题情境。

(3)应用物理规律解决具体问题应结合具体的实际情境。

这三条新课标体现了情境创设在物理课堂教学中的重要性,也就是说,无论是概念课、规律课还是习题课,都需要创设具体的真实情境来开展。

那么具体来说,在概念课上,物理教师可以从物理概念建立、物理学逻辑或者物理学史出发,一是从实际生活中的情境出发来创设教学情境,二是利用生活中的视频、图片资源创设情境。

在规律课上,第一可以从物理规律建立的实验事实出发,将生活中真实的情境作为教学情境来展开教学。第二是教师可以准备典型的、操作不复杂的演示实验和学生实验器材,通过演示或者学生实验的方式来探究科学规律的发现过程。第三是可以利用物理仿真实验室,把不易于真实呈现和准备的实验室情境通过仿真实验的方式创设出来。

在实验课上,第一要强调的是要让学生亲身经历。第二是应该充分去挖掘课本中存在的能够让学生通过实验探究得出的内容,这样的内容也是学生实验的重要来源。

在习题课上,教师对习题的情境创设的策略是:第一是在生活中寻找素材。第二是学生要解决的问题必须要结合具体的实际情境,要避免过分抽象和模型化的物理问题,也要避免冗长复杂的数学运算。第三是要让学生通过情境提出问题。第四是在真实情境中去验证问题的结论。

教学中情境的创设对调动学生的感官、开启学生高品质的思维活动、提升其思维能力、提高物理课堂的学生参与度和教学效率都有不可替代的作用。因此,在实际教学中,笔者提出以下教学建议:

1.在教学过程的每个环节中,都要贯穿情境

情境的创设是教学中必不可少的组成部分,没有情境的知识教学只是单纯的机械记忆和训练,违背了科学思维的正确方法,任何的知识都不能脱离其社会属性而单独存在,因此,在物理教学过程中,无论是引入新课教学还是应用与反馈,都要有相对应的情境为基础。

2.以生活实际情境为基础开展教学

真实的具体情境能够使得学生整合学科知识、发展成熟的价值体系,让学生达成知识迁移、信息整合等高阶思维目标,因此在创设情境时,要以生活的实际情境为基础,比如用实物情境、学生实验、演示实验等方式创设教学情境。

3.结合多媒体和信息技术创设情境

有一些物理教学中的情境在实际教学中无法被真实地展现和重现,这时就可以利用图片、视频或flash的形式展示或重现,或者可以利用信息技术,比如几何画板、物理仿真实验室的形式模拟相应的物理环境和过程,以达到创设情境的目的。如在习题课教学过程中,就可以利用仿真实验室来模拟题目情境,可以比较直观和具体地观察物理实验过程和物理量的变化,以检验学生是否正确地解决了问题。

4.结合具体的实际情境应用物理知识解决问题

解决具体实际问题的能力是物理学科教学要达成的重要目标。在实际教学过程中,可以把生活中的实际情境问题提取出来作为教学情境,让学生应用物理知识来解决,比如从新闻或者报纸中摘取实际例子让学生来分析和讨论,或选取生活中常见的现象让学生讨论其中的物理知识和规律并尝试进行解释或计算等。

创设生活中真实的物理情境可以激发学生学习物理的兴趣,提高学生参与课堂的积极性,相较于教师讲授、学生被动听课的方式来说,课堂上师生氛围更加融洽,师生互动更加有效,学生的思维开放程度也更高。因此,我们如果以物理课堂评价标准来衡量一节物理课的优劣,情境的创设就决定了物理课堂是保守沉寂还是开放活跃。在新课程标准之下,想要物理课堂是多维度的、探究式的、学生为课堂主体的,那么创设真实的生活情境就是基础性的工作。在这样的情境之下开展物理教学,以上的方面就成了物理课堂的表现。所以通过本章案例分析,笔者还想强调一点,即情境的创设环节对于物理课堂是基础性和不可替代的,在对物理课堂评价时,情境的创设的重要性应该是处在核心的地位。只有树立了这样的评价体系,教师对物理课堂的设计和策略才能得到正确的引导和合理的反馈。新课程标准之下的物理课堂不能只追求热闹的形式、流于表面的讨论和合作。物理知识是物理课堂的根本,而真实的生活情境是物理知识的载体,无论老师造诣多么高超,无论学生参与多么积极,脱离情境的教学都是违背物理学科的教学规律的。因此,笔者希望有更多研究者能够完善和修正新课程标准下物理课堂的评价体系,能够指导教师正确看待物理课堂,树立正确的物理教学策略。

15.

物理教学中如何提升学生的提问能力

陈　石

俗话说:"学贵有疑,有疑才会有思,有思才会有悟,有悟才会有进。"可见,在教学的过程之中,让学生能够学会发现问题,并且勇于说出问题,利用自己创新的能力对问题进行解决,是课堂教学工作的目的,更是学生在成长过程中的前进方向。所以高中物理课堂教学工作也需要与这一思想相互吻合,通过学生知识的有效积累,在不断的实验探究的过程之中,对所学习的知识内容进行有效的推算,使学生在动手和动脑的过程中,不断地对学习的模式进行创新,这些都符合学生未来发展过程中的要求和标准。

科学探究遵循的一般过程为:"提出问题—猜想与假设—设计实验方案—搜集证据—解释与结论—反思与评价—表达与交流",这意味着科学探究的起点,应以发现和提出问题为前提,从而通过探究激发学生的想象、操作和创造能力。课堂教学更应注重创设情境,以问题为导向,以知识为载体,培养并发展学生终身学习的习惯。

我国在提问方面也有较深刻的研究和精辟的观点。宋朝著名学者陆九渊说:"为学患无疑,疑则有进。"有"疑"才有"思",有思才有悟。近年来,中学"物理情境与提出问题"的教学实验已相继在贵州地区多所学校广泛开展。

在我国社会发展的过程中,对学生提问这一能力进行培养,目前所具有的研究内容相对来说都比较浅显,持续地处于一个探索发展的阶段。所以本文也是借鉴了国外一些研究的成果,并且在所得到的最终结果和总结得到的内容的基础上,重点分析了高中生该如何提高自身提出问题的能力,这也是课堂教学

最为首要的构成要素。通过这样的形式对教育工作的开展实际效果进行量化的分析,坚持以人为本,利用构建主义等各种理论基础,改进课堂教学的工作开展现状,以及开展的效果,这样才能够为高中物理课堂教育工作找到全新的方法,以及实践的策略。依据课堂教学中开展的实际情况以及总结得到的数据结果,对学生问题提出能力进行有效的培养,以此找到课堂教学的着力点,实现教育工作理论基础有效的建设,这样能够达到课堂教育的最佳模式,也能为后续的教育工作的开展起到一个抛砖引玉的效果。

高中阶段教育工作是最为重要的一部分内容,既能够为学生后续的发展起到有力的指导性作用,也能够真正地把全新的教育理念融入其中。例如:立德树人思想在其中的应用,就能够使学生真正地感受到物理知识学习所具有的特色,培养学生良好的物理学科的核心素养,达到最佳的教育效果。所以本文研究问题的提出,就是要能够让学生在创新意识的引导下,走上全新发展的道路。在最新的教学理念中,本文所说的高中生在学习过程中"提出问题"是指学生根据已有经验,在学习过程中发现并自觉地提出问题的活动。武汉市中学特级教师黄立俊和湖北省交通职业技术学院黄本利教授于2003年提出了高中生提出问题能力发展的五个阶段:初级阶段、蒙动阶段、幼稚阶段、成熟阶段和升华阶段,重点在于通过情境的设置提高学生提出问题的能力,提升其物理学科素养。我们认为学生提出问题能力的提高、学科素养的提升,需要依托新型的评价机制,强化多元化评价、过程性评定。针对高中生提出问题能力现状的培养策略有以下几条。

一、建构师生合作体,提高学生课堂主体地位

1.课前利用语言营造和谐的教学氛围

学习氛围直接影响着学生的学习兴趣。教师在课堂上要注意创设教学情境,留足时间给学生思考,留足空间给他们发挥,留足条件让他们使用,留足问题引发他们提问,让学生发挥想象、大胆创造。苏联著名教育家、心理学家赞可夫说,课堂教学,不仅要注重师生之间的沟通与合作,还要建立良好的师生关系。教师可选择亲和、风趣的语言与学生沟通,这样不仅会激发学生学习兴趣,更能引导学生在一个快乐、轻松的氛围中获取发展所需的知识。

2.课中增加开放性问题,培养学生独立思考的能力

开放性问题能解放学生的思想,充分发挥并锻炼其思维水平,提供多样化的交流平台,助推学生积极探索,挖掘学生潜在的对学科知识的理解能力。

二、采用多样化的教学方式,激发学生提问的原动力

1.信息手段,丰富课堂

运用现代化教学手段不仅能将抽象的东西形象化,帮助学生形象具体、生动地认识物理世界,更能激发学生内在潜能。现代化教学手段能够使学生身临其境地感受现象,产生共鸣,思考问题,从而提高学生提出问题的能力。

2.巧设实验,激励探究

实验探究是物理学科的重要特征,对提高学生的探究能力有着重要的影响。教学中应该充分利用好实验的功能作用,把书本上的知识变得更具有实践性和趣味性。同时实验探究还能促进学生的个性和潜能的发展。

3.创设情境,深度思考

在物理课堂活动中,教师可以从实际生活中选取与本节教学内容相关的物理情境。如曲线运动这一节课,我们可以通过图片和视频引入生活中的曲线运动,让学生在具体生动的情节中思考物理问题。在这种情境中,学生的求知欲被充分引燃,学生的参与性会极大地提高。

三、提升学生综合素质,提高学生提问质量

在教学工作开展和实施的过程之中,教师就需要帮助学生不断地成长,让学生主动构建思想和认知,并且激发起学生学习的兴趣,这样学生才能够从原有的"要我学"转换成"我要学",并且主动地对未知领域相关的知识内容进行探索,实现学习的意义。所以想要真正地在课堂上达到提高学生学习的效果的最终目的,就要让学生拥有勇于提出问题的能力。在以往的教学工作开展过程中,很多学生对教师存在着惧怕的心理,所以教师还需要改善这样的现状,打造高效的课堂教学氛围。知识需要具有系统模块化的特色,才能够构建起良好的框架,然后再让学生对所学习的知识内容提出质疑,这样才能够实现学生自身学习水平和能力的提升。

　　教师在教学的过程中也需要明确课堂的重点,引导学生能够清楚地把握知识内容,从而提出疑问;关注学生在问题提出过程中所形成的习惯,按照课程知识学习的特点,结合物理知识的性质,让学生能够从多个维度、多个角度发现问题。

　　提出疑问这种教学的方法,属于一个任重道远的过程,不能够急于求成。本文的研究也是结合以上的内容,主要探讨在物理课堂教学工作开展的过程中,提升提问能力的具体课堂教学方法。希望能够不断地对课堂教学的模式进行有效的探索,激发起学生学习积极性的同时,让学生能够拥有良好的问题提出的能力。

16.

如何增强"课堂提问"的有效性

李 青

　　五月的天,繁花似锦,绿荫如海,一切都显得热情洋溢,生机盎然。大地脱掉了厚重的衣裳,焕发着青春,散发着活力。像这个季节一样,贵阳二中的教学研讨活动开展得如火如荼,精彩纷呈。数学组在教学月活动中成立了两支队伍,进行课堂展示的分别是田轶璇老师和杨俊婷老师。再次品味两位老师的课堂,深感三人行必有我师。以下我将从"课堂提问"角度谈谈我的理解。

　　"问题"对于老师而言是一个使用频率很高的词,每一堂课老师都会提出很多问题,但什么是问题,什么问题是好的问题,是我们在"三新"改革教学的背景下需要思考的问题。在教育改革背景下,高中数学提出了培养学生核心素养的主要任务。培养素养是一个潜移默化的过程,素养的提升绝对不仅是解题能力的提升,而是解决问题的思维方式的改变和解决问题能力的提升。

　　关于问题,目前大多数教育学家和心理学家都赞同美国学者纽厄尔和西蒙对问题所下的定义:"问题是这样一种情境,个体想做某件事,但不能马上知道这件事所需采取的一系列行动。"这是针对即将解决问题的人的心理状态而言的。《现代汉语词典(第七版)》中对问题也有解释:要求回答或解释的题目;须要研究讨论并加以解决的矛盾、疑难。这既是针对即将解决问题的人而言的,也是针对呈现问题的人而言的。课堂问题都是经教师呈现于课堂之中的,问题可以是题目、练习题,更多的是教师提出来的矛盾、疑难。

　　问题好不好可以从被提问者是否乐意回答和是否有发现两个维度进行初步的判断。日本作家粟津恭一郎在《学会提问》一书中提到,好问题应该让学生

乐意回答且有发现,而不是简单的知识点的记忆,或者简单的"是不是可以?"这种看似疑问句的陈述句。在杨俊婷老师的教学过程中,我观察到很多好的问题,例如在"探究2——体会多米诺骨牌游戏中蕴含的数学思想"中,老师提出"如何只推动一张骨牌,使得所有的骨牌都倒下?"引导学生观察游戏,从游戏中发现骨牌倒下需要具备的条件,由此引导学生思考递推问题的证明需要具备的条件,从而为数学归纳法的引入奠定基础。从学生的反应来看,问题本身因为和游戏有关,入手不难,学生非常愿意思考。虽然从游戏到数学逻辑推理的过程有难度,但老师仍然循循善诱,带领学生逐步实现教学目标,让学生有思考、有启发、有收获。在田老师的教学中也看到了很好的问题,例如:两点可以确定一条直线,那么几点可以确定一个平面? 这个问题从直线的确定延伸到平面的确定,让问题建立在学生已有的认知基础上。同时对于学生的猜想和判断,老师又进一步追问:这几点的位置关系有没有要求? 能否用纸和吸铁钉来演示说明? 学生在猜想三点确定一个平面的基础上,对演示实验就非常感兴趣。因为可操作性很强,所以所有学生都可以入手感知三点的位置关系,进一步感受数学中的基本事实。在两节课中,这种既让学生愿意思考、又能引发思考的问题还有不少,这说明老师在备课的过程中充分考虑到了问题的重要意义,并没有随口就问。并且问题的提出还是有设计的,对一些确实比较抽象的问题后续辅以子问题,引导和启发学生做到不愤不启、不悱不发。

好的问题的设计有几个特征:

首先是联系实际,因材施教:教师上课应当充分了解学生的学情,在不同类型的教学班级,可能会有不同的提问方式,而并非所有问题适用于所有学生。例如在正弦定理的复习课教学中,对基础较弱的学生,可能会请学生复述正弦定理,对基础较好的学生可能会直接请学生回忆正弦定理的适用范围。再例如在"函数的奇偶性"一课的教学设计中,对于函数奇偶性的代数语言的形成,教科书上有一个很好的探究问题:类比函数的单调性,你能用符号语言精确地描述"函数图像关于轴对称"这一特征吗? 这个问题目标清晰、语言简洁,但是在教学实践中抛给我的学生以后,两次都造成教学冷场,主要是学生刚进高一,对于抽象的符号描述变化现象只有单调性的知识为基础,而且还不熟悉。所以在后续教学中,我将问题分解为几个子问题后再进行教学,才使得课堂教学顺利进行。

问题平等:问题的提出并非针对某一特定的学生群体,而是引导不同的学生有不同的思考,让教室内所有学生都能积极参与课堂的流转,得到不同的收获。有些时候老师的提问只有部分学生能听明白,而部分学生只能在一旁观望别的学生思考,等待所谓的答案。因此老师的提问应该考虑到所有学生的学情,入口应该够宽,让每个学生都能进行思考,而不同的学生所能达到的位置不同。

目标明确:问题的指向性明确,通过问题达成的教学目标要清晰,学生在思考过后能够获得教学目标所要求的思维训练。当学生在课堂上答非所问的时候,教师就应该反思是不是自己问题的指向性不够清晰,而不是一味地责怪学生悟性低。

语言简洁:问题的语言表述必须简洁清晰没有歧义,目标指向应明确,没有生僻的概念,同时对学术用语的使用必须严谨专业、言简意赅。

延续性:问题不能只是简单的知识回顾,也不能是浅层次的是否问题,而是应该让学生有所思,然后引发对下一个问题的思考和追问。例如,在函数零点的概念教学中,在得到概念之后,老师们会问零点是一个点吗,或者零点的代数本质是什么。这两个问题对于学生来说第一种问法更能引发学生的思考。在教学实践中,我们针对同类班级做过对比,在班级 A 中,教师课堂上提出的问题是"零点是一个点吗?",在班级 B 中问"零点的代数本质是什么?"。A 班级的学生在经过思考后陆续回答出"零点不是点""零点是实数"这样的答案,显然,这样的回答有延续性的效果,学生既回答了问题,又回答了问题背后的引申意义。而在 B 班级,显得有些冷场,学生不知如何作答。

每一次集体的教研都汇集了大家的智慧。在问题设计方面,两位授课教师都充分意识到了问题的重要意义,在问题设计上都花费了心思,也培养了学生的学科素养。我想,路漫漫其修远兮,教学研讨我们永远在路上。

17.

如何精心设计数学问题让学生在体验中思考

徐 涛

"问题是数学的心脏!"教学目标的落实最终体现在学生问题解决上。笔者认为,数学教学中精心设计问题,可以调动学生的学习积极性,可以"推动"学生思考,有利于培养学生分析问题、解决问题的能力。下面结合"数学归纳法"第一课时课例作说明。

提问,在课堂上表现为师生之间的对话,是一种教学信息的双向交流活动,是课堂讲授的主要手段,同时也是教师了解学生对所授知识掌握程度的重要形式。但提问是否有效,应该和学生的学习兴趣是否激发联系起来,应该和学生的学习目标是否达成联系起来,应该和学生的思维是否激活联系起来。

一、问题设计要立足学生认知基础,搭好台阶

教师要明白能够激发学生学习兴趣、促进学生深入思考的提问才是有效的提问。课堂提问不能太易或太难,有经验的老师总是在"已知区"与"最近发展区"的结合点,即知识的"增长点"上设问的。具体而言,教师提问应位于学生认知的"最近发展区"内,以学生的已有知识为前提,通过阶梯性的设计、层次性的跟进,使学生认知结构中的"最近发展区"上升为"已知区"。在本节课的引入环节,授课教师设置问题:"在数列 $\{a_n\}$ 中,$a_{n+1}=\dfrac{a_n}{1+a_n}(n\in N^*)$,求出数列的前4项,你能得到什么猜想?"这个问题的设置立足于学生学习数学归纳法的基础,先利用递推公式计算,再通过对计算结果的观察、归纳、猜想,让每一个学生都

能参与,且问题的设置位于学生认知的"最近发展区"内。接着教师追问:你能求出该数列的所有项吗? 通过追问引发学生思考:这是一个无穷数列问题,没有办法去求出该数列的所有项。这时教师再提出问题:你能否类比多米诺骨牌游戏,找到利用有限的步骤解决问题的方法? 从而激发学生思考,重新审视多米诺骨牌游戏背后规则的含义,为学生学习数学归纳法奠定了很好的基础,符合学生的认知规律。

二、问题设计要面向全体学生,由浅入深

虽然课堂提问一般总是由几个学生来直接回答,但提问的目的却是希望全体学生都参与进来,这也是学生主体地位的体现。因此,必须面向全体学生提出问题,设置恰当的活动促进学生的参与。教学中教师若能在"无疑"之处设疑提问,在看似浅显的地方做深层的解剖,引导学生的思维进入更深的层次,就能进一步提高学生思考的欲望,激励学生不断地深入探索。在教学过程中,教师先设计了系列问题链,先是让学生梳理多米诺骨牌能全部倒下的原因。教师就此追问:如果骨牌有无数块,在同学们刚提出的规则下,能否倒下? 通过及时追问,让学生体验到,规则适用于骨牌数无限的情况。此时教师顺势提出问题:你能否类比多米诺骨牌的规则,证明你的猜想,并将证明的步骤用数学形式表达? 通过这样的问题设计,学生学习了将生活语言转化为数学语言的方法,进一步提炼得到数学归纳法的证明原理,及早进入最佳学习状态,从而提高了课堂教学效率。

三、问题设计要设疑激趣、激活思维

问题的设置不仅要让学生发现知识发生的过程,更要让学生实现知识的迁移。教学中有时需要教师创造出一种新鲜的能激发学生求知欲望的情境,使学生原有知识经验和接受的新信息相互冲突而产生心理失衡,从而使学生的思维火花得到迸发。"学起于思,思源于疑",如果教师的问题设置能激发学生的认知冲突,激起学生认知结构内的矛盾,能使得学生的求知欲由潜状态转入显状态,那学生的思维就真正被激活了。在教学过程中,教师为了强化学生对数学归纳法三个步骤的理解,设置了一个错误辨析的问题:你认为下面利用数学归纳法

证明的方法是否正确？说说你的理由。这个问题设计得很恰当，在学生利用数学归纳法证明时常常出错的地方设置问题，让学生通过纠错来加强对数学归纳法证明步骤的理解，通过辨析、讨论、交流加深了对数学归纳法既要证明初始值成立，为证明打下基础，也要证明其中的递推关系。证明中"假设 $n=k(k\in N^*)$ 时命题成立，进一步证明 $n=k+1$ 时命题成立"，是为了验证其中的递推关系，并不是证明命题本身是否正确。从课堂学生的反应来看，如上的设计是有效的，学生也能积极参与对问题的探讨。可是，仔细一想，还是存在一些问题，问题的跨度有点大，如果能让学生先做，再选择学生中的典型错误做法让学生判断和辨析，让学生有更多的体验，并从体验中获得数学归纳法证明原理的深入认识，那教学效率必会得到极大的提高。

当下，基于"核心素养"这一热点，教师会将研究视角更多地指向"核心素养"。在教学实践中，要使得"核心素养培养"真正落地，还需要教师在教学过程中发展学生的思维品质，培养学生的数学关键能力。在教学中教师应该以问题的形式驱动学生参与其中，让学生体验，让学生思考，让学生表达，让学生感悟，培养学生提出问题、分析问题的能力，形成解决问题的思维能力。这样，学生收获的就不仅仅是知识，更重要的是在于探索知识的思想和方法。这样的数学教学才会有生命力！

18.

历史教学中如何读懂教材把握主旨

刘 玲

如果说2021年是贵州省新课程新教材新高考综合改革的启动之年,那么2022年则是"三新"改革的统筹谋划、实践探索之年。面对这次重大的改革,高中历史课程从过去只注重知识传授转变到强调"育人为本"的教育理念,强调在高中历史学习过程中,培养学生形成积极主动的学习态度、掌握多元的学习方法,使学生在获得历史基础知识与历史基本技能的过程中同时成为会学习、会思考、会分析的人,并且形成正确的世界观、人生观、价值观。在高中历史教学实践中我们面临的首要变化是教材,不管是内容的容量还是体例都有重大调整,这对一线的高中历史教师就提出了新的要求。一堂好课应该有中心、有重心、有核心、有灵魂,而不是面面俱到、事无巨细和漫无目地地展开。现在的高中历史必修教材《中外历史纲要》,时间跨度长,内容容量大,而高一的历史课时又有限,如果继续使用传统的教学方法,不要说保障教学质量,是否能顺利完成教学任务都是问题。因此围绕课程主旨,进行教学内容的合理取舍,由"教教材"变成"用教材",成为教师的必修课。中学历史课程及教学中的内容主旨,通常是针对单元或课而言,内容主旨是指通过该单元或课的学习,学生获得的核心观点能统领和贯穿本单元或本节课,还能与其前后学习相通。

下面就高一《中外历史纲要》上册第一单元第2课"诸侯争霸与变法运动"进行课堂观察,就如何确立教学内容主旨谈谈本节课授课教师处理得比较好的几点。

　　本节课教师首先解读标题,明确本节课的两个主题"诸侯纷争"与"变法运动",聚焦两个关键词"争"与"变"。"为什么争""争什么""怎么样""为何变""变什么""变到哪里去",提出这六个问题,请学生结合本节课四个子目标题,思考它们的关系。这样把本节课的核心要旨点明,并抛出问题让学生思考,寻找相互关系,培养他们解决问题的能力。

　　其次,往下看四个子目标题,几乎每个标题均是围绕着这些问题而展开。第一子目"列国纷争与华夏认同"前者讲"为什么争""争什么",后者的"华夏认同"讲"争"的结果,即"变",所以第一子目的主旨可以归纳为:周天子"天下共主"的地位丧失后,诸侯纷争,结果带来各民族进一步交融,华夏族发展壮大,华夏认同趋势出现。第二子目"经济发展与变法运动",前者是"纷争"而带来的"变",后者又是因为经济之"变"而走向的"法"的变化,所以第二子目的主旨可以归纳为:春秋战国时期,社会经济有了长足发展,阶级关系发生变化,上层建筑变革,变法成为社会发展的潮流。第三子目"孔子和老子",是在社会变革之下的思想之"变",而这种"变"的方向又不相同,所以呈现出不同观念之"争",因此本目主旨可以归纳为:孔子和老子分别是我国儒家学派和道家学派的创始人,他们的思想主张不尽相同,代表了不同流派的观点,但是在我国历史上都产生了深远影响。第四子目"百家争鸣",是在第三目"孔子与老子"思想"变"与"争"的基础上进一步扩大到整个社会变革下人们观念之争的反应,揭示唯物史观下社会存在决定社会意识,社会意识是社会存在的反映,所以本子目要旨可以总结为:百家争鸣是社会大变革在意识形态上的反映,各家学派针对当时社会现实问题,提出了自己的政治主张。在整个教学过程中紧扣"争"与"变",围绕每个子目要旨展开教学,既把握了重点、难点,又很好地对教材进行取舍,"三新"改革下教学目标落实到位。

　　最后,在明确四个子目要旨的同时,本课的要旨便可总结为:东周衰微,诸侯纷争,之后便有了各诸侯变法自强、"五霸""七雄"之大动荡,在促进民族融合、华夏认同的同时也进一步推动社会经济、文化的大变革和大发展。经济发展必然带来上层建筑的变革、阶级关系的变化,而这些就表现在各家思想不同的主张上面。春秋时期,围绕立国治世最为系统的思想是以"仁"为核心、"礼"

为宗旨的儒家理论和以"道"为自然规律的道家学说。到战国时期,这种思想纷争进一步发展为百家争鸣的局面,其中法家的中央集权君主专制思想成为时代的佼佼者,顺势而上。这样就将本课的核心观点和教学脉络整理了出来。

这种借助标题解读,明确子目要旨,从而明确一节课要旨,再而明确一个单元要旨的教学方法同样可以用在本单元第3课"秦统一多民族封建国家的建立"。在第2课纷争、变革之后走向统一,所以第3课的核心主旨肯定就是"统一""多民族""建立",如果说秦朝实现了中国历史的一个重大突破,就是从春秋战国诸侯纷争中实现大一统,也是多民族封建国家的建立,而把这项伟业巩固下来则是第4课"西汉与东汉——统一多民族封建国家的巩固",学生对两课的内容之间的关系、主旨的把握也就有了基本方向。

这样的例子还有很多,我们在实际的教学中,除了把握核心主旨内容以外,还要根据核心主旨对教学内容进行合理的取舍。注意以学生为主体,学生学习主动化,学习内容情境化,做好课前的学情分析,制订具有可操作性和可测性的教学目标,依据学生状况进行学习内容的增减,这些都是教学内容取舍的前提。当然,高中阶段历史教学不能和初中历史教学割裂开来,研究初中教材,做好初高中衔接,是进行教学内容取舍的重要依据。

"路漫漫其修远兮,吾将上下而求索",在"三新"改革推进探索时期,我们将以"立德树人"为教育的最高目标,不断调整教学方式方法,努力做到为党育人、为国育才。

19.

新课改背景下如何提升政治高考二轮复习的效率

刘 欢

根据学校安排,我听了几节高三复习课,觉得新课改背景下的政治高考二轮复习课有必要关注几个点:一是思路要理清,二是方法要找准,三是备考要高效。在备考复习过程中,要注意区别第一轮复习和第二轮复习的方法和内容的区别,避免"炒冷饭",导致二轮复习又变回"一轮"复习。

在现行的高考政策下,相对于较为抽象的地理学科、记忆量较大的历史学科,政治学科在文综三个学科中既"易"又"难"。"易"是指政治学科的教学内容中有着明确且清晰的基本理论知识。例如《生活与哲学》中有着一系列的哲学原理和方法论——整体与部分辩证关系原理,如2020年全国卷Ⅲ第40(1)小题"运用整体与部分辩证关系原理分析黄河治理战略思想的科学性",考生在解答时写出"整体与部分的辩证关系原理"是什么即可得分,也即是说学生只要背得这一原理知识就可以拿到该题的理论部分的分数,即"背得分"。教师要帮助学生拿到这种理论得分,所以一轮复习就要狠抓基础知识:基本概念、基本原理以及对应的知识范围。同时政治学科也是"难"的,因为政治学科有一个特点是和当年的时政紧密融合,我们需要随时关注并筛选国内外的重大时政,做到"时事"与理论的结合。高考是综合能力的考查,只背原理还远远不够,还需要对试题的情境材料进行分析提炼,再与基本原理知识准确对接,正确作答。那么二轮复习就要在一轮打下坚实基础的前提下,抓好解题能力、知识迁移能力、综合分析能力。

在高考备考复习中,要有针对性地进行一轮和二轮复习:一轮强调全面细致、二轮强调重点突破;一轮强调循序渐进、二轮关注重组网络;一轮强调夯实基础、二轮重视能力水平。

一般一轮复习时间为高三开学至次年1月底,教学内容要细、要全、要宽。教师要仔细钻研考试大纲和教材,细化知识点,做到无一缺漏;对基础知识、重难点全面、清晰地进行梳理和排序,吃透理论知识;辐射要宽,指导学生学会联系上下相关知识,牢牢把握教材的知识结构和各知识点之间的内在联系。故而一轮复习应以教材为依据,以打牢基础为出发点,结合考纲考点把每一课的知识点整理出来,逐个消化,该识记或理解运用的分别做好标记,不遗漏任何一个知识点。

例如,全面理解尊重文化多样性的实例如下:

是什么:文化多样性指的是世界上每个民族、每个国家都有自己独特的文化,民族文化是民族身份的重要标志。

为什么:①文化多样性是人类社会的基本特征,也是人类文明进步的重要动力。

②文化是民族的,各民族都有自己的文化个性特征;文化又是世界的,各民族文化是世界文化中不可缺少的色彩。

③尊重文化多样性是发展本民族文化的内在要求,民族文化起着维系社会生活、维持社会稳定的重要作用,是民族生存发展的精神根基;尊重文化多样性是实现世界文化繁荣的必然要求。

怎么做:①既要认同本民族文化,又要尊重其他民族文化,共同促进人类文明繁荣进步。

②尊重文化多样性,首先要尊重自己的民族文化,培育好、发展好本民族的文化。

③承认世界文化多样性、尊重不同民族的文化,必须遵循各民族文化一律平等的原则。在文化交流中,要尊重差异,理解个性,和睦相处共同促进世界的繁荣发展。

④传播途径:商业贸易、人口迁徙、教育;传播手段:大众传媒。

又如,全面理解文化创新的实例如下:

是什么:①源泉、动力:社会实践是文化创新的源泉和动力;②主体:人民群众是文化创新的主体。

为什么:①必要性:文化发展的实质就在于文化创新,文化创新是社会实践发展的必然要求。

②重要性:创新是文化富有生机与活力的重要保证,文化创新可以推动社会实践的发展,能够促进民族文化的繁荣,是一个民族的文化永葆生命力和富有凝聚力的重要保证。

怎么做:①根本途径:社会实践。

②基本途径:继承传统,推陈出新;面向世界,博采众长。

③基本要求:处理好当代文化与传统文化的关系、民族文化与外来文化的关系。

④发挥人民群众的作用。关注人民群众的根本利益,理解人民群众的文化需求,从人民群众的实践中汲取营养。

⑤反对错误倾向:反对"守旧主义"和"封闭主义"以及"民族虚无主义"和"历史虚无主义"倾向。

⑥内容:增强全民族文化创造活力,推动文化内容形式、体制机制和传播手段创新。

同时,还要教会学生把知识点按照内在联系串联起来,形成基本体系,使零散的知识更加牢固,尤其在回答主观题时,尽量减少遗漏。

例如文化生活部分中《文化的作用》的一轮复习,可以梳理成如图1所示的知识结构图:

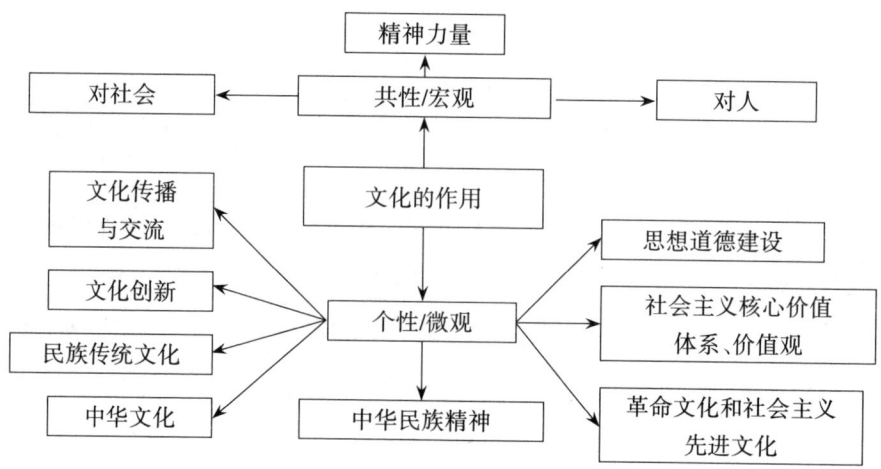

图1 《文化的作用》知识结构图

又如政治生活部分中的《社会主义民主政治》的一轮复习,可以梳理成如图 2所示的知识结构图:

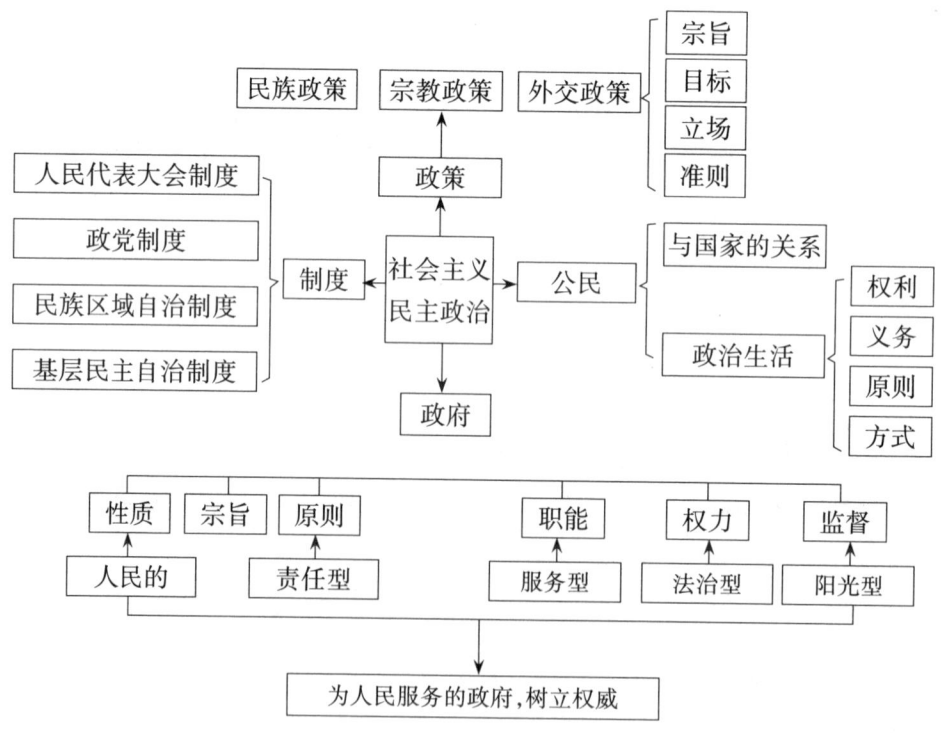

图2 《社会主义民主政治》知识结构图

　　如果一轮复习时是把课本读"厚",二轮复习则是把课本读"薄"。进入二轮复习后,教师又要引导学生对知识进行整合和重组,构建知识网络体系,对重难点和高考的高频考点再次进行梳理,查缺补漏,并使复习过的知识在脑海中更清晰。

　　例如文化生活中《文化的作用》的二轮复习可以从一般与个别两个方面进行整合。一般角度:文化的实质、文化对社会的作用、文化对人的作用;个别角度:文化交流的作用、传统文化的作用、中华文化的作用、中华民族精神的作用、社会主义核心价值观的作用、思想道德建设的作用。

　　在引导学生构建了知识结构体系后,还要根据教学和学生实际进行题型整合的专题复习。选择题可以进行曲线图类、传导类、引言题、漫画类、体现说明类、意义类、启示类的专题复习;非选择题可以进行图表类、关系类、原因类、体现类、认识类、评析类、拓展类或开放式试题的专题复习。

　　提高政治的分析、解题等综合能力。结合政治学科的最大特点,关注时政热点是必不可少的。每一年的高考题目都是依托重大社会时事为背景设计的题型,这些题型往往灵活多变,考查学生对知识点的深入了解程度和应用能力。作为教师,非常有必要引导学生对热点的社会话题进行讨论关注,围绕热点问题站在政治的角度进行分析思考,如针对"神州载人　逐梦太空""全过程人民民主""北京冬奥之风""中国共产党人的精神谱系"等话题,可引导学生分别从经济生活、政治生活、文化生活及生活与哲学等四个模块进行分析,提升学生分析问题、解答问题的能力。

　　"万丈高楼平地起",只要扎实打好基础、循序渐进、一步一个脚印推进复习,就能在高考中获得好成绩。

20.

政治教学中如何做好指向核心素养的活动型教学设计

——以"中国共产党领导的多党合作和政治协商制度"课为例

包 梅

高中思想政治是以立德树人为根本任务,以培育社会主义核心价值观为根本目的,是帮助学生确立正确的政治方向、提高思想政治学科核心素养、增强社会理解和参与能力的综合性、活动型学科课程。本课程力求构建学科逻辑与实践逻辑、理论知识与生活关切相结合,学科内容采取思维活动和社会实践活动等方式呈现,即通过一系列活动及其结构化设计,实现"课程内容活动化""活动内容课程化"。

一、教材主线晓结构

大单元背景下"中国共产党领导的多党合作和政治协商制度"这一节课所在单元围绕"人民当家作主",探究了富有中国特色的政治制度和中国优势的民主形式,使人民当家作主落实到制度安排上,显现于国家政治生活和社会生活的丰富实践中。实现人民当家作主,是人民民主专政国家的本质要求。

第六课围绕我国的三项基本政治制度,重在说明这些制度是建设社会主义民主政治的重要组成部分,主要探究了中国特色的政党制度、中国人民政治协商会议、符合国情的民族区域自治、我国的宗教政策与法律、基层群众自治的组织形式、人民群众直接行使民主权利的生动实践。

第一节"中国共产党领导的多党合作和政治协商制度",以中国特色社会主义政党制度和中国人民政治协商会议为本课逻辑主线,设计了以"协商民主有什么优势"为议题的活动,探究我国政党制度的特色以及协商民主的意义和价值。

二、情境主线接地气

基于生活实际,创设真实情境,能让学生备感亲切。"中国共产党领导的多党合作和政治协商制度"课创设了有关贵阳市疫情防控的如下情境:

情境创设(一)

当前国内外疫情形势严峻复杂,传播速度快、感染风险高的奥密克戎变异毒株在国内多点散发,防输入防反弹的压力增大。

2022年4月17日,接贵阳市卫生健康局报告,1名已隔离管控省外返黔密切接触者新冠病毒核酸检测结果异常。接到报告后,党委政府高度重视,果断采取处置措施。目前,流调溯源、核酸筛查、隔离观察、区域管控、环境消杀、物资保障等应急处置工作正有序开展。

情境创设(二)

疫情发生以来,贵阳市各民主党派积极响应、迅速行动,发挥各自特色优势,积极建言献策,肩负重要使命的有关人员坚守岗位、无私奉献、忘我工作,奋战在疫情防控一线,彰显各民主党派作为新时代参政党的责任担当。

民建贵阳市委深入学习贯彻习近平总书记关于疫情防控工作的重要指示精神。

民进贵阳市委迅速成立疫情防控工作领导小组,第一时间发出《致全市民进会员的一封信》,引导各基层组织和会员勠力同心、集智聚力,以高度的政治责任感和使命感,积极参与抗击疫情。

情境创设(三)

九三学社贵阳市委积极号召全市广大社员本着对自己负责、对身边亲友负责、对邻里群众负责的态度,积极支持和配合疫情防控工作,汇聚共同抗击疫情的工作合力。

贵阳市致公党党员心系疫区,自发通过各种渠道捐款捐物,累计捐赠资金物资折合价值达25.96万元。

通过以上情境的创设能够使得该节内容更具层次性、思辨性、时代性、整体性,更能凸显价值引领。而且通过课堂观察,提到疫情的相关内容,学生都很有共鸣,因为他们近期正身处其中。因此,这一情境创设能够让学生更期待该节内容,有助于推动教学的开展。

三、议题主线掌脉络

教学设计能否反映活动型学科课程实施的思路,关键在于确定开展活动的议题。议题既包含学科课程的具体内容,又展示价值判断的基本观点;既具有开放性、引领性,又体现教学重点、针对学习难点。本节基于学情、可议空间、价值引领设定了一个总议题、三个分议题和三个子问题。

总议题:中国之治如何凝聚广泛共识?

分议题一:共克难关,政协如何汇聚力量战疫情?

子问题:作为一名政协委员,请针对贵阳疫情反弹的问题建言献策。

分议题二:与党同心,贵阳民主党派如何行动?

子问题:中国共产党和各民主党派是如何通力合作,致力于打赢疫情防控阻击战的?

分议题三:同心战疫,彰显中国新型政党制度优势。

子问题:参与本次政协会议后,我国新型政党制度"新"在哪里?

确定这一核心议题,设置问题链条,把学生思路串成一条线,指引着学生思考,也能够把该节知识的重难点呈现出来。

四、活动主线促生成

新课改的高中政治教学工作中,活动型学科课程的构建是培养学生核心素养的关键举措,可以有效培养学生的核心素养,提升学生的学习能力与学习效果,使其成为适应新时代发展需要的优秀人才。因此,在高中政治教学过程中,

教师应重视活动型学科课程的构建,制订完善的学科课程构建计划,遵循其目标性、序列性、结构性等基本原则开展活动。

以"中国共产党领导的多党合作和政治协商制度"课的活动设计为例:

活动设计:模拟召开政协会议

1.活动目标:通过模拟政协会议,引导学生在模拟召开政协会议的过程中思考政协的性质、职能、主题,体悟中国共产党与民主党派的关系,在讨论的过程中感受协商民主的优势。

2.活动内容:全班扮演政协委员,分为几个小组,分别扮演中国共产党代表、各民主党派代表、无党派人士代表、人民团体代表、各少数民族代表、港澳台同胞代表以及特别邀请的人士,模拟召开贵州省政协会议,围绕贵阳疫情反弹的问题建言献策。

3.活动要求:

(1)各位政协委员相互讨论,针对贵阳疫情反弹问题建言献策,为早日打赢这场抗疫大战出谋划策。将讨论的结果写成建议案,投进意见箱中。

(2)在模拟会议的过程中思考中国共产党和各民主党派是如何通力合作,共同致力于打赢疫情防控阻击战的。

通过课堂观察,在开展活动过程中,学生参与的热情高涨,课上争先恐后地扮演人物角色。课后采访学生发现他们对自己参与的活动记忆尤为深刻,这一方式比教师直接讲解知识效果更好,真正地把课堂上活了,也让学生的主体地位得以凸显。

五、评价主线重发展

注重活动评价,体现价值引领。活动型学科课程的教学评价,应专注学科核心素养的行为表现,一般采用"求同"取向与"求异"取向相结合的验证思路。这是一种有统一标准、无标准答案的评价。"中国共产党领导的多党合作和政治协商制度"课程结束后,制订了以下内容让学生自己评价,进一步让学生深入认识自己,努力实现在下一次课上再一次突破自己。

"中国共产党领导的多党合作和政治协商制度"课活动评价细则

1.主动参与小组讨论;

2.提炼信息充分,自主生成和解决问题;

3.勇敢流畅地表达观点,逻辑清晰,并能提供例证;

4.善于倾听和尊重他人观点;

5.对协商民主认识深刻、见解独到;

6.在观点表达中,能够理解政协在社会主义民主政治中发挥的作用,领悟中国共产党和各民主党派的关系,增强对我国新型政党制度的政治认同。

学生根据该评价表的细则,再结合自己在本节课上的表现给自己打分。A等优秀、B等良好、C等合格、D等不合格。课后教师收集学生的评价表,大部分学生对自己在本节课的评价均在B等以上,可以从中看出学生在本节课的参与度,从而评判教学目标的达成。

本节课通过教材主线、情境主线、议题主线、活动主线、评价主线形成五线合一共同指向政治学科核心素养。以模拟政协会议和记者报道等活动形式让学生积极参与其中,希望学生能够通过自己模拟政协委员在履行政治协商、民主监督、参政议政等职能中感受到国家民主协商的制度优势。课堂上,学生由于有其他老师听课的缘故有些放不开,但整体参与度还是十分高的,积极主动发言的学生较多,能将知识点跟老师创设的情境相结合。新课标倡导多让学生参与,而不是为了完成教学任务,但是由于公开课要求课堂的完整性,教师在授课过程中速度较快,学生讨论时间较少,发言的同学也没有做到畅所欲言。活动型学科课程的构建是培养学生核心素养的关键举措,可以有效培养学生政治认同、公众参与、法治意识、理性精神的核心素养,提升学生的学习能力与学习效果。本节课是对这一理论的初步尝试,效果显著。

21.

"三新"改革背景下高中化学如何进行
"教、学、评"一体化教学

——以"乙烯"课为例

金 倩

通过高中化学学科学习,学生们已掌握有机化学的基本概念、原理,碳原子之间的成键方式,初步形成"结构决定性质"的基本观念。乙烯是高中化学课程教学的重要内容,更是影响日常生产生活的重要化工原料,对社会工业、生活等领域有序运行起着基础性决定作用。所以,在开展本章节的课程教学时,要以乙烯分子结构为着眼点,紧紧围绕乙烯的结构、性质和用途展开课堂教学,避免空洞施教的灌入模式,以真实情境导入引导学生开展兴趣教学,以"提出问题—做出假设—验证猜想—得出结论—交流分享"几个步骤,最终形成以"教、学、评"一体化的教学闭环。强化学生书本所学源自生活实际又终将回归服务生活实际的联动思维,自主意识到本节课程的重要性,做到理论联系实际,举一反三,并将所学储备反哺生产生活。

一、教学目标与评价目标

1.教学目标

(1)通过对比乙烯和乙烷的不同,深化"结构决定性质,性质决定应用"的观念,导入并强调以"结构—性质—用途"为主线分析研究有机物的一般思路,以此为主线开展课程教学,建立对物质学习思路和方法的认知模型,科学引导学生多角度、全方位地展开探索与思考,最终得出合理推论。

(2)通过完成制备1,2-二溴乙烷的挑战性任务,能从化学键的角度深度认识乙烯结构与加成反应的关系,并通过真实情境进行提出问题—做出假设—验证猜想—得出结论—交流分享的科学研究环节,引导学生探究乙烯的结构特点、物理性质及化学性质。

(3)通过乙烯在生产生活中的广泛应用,了解乙烯对于促进社会发展、工业进步、生活水平提升等领域的重要作用,感知其重要的应用价值,培养学生"学以致用、以学促用"的思考及能力,引导学生秉承科学严谨的学习态度和逐步树立担当实干的社会责任感。

2.评价目标

(1)通过任务驱动让学生初步认识乙烯,引导学生学习乙烯的来源、结构、物理及化学性质等基础理论知识,诊断并发展学生对乙烯组成和结构的认识水平。

(2)指导学生完成乙烯与高锰酸钾反应、与液溴反应的实验,提升学生思维和实验能力。从旧键断裂、新键生成的角度分析反应原理,引入加成反应的概念,并用模型引导学生自主完成反应方程式的书写。

(3)通过观察学生通过学习本节课程后对乙烯认知的反馈,从科学价值、学科价值等多方面进行综合考察和评判,预估是否达到教学目标。

二、教学与评价思路(见图1)

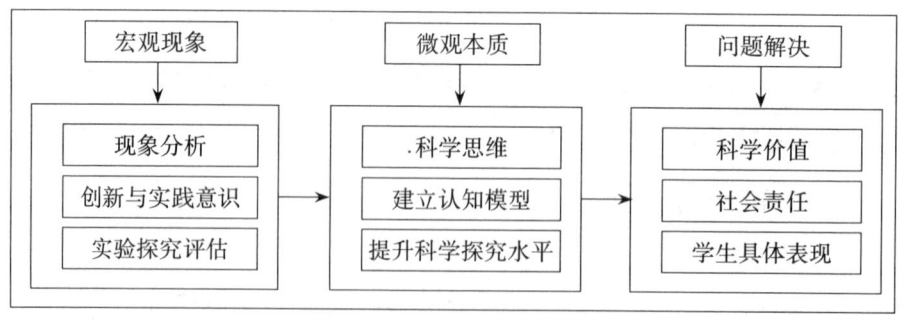

图1 "乙烯"教学与评价示意图

三、教学流程

1.宏观现象

教学任务1:引导学生设计实验,通过乙烯的燃烧、乙烯与高锰酸钾反应、乙烯与溴的四氯化碳反应三个实验来验证乙烯的化学性质。

评价任务1:培养学生自主实践能力和树立科学研究态度。教师通过展示乙烯在日常生产生活中的广泛应用及石油化工领域制取乙烯的全流程,引导组织学生完成设定实验,并通过"学生提问—设计方案—设计实验—验证猜想—得出结论—交流分享"的科学论证流程,让学生探究掌握乙烯的化学性质,培养学生自主思考能力和实验分析能力。

2.微观本质

教学任务2:探究制备1,2-二溴乙烷的原料和原理,并从断键成键角度去认识加成反应,深化学习物质的具体科学方法,揭示加成反应的本质。

评价任务2:培养学生微观探析与宏观探析素养,增强学生的证据推理和模型认知素养。乙烯作为一种有机化合物,在现实生活中切实存在,具有特定的分子结构、物理性质与化学性质,在实际生产生活中具有显著的作用与价值,要在这一任务中,设计教学环节帮助学生构建有机化合物"结构—性质—用途"模型认知。在认识乙烯的结构时,学生搭建乙烯的球棍模型,从而进一步认识乙烯的空间构型。在讲解完乙烯的加成反应后,让两名学生模拟加成反应断键成键的过程,并用化学符号把这一过程书写下来,通过这种方式加深学生对乙烯微观变化的认识,培养学生微观探析、模型认知以及证据推理的化学素养。在学生制备1,2-二溴乙烷的挑战性任务中,老师搭建支架,引导学生关注碳骨架,从断键成键角度去认识加成反应,辅以验证实验,从而促进学生从化学键视角认识有机化合物"结构决定性质"的学科思想,帮助学生发展"宏观辨识与微观探析"的学科核心素养。

3.问题解决

教学任务3:展示工业上生产1,2-二溴乙烷的方法,讲授乙烯的相关史料与加成反应,彰显乙烯作为化工原料的重要价值,让学生了解并感受有机化学对个人生活和社会发展的贡献。

评价任务3:通过学生学习情况判断学生对乙烯在生活中的价值的认识,培养学生的社会责任感。进一步提升学生对乙烯的认识,从成键、断键角度用模型演示乙烯与氢气反应制备乙烷、与水反应制备乙醇,引导学生自主完成化学方程式的书写,提醒学生用结构简式或结构式写,并强调反应条件为催化剂。用演示乙烯的加成的反应,引入聚合反应、加聚反应、单体、链节、聚合度的概念。引导学生对相关知识的学习与掌握。

四、教学反思

"乙烯"不仅是高中化学必修课程中的重要内容,还是石油化工不可或缺的原材料,在人类生活中扮演着重要的角色,这体现了本节内容的学科价值和社会价值。通过解密石油化工产品认识乙烯,有利于培养学生化学学科素养。对此,在本节课的基础上对教学设计进行再认识、再思考。

1.积极创设教学情境,激发学生学习欲望

《普通高中化学课程标准(2017年版)》中明确指出:发展学生核心素养离不开真实、具体的教学情境设置,创设教学情境在教学环节中显得尤为重要。具体教学过程中,教师可根据教材内容设计学生感兴趣的情境,如本节课任务1:探究制备1,2-二溴乙烷,以贵州铜仁某村村主任的求助信为情境,请同学思考有效治疗松线虫病的药物1,2-二溴乙烷的制备方法。任务2:原料的存放,以村主任提醒乙烯的存放注意火源为情境进行学习。任务3:水果保鲜,以村主任为答谢学生,给学生带了些水果,箱子中放了含有高锰酸钾的硅藻土对水果进行保鲜为情境。以乙烯的性质研究为主线设置真实情境,激发发生的学习兴趣和求知欲。学生在探究过程中,不仅掌握了乙烯的结构、性质,同时还深刻感知乙烯在生活中的用途,认识乙烯的社会价值,进而培养学生养成正确的科学态度与社会责任感。

2.通过搭建支架,支撑学生深度学习

以"问题情境—学生活动—观念形成—素养发展"为教学主体环节,尽可能地为学生搭建学习支架,支撑学生深度学习,在利用证据进行推理过程时,关键在于如何给学生搭建支架,何如引导学生思考。对此,教师可基于课本知识通过问题情境设疑,形成问题串推动学生的深度思考。如在分析制备1,2-二溴乙

烷原理过程中,教师可根据任务精心准备问题:

(1)1,2-二溴乙烷与乙烷的结构区别在哪?

(2)如何将乙烷转化为1,2-二溴乙烷?

(3)用溴来取代乙烷制取1,2-二溴乙烷的方法有何缺点?

(4)有没有提高产量且无产物产生的制备方法? 可以从物质结构组成上验证你的猜想。

通过设计一系列导向性的问题,层层递进,激发学生思考,开拓学生思维,引导学生通过证据推理论证、推翻、再论证的探究过程,最后优化结果得出结论,从而实现深度学习。

3.推动"教、学、评"一体化教学,培养学生核心素养

新课标倡导教师在实施教学时应实现"教、学、评"一体化,这不仅是实施新课标的必然要求,同时也是实施有效性课堂的重要途径。在教学过程中,教师要坚持以发展学生学科素养为主要目标,通过合作探究、自主学习等学习方式进行引导式教学,通过课前学习评价、课中过程性评价及课后结果性评价等方式进行一体化教学,充分发挥学生的主体地位,发展化学"教、学、评"一体化教学,实现教学目标与评价目标的统一、学习任务与评价任务的一致,不断改进并完善化学教学,引导学生建立化学探究的一般模式,明确化学学科学习的一般思路。

"教、学、评"一体化作为新课程指导下的重要路径和基本要求,对教师培养学生核心素养提出了更高的要求。教学设计要明确教学目标—任务—评价,引导学生掌握更多学习化学的方法和思想,让学生真实感受化学学科的价值以及研究它的神秘与乐趣,从而实现化学学科教育的更好发展。

第四篇 "三主"教研模式实践

贵阳二中"三主"教研模式成形于2019年,在学校入选新课程新教材实施国家级示范校后,成为学校主推的一种常态教研形式。它以研、教、评一体化的特点,获得广大教师的认可,并于2022年依托中国教师研修网在面向全国直播的大型主题教研活动中展示。它以专题教研为主要内容,将教师对"三新"改革的研究、课堂教学实践和教学评价融合为一次教研活动,通过系列化活动,完成学校教师对"三新"改革的学习与实践。本篇所选案例,覆盖了各大学科,可以基本展现贵阳二中在"三主"教研模式推广过程中的实践情况。

1.

语文组"三主"教研精选案例(一)

主题:物性不穷,义理无尽——古代诗歌意象赏析
课题:"菊"意象品析
团队:主讲——朱康旭;主教——毛世航;主评——陈文灵

物性不穷,义理无尽

——新课标背景下的意象分析教学探讨

主讲教师　朱康旭

一、明确专题的上位要求

1.新课标的要求

贵州省2023届学生所用教材虽然为老教材,但是新课改不是断崖式的改革,而是讲求循序渐进,因而作为新课改前最后一届,我们极有必要研读新课标。新课标告诉我们,语文课程是一门学习汉语语言文字运用的综合性、实践性课程,是工具性与人文性的统一;语文学习要为学生终身学习奠定基础,为传承和发展中华文化、增强民族凝聚力和创造力发挥独特的功能,为培养德智体美劳全面发展的社会主义建设者和接班人发挥应有的作用;新课标倡导的基本理念要求我们的语文课堂要充分发挥语文课程的育人功能,增强文化自信,坚持立德树人;推进语文课程深层次的改革,要以核心素养为本。结合对新课标的解读以及人教版选修教材中《古代诗文鉴赏》的教学实际,我们决定从诗歌鉴

赏入手,以新思想分析老教材,践行对学生核心素养及其关键能力培养的目标,探究新课标与老教材之间的联系。

2.高考对诗歌鉴赏的要求

高考试卷中的诗歌鉴赏试题一直都是不易突破的难点,在《2019年普通高等学校招生全国统一考试大纲》中,对诗歌阅读部分能力层级的要求是:

理解B:了解并掌握常见的古代文化知识。

分析综合C:(1)筛选并整合文中信息;(2)归纳内容要点,概括中心意思;(3)分析概括作者在文中的观点态度。

鉴赏评价D:(1)鉴赏文学作品的形象、语言和表达技巧;(2)评价文章的思想内容和作者的观点态度。

上述要求与往年相比并无变化。高考中诗歌鉴赏试题也依据考纲的具体要求进行考查。以全国卷为例,自2017年起,2道主观题便改为1道客观题、1道主观题,2道试题兼顾C、D两个层级。如2019年全国Ⅱ卷的诗歌主观题提问《投长沙裴侍郎》颈联的具体场景"在情感表达和结构安排方面有什么作用",考查评价鉴赏能力;客观题中"诗人希望自己能凭借真才实学通过正常渠道进身,而不愿去寻找捷径"等选项,问及诗歌内容及情感,主要考查分析概括作者观点态度的综合能力。

基于对考纲的分析,我们发现高考对学生诗歌赏析能力的要求就是对学生语言建构与运用、思维发展与提升、审美鉴赏与创造、文化传承与理解的能力要求,就是学生核心素养培养结果的体现。

纵观诗歌鉴赏教学的知识点,什么样的知识在培养学生核心素养以及听说读写关键能力的同时,又能够让学生减少对诗歌赏析的畏难情绪并且能够激发学生积累知识以及对中华文化的兴趣呢? 基于以上思考,我们将目光聚焦到了意象。

二、梳理意象在诗歌鉴赏中的作用

意象,是诗歌语言的灵魂,诗的观念就包含在意象中。意象是诗词最重要的审美领域,是融入了诗人主观情感的客观物象,是诗人内在情感的外在投射,对于作诗、品诗传统绵延千百年之久的中国人而言,诗歌更是传导着国人的文化心理和审美人格。中国诗学向来重视"意"与"象"的关系、"形"与"神"的关系,并长于借意象营造画面、托象言志。而读者也可以沿着作者意象的踪迹,欣赏"象外之境",溯洄"象外之意",收获读诗的审美体验。教育的目的在于立德树人、强国兴邦,从意象切入古诗词课文和习题的教学,具有提纲挈领、牵一发而动全身的显著作用,这种教学思路可以同时引导学生理解诗意、把握诗情、体味诗美,符合学生的审美需要和考试需求,对古诗词教学而言,是一种事半功倍的途径,合乎诗词鉴赏的认知与学习规律。

1.日常诗歌鉴赏教学对意象分析的重视

我们会发现,意象是打开诗歌的钥匙。这一点早已被教材编写者发现,并在教材中用大量铺垫来帮助真实课堂上的诗歌鉴赏教学。以人教版高中语文教材为例,其中诗歌内容基本囊括了歌行体诗、律诗、词等不同体裁,涉及先秦、魏晋、唐宋等不同时代,所选篇目均是各家各派扛鼎之作。体会这些作品的精神内涵、审美追求和文化价值,能够帮助学生积累古诗词阅读经验,培养审美兴趣,加强对中华民族文化的认同感、自豪感。表1、表2是教材中出现过的重点意象。

(1)自然意象。

表1 古诗植物类意象表

意象	篇目	表现功能	渲染意境	寄托情志
桑	《氓》	比喻	喻指女子的容颜;喻指男子对女子的爱情	抒发色衰爱弛的悲哀
薇	《采薇》	起兴	引出下文士兵经年从军,思乡念亲的抒情	以薇的生长暗指时间的流逝
荷花/菱荷	《离骚》	象征	喻指美好德行	抒发高洁情志
	《涉江采芙蓉》	象征	喻指美好德行	抒发高洁情志
	《望海潮》	描述	渲染美丽清新的意境	表达对美景的赞美
菊	《秋兴八首(其一)》	描述	暗指时光流逝	表达滞留他乡而思乡的悲伤
	《醉花阴》	描述	衬托人清瘦	脱俗的情志和高洁的情志
	《声声慢》	描述	渲染凄清寂寥的意境	表达孤寂之情、惜花之情
落花	《春江花月夜》	描述	渲染凄清寂寥的意境	伤春惜时、时间流逝之愁

续表

意象	篇目	表现功能	渲染意境	寄托情志
落叶/枫叶	《登高》	描述	渲染悲凉壮阔的意境	表达时间流逝却壮志未酬、归乡不得的哀愁
	《琵琶行》	描述	渲染凄清萧索的意境	表达别离之愁
	《定风波》	象征	渲染萧索寒冷的意境	喻指人生中的艰难困苦
	《声声慢》	描述	渲染凄清萧索的意境，表现时间流逝	表达孤独寂寞之情、家亡国破之痛
梧桐	《长恨歌》	描述	渲染凄清萧索的意境，表现时间流逝	表达孤独寂寞之情
柳	《雨霖铃》	描述	表现送别场景	表现对友人依依不舍之情
	《归园田居(其一)》	描述	渲染生机勃勃、闲适优美的意境	表达对田园生活的热爱
	《望海潮》	描述	渲染华丽的美景	表达对美景的赞颂
荠麦	《扬州慢》	描述	渲染荒凉衰败的意境	表达物是人非、昔盛今衰的感慨

表2 古诗气象类意象表

意象	篇目	表现功能	渲染意境	寄托情志
雨	《琵琶行》	比喻	表现琴声激越,琵琶女技艺超群	对琵琶女技艺的赞美
	《定风波》	比喻	比喻人生中的困难	表达无所畏惧、洒脱旷达之志
	《水龙吟·登建康赏心亭》	比喻	比喻国势飘摇动荡不安	表达对国运的担忧
	《声声慢》	描述	渲染凄清寂寥的意境	表达愁情
朝露/玉露	《短歌行》	比喻	比喻时光如清晨露水转瞬即逝	时光短暂易逝的慨叹
	《秋兴八首》	描述	渲染秋天凄切的意境	时间的流逝的慨叹
风云	《秋兴八首(其一)》	比喻	渲染昏暗阴沉的意境	喻指时局的动荡不安
	《登高》	描述	渲染凄凉萧索的意境	表达愁情
	《雨霖铃》	描述	渲染凄清寂寥的意境	表达离别的愁情
	《水龙吟·登建康赏心亭》	典故	西风起,季鹰思念鲈鱼之典	表达思乡之情
	《咏怀古迹》	比喻	喻指昭君的美貌	表达对美景的赞美

续表

意象	篇目	表现功能	渲染意境	寄托情志
霜雪	《望海潮》	比喻	喻指汹涌波涛,表现江水的浩荡澎湃,渲染壮阔雄奇的意境	表达对江南的赞美和留恋
	《菩萨蛮(其二)》	比喻	喻指女子洁白的双臂	表达对美景的赞美
	《念奴娇·赤壁怀古》	比喻	喻指翻涌的浪花,以江水的浩荡澎湃,渲染壮阔雄奇的意境	激发怀古追思之情

在目前主流的意象分析教学策略中,老师们大多选择以如何分析把握意象、寻找中国古典意象背后蕴含的传统文化精神为教学内容,以加强学生对诗歌的领悟能力,灌输以意象、意境为钥匙解读诗歌的意识,以提升学生在古典诗词上的综合审美能力和理解能力为教学目标,辅以诵读教学法、分类归纳法、联想想象法来完成意象分析教学。对意象的分析过程就是对学生直觉思维、形象思维、逻辑思维、辩证思维和创造思维的锤炼。学生通过分析过程中的阅读与鉴赏、表达与交流、梳理与探究等语文实践,积累言语经验,把握语文运用的规律,学会语文运用的方法,有效地提高语文能力,并在学习语言文字运用的过程中促进方法、习惯及情感态度与价值观的综合发展。

2.意象的分析能帮助学生达成诗歌鉴赏的要求

然而这并不是我们选择研究意象分析教学的根本原因,表3是我校学生从高二入学考试开始的诗歌赏析主观题的答题情况。基于学生年级水平,几乎每次诗歌鉴赏主观题我们都会以诗人情感作为提问对象来设计,但是学生均分如表3所示,上下起伏波动较大,且波动幅度与频率并不因他们日渐成熟的心灵而转移。基于学情可知,学生的主要问题是对于诗歌基本内容的理解以及对诗人情感的把握不到位,所以,如何准确把握诗人情感是我们的教学重点,而对意象的分析,正是打开诗人情感的方便之门。

表3 贵阳二中2023届高二年级学生古诗鉴赏题得分率统计表

考试	高二上收心考试	10月联考	质量检测	高二上期末考试	高二下收心考试	高二下4月月考
年级得分率	64.37%	32.34%	37.47%	48.75%	43.67%	65.19%

三、"物性不穷,义理无尽"课教学设计分析

本次授课,我们以经典传统意象"菊花"为例,以曲水流觞为媒的赏菊诗会为情境,旨在引领学生感受古代文人雅士高雅情怀的同时,通过分析不同诗歌中"菊"这一意象特点的不同,培养审美鉴赏与思维发展的能力,理解中华文化中"菊"文化的变与不变;通过规范学生课上表达,促进学生形成个体言语经验,发展学生在具体语言情境中正确有效地运用汉语语言文字进行交流沟通的能力;通过激发学生现场创作诗歌的兴趣,培养学生审美创造的能力。最终将这把打开诗歌情感的钥匙,郑重地交到学生手上,完成对其思维品质的提升。

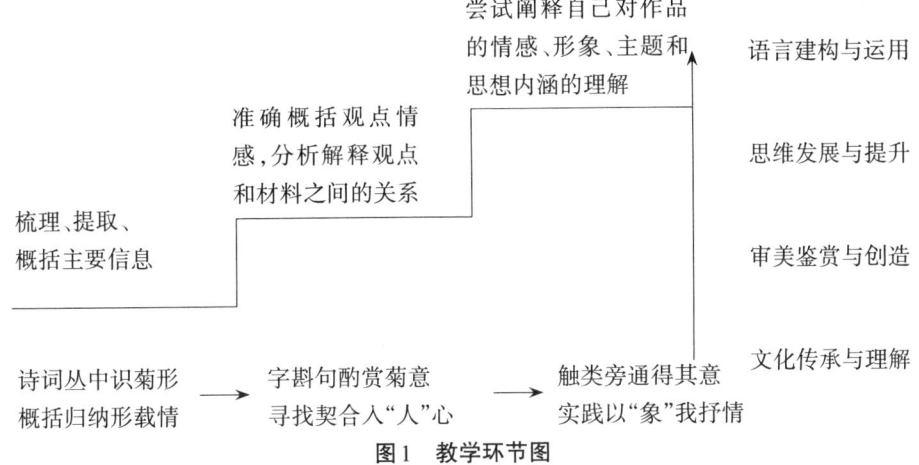

图1 教学环节图

"读别人的故事,过自己的人生",诗歌是精炼的灵魂,是有限篇幅里的无限感怀。我们希望学生能够通过这样的学习,把握诗歌基本内容,通晓诗歌中蕴含的情感,在有限的人生之路上,拓宽眼界和胸怀。

物性不穷,义理无尽

——"菊"意象品析教学实录

主教教师 毛世航

一、课标解读

高中语文课程标准提出:语文课堂要以学生为主体,注重学生个体的实际,在体验中提升学生能力,培养学生的创新意识。课堂要求教师引导而不灌输,在尊重文本的基础上培养学生独立阅读的能力,同时也注重课堂对学生实际阅读水平的提高。

本课教学严格遵照高中新课程标准要求,把学生作为主体,重在体验与感知,在体验诗歌"菊"意象的基础之上结合情境写作加强学生的思维和运用能力,为学生后期的诗歌学习打下坚实的基础。

二、学情分析

高二学生对古代诗歌已经有一定的接触与了解,积累了一些鉴赏方法,但对古代诗歌阅读兴趣不甚浓厚,理解作品的思想内涵、领悟作品的艺术魅力还会遇到一些障碍。学生联想和想象不够,使得鉴赏活动流于形式。面对这一情况,本节课运用文学情境引领学生进入诗歌意境。新课程标准要求语文教学能引导学生阅读优秀作品,品味语言,感受其思想、艺术魅力,发展想象力和审美力,本节课也将引导学生进行思维提升。

三、教学目标

1.语言的建构与运用

通过提炼描写物象特征的词语,用自己的语言概括意象特点。

2.思维发展与提升

学生能够分析所咏之物的外在特征、环境特点。挖掘物象内在品格和精神,抓住"物"与"志"的契合点。

3.审美鉴赏与创造

通过用菊抒我情,学生对菊进行鉴赏,并从中获得美感的体验。

4.文化传承与理解

学生通过菊意蕴的探究及"以菊抒情"的活动,感悟中国文人"观物性之生生不穷,以明义理之源源无尽"的文化脉络。

四、教学方法

诵读法、讨论法、点拨法、探究法。

五、教学课时

1课时。

六、教学工具

多媒体PPT。

七、教学过程

1.情境导入,创设氛围

师:中国是一个爱诗的国度,中华民族是一个爱诗的民族。古有曲水流觞,今天我们就在这样的文化氛围下进行班级诗会,今天诗会的主题是"菊"。

2.教学活动一:诗句接龙,激兴趣

师:请同学们以接龙的形式说出你知道的关于菊的诗句。

生:待到重阳日,还来就菊花;不是花中偏爱菊,此花开尽更无花;东篱把酒黄昏后,有暗香盈袖;宁可枝头抱香死,何曾吹落北风中……

师评:同学们的接龙让我仿若置身于诗词大会飞花令的现场,同学们的诗词积淀很深厚呀。那么下面我们接着对菊进行品读。

3.教学活动二:从言出发,识菊形

师:诗歌是由言到象、从象到意的。在文化的菊园中,我们先用语言感知菊的魅力。(配乐诵读,声情共鸣。)

生:(配乐诵读《文字菊园》的诗词)

菊花

[唐]元稹

秋丛绕舍似陶家,遍绕篱边日渐斜。

不是花中偏爱菊,此花开尽更无花。

菊

[唐]李商隐

暗暗淡淡紫,融融冶冶黄。

陶令篱边色,罗含宅里香。

几时禁重露,实是怯残阳。

愿泛金鹦鹉,升君白玉堂。

叹庭前甘菊花

[唐]杜甫

庭前甘菊移时晚,青蕊重阳不堪摘。

明日萧条醉尽醒,残花烂熳开何益?

篱边野外多众芳,采撷细琐升中堂。

念兹空长大枝叶,结根失所缠风霜。

饮酒(其五)

[东晋]陶渊明

结庐在人境,而无车马喧。

问君何能尔?心远地自偏。

采菊东篱下,悠然见南山。

山气日夕佳,飞鸟相与还。

此中有真意,欲辨已忘言。

蝶恋花

[北宋]晏几道

黄菊开时伤聚散。曾记花前,共说深深愿。重见金英人未见。相思一夜天涯远。

罗带同心闲结遍。带易成双,人恨成双晚。欲写彩笺书别怨。泪痕早已先书满。

九日

[唐]杜甫

重阳独酌杯中酒,抱病起登江上台。

竹叶于人既无分,菊花从此不须开。

殊方日落玄猿哭,旧国霜前白雁来。

弟妹萧条各何往,干戈衰谢两相催。

师:同学们的诵读感情饱满,让老师沉醉了! 我们之前学过李清照的"人比黄花瘦",老师看到了一株枯瘦的菊的形态。下面请同学在这六首诗词中选两首进行品读,说说你看到了一株怎样的菊。

(要求:用语言描述。PPT建议采用句式:在××诗中,我看到了一株××的菊。)

生1:我从《菊花》《饮酒》中看到了一株独自绽放的菊。

生2:我从《菊》中看到一株全开的菊、从《九日》中看到一株凋零的菊。

生3:我从《叹庭前甘菊花》《蝶恋花》中看到一株相思的菊。

(师及时提醒学生要用形态的词语,相思是情感字词)

师总结:对事物的观察与描摹,往往是写作的起点,也是阅读的起点。通过对菊形的品析,同学们可以关联到哪些情感呢?(边听学生说边板书)

生1:从《九日》"竹叶于人既无分,菊花从此不须开"中菊花半开不开的状态感悟到家国之情。

生2:从《蝶恋花》"黄菊开时伤聚散"中菊花的凋零感受到相思之情。

生3:从《叹庭前甘菊花》中菊花移栽未开状态感悟到怀才不遇之情。

生4:从《菊》"暗暗淡淡紫,融融冶冶黄。陶令篱边色,罗含宅里香"中菊花的颜色看到了隐逸之情。

生5:从《菊花》"此花开尽更无花"中菊花的独立开放看到了高洁的品质。

4.教学活动三:从形品味,赏菊意

(学生小组活动谈论情感,老师也总结菊的一些情感知识。菊意蕴的一隅:高洁操守、怀才不遇、感伤孤独、隐逸之情、离别之殇、故土之思。)

师总结:同学们观察菊形,通过托物言志的桥梁,感悟到菊不同的意蕴,这不正是抓住了"物"与"志"的契合点,揣摩出了诗人所托之情和所言之志了吗!

5.教学活动四:以菊抒情,作诗词

(以曲水流觞为活动,传到谁就诵读自己的作品)

师:请同学们面对现在的生活,按照课上分析"菊"的思路,借用或者化用关于"菊"的诗,自创一首写菊诗,不限诗体。

生1:北风吹尽百花散,唯有菊花意张扬。不想与群芳争艳,只惜自身有傲骨。

(实时图片投影,请学生一起分析这首诗歌好在哪里,欠缺了我们所学的哪些地方,让学生明白从形到意的过程)

生2:小园满生香,秋色蕴园中。晋陶独爱菊,惟它品节高。

生3:菊花开,满地杂,万物凋零叶泛黄。登楼望一片黄花尽染,去时重群艳无与争苦。待来年仲秋,金菊仍肆意张扬。

生4:盛菊,绽于金秋,宛如我们曾经的年长苦长。残菊,凋于寒秋,宛如我们将来的年老病衰。

(在同学的展示、修改中让学生明白咏物诗的情是与物有很强的关联的,不能跳过形直接达意)

师总结:同学们刚刚通过以菊抒情的诗词创作,以菊意表达了自己的情,这正是菊物性的不穷、义理的源源无尽。诗词中意象远不止菊,希望同学们在今后诗歌的鉴赏中发现更多意象物性的不穷、义理的无尽。

6.作业布置

请学生从"梅、兰、竹、月"意象中选取一个意象做一期摘抄分享。

"物性不穷,义理无尽"课例观察与评价

主评教师　陈文灵

毛世航老师展示的以"菊"为主题的"物性不穷,义理无尽"意象分析课,选用了陶渊明、李商隐、杜甫、元稹、晏几道等诗人的"写菊"之作,引导学生通过对同主题不同作品的比较阅读,感受不同诗人独特的创作视角和风格。教学环节

及问题设置体现了对学生语文核心素养中"语言建构与运用""思维发展与提升""审美鉴赏与创造""文化传承与理解"四方面的培养,主要指向个人体验、学科认知两个情境,通过阅读、鉴赏、梳理、探究活动,达到对学生筛选与提炼、整体感知、推理评价、鉴赏评价等关键认知能力的培养。

该课堂设置"曲水流觞""含义写作"的"再创菊诗"情境,将古诗词放入传统文化语境里去理解,并以学生当下的文化与民俗体验载体与诗歌里的文化之美展开多向对话。通过情境中的问题链引导学生学习,搭建资源支架(群诗、配乐)、活动支架(吟诗写诗)、知识支架(理论指导、知识介绍、方法总结),逐步帮助学生形成知识体系,取得较好效果。

一、观察依据

崔允漷教授在2008年提出了以"学生学习"(关注学生怎么学,学得怎样)、"教师教学"(关注教师怎么导,导得怎样,是否有效)、"课程性质"(教和学内容是什么,学科特点和本质)、"课堂文化"(关注课堂整体感受,互动、对话与交往)为四个基本维度的课堂观察框架,选择多样化的视角对课堂进行观察分析。

本次课堂观察在课堂活动全息观察的基础上,借助以上四个维度、20个视角对关键问题聚焦观察。观察者采用语言流动图、提问技巧观察图、教学程序(时间分配)表等观察工具,对教学过程进行数据记录和分析,发现课堂的亮点与问题,进行反思与建议,达到诊断和建议的观察目的,促进教师专业发展,从而促进学生的学。

二、观察结果与分析

1.教学目标分析

(1)语言建构与运用。对于语言的品味,不能只是简单地筛选,学生根据诗句概述物象特点的环节就是训练语言与思维缜密性的良机。毛老师要求学生尽量用"双音节词"概括物象特点,体现对学生语言思维精准的培养。学生通过提炼诗中描写物象特征的词语,用自己的语言概括意象特点,也是训练思维和语言的精准体现。然而,毛老师带领学生品味诗词语言时略有不足。对诗词语言的品味,不能只是简单地揭示修辞手法,简单地说明修辞手法的作用,而要深入语言的内部,关注语用,从语言的建构与运用入手,了解诗的语言形成机制。

(2)思维发展与提升。学生分析所咏之物的外在特征、环境特点,挖掘物象内在品格和精神,抓住"物"与"志"的契合点。注重考虑意象与诗人之间的相似性与相关性。引领学生意识到意象与情感之间搭建的桥梁,学生的思维其实已经得到发展与提升。

(3)审美鉴赏与创造。通过用菊抒我情,学生对菊进行鉴赏,并从中获得美感的体验。诗歌的意境,总是言有尽而意无穷。由于菊意有抽象性,借助菊意探究及菊抒我情的情境,学生能够发挥自己的联想(相似、相关、相反、哲理)和想象,补足诗歌的意境,感知审美。

(4)文化传承与理解。学生通过菊意蕴的探究及"以菊抒情"的活动,感悟中国文人"观物性之生生不穷,以明义理之源源无尽"的文化脉络。在借助群诗分析"菊"意象时,实际已触及文化的传承。比如曲水流觞、飞花令,涉及文人雅事、古代习俗;"菊"暗含的高洁操守、怀才不遇、隐逸之情、离别之殇、故土之思,都涉及中国古代君子人格在花草树木中的隐喻以及中华文化精神在此意象中的象征。

2.教学程序分析

从教学环节来看,授课教师通过曲水流觞咏菊诗、从言出发识菊形、从形品味赏菊意、以菊抒情创菊诗四个呈现思维层层递进且具有逻辑性的梯度环节,引领学生的思维呈现出感知、理解、思考、共鸣的递进,并且在各环节中都注重学生对语言文字的落实,实现了于语言感知中获得诗意感发,于语言深潜中打开意境层次、涵泳诗之情意、拓展诗性对话、观照文化精神的教学效果。见图1。

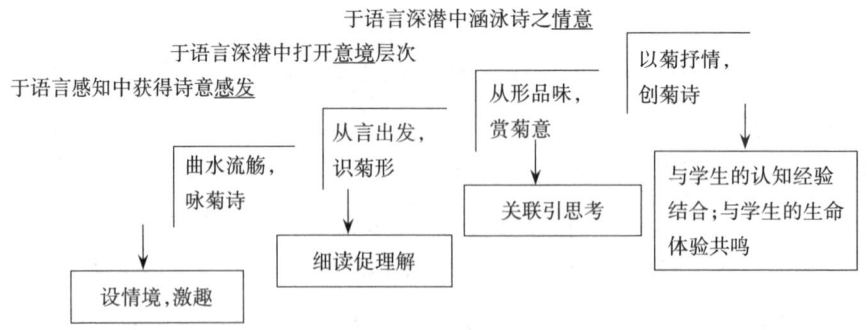

图1　教学程序

从表1教学程序分配的时间来看,授课教师给学生留有一定的思考和讨论时间,锻炼了学生的思维能力,让学生之间的互动、交流观点、相互学习得到充分体现。

表1 教学程序时间分配

	教师讲解	师生问答	合作伙伴学习	学生自学	非教学	合计
时间	10	22	12	2	0	46
占总课(%)	21.74%	47.83%	26.08%	4.35%	0	100%

通过表2可以发现,授课教师极少用命令、要求或批评的言语打击学生的积极性,而是运用接纳学生情感、接受或使用学生想法的言语行为来鼓励和表扬学生。这有利于对学生积极发言、大胆质疑行为产生正向强化,利于发展学生个性以及思维活跃性。

表2 问答技巧统计表

行为类别		频次	
A.提出问题的类型		16	
1.事实(是什么？怎么样？什么时候？……)	11		低认知水平(14)
2.理解(用自己的语言表述)	2		
3.应用(知识应用到新领域)	1		
4.分析(运用多种材料验证观点)	1		高认知水平(2)
5.综合(整合已有知识解决问题)	1		
6.评价(有理有据做出判断并清楚解释)	0		
B.挑选回答问题方式		14	
1.提问前,先点名	1		
2.提问后,让学生齐答	0		
3.提问后,叫举手者答	11		
4.提问后,叫未举手者答	1		
5.提问后,改问其他同学	1		
C.教师理答方式		31	
1.打断学生回答,或自己代答	5		
2.对学生回答不理睬,或消极批评	0		

续表

行为类别	频次
3.重复自己的问题或学生的答案	19
4.对学生的回答表示鼓励、称赞	6
5.鼓励学生提出问题	1
D.停顿	1
1.提问后,没有停顿或停顿不足3秒	1
2.提问后,停顿过长	0
3.提问后,适当停顿3~5秒	0
4.学生答不出来,耐心等待几秒	0
5.对特殊需要的学生,适当多等几秒	0
E.学生回答的类型	17
1.无回答	1
2.机械判断是、否	2
3.认知记忆性回答	5
4.推理性回答	9
5.创造评价性回答	0
F.学生回答方式	16
1.集体齐答	2
2.讨论后汇报	12
3.个别回答	1
4.自由答	1

授课教师提出问题之后,学生广泛参与,都能积极思考并主动回答。说明学生的学习主体地位得到了充分的彰显。但该课堂教学师生言语行为互动的问答模式仍相对单一。学生回答类型多是认知记忆性回答,无创造评价性回答,方式主要是讨论后汇报,缺少个别回答,建议将课堂教学师生言语行为互动的问答模式尽量向多元化调整。

3.教学问答分析

(1)毛老师的讲授和提问仍是主要的教学方式。教师的提问应该能为学生提供积极思考的启发点,进而运用所学内容分析或讨论。问题应该包括多种认

知层次,还应该清晰、简洁、自然和发人深省。问题应该有选择地编排,以实现预期的教学计划。应让更多学生有回答的机会并留有思考的时间。学生的回答应受到积极的反馈或跟进的追问。

(2)毛老师的课堂追问集中在菊形、菊意这两个环节。这样处理,有利于学生掌握学习重点,化解学习难点;能够引导学生深入思考问题,培养学生深层次的思维能力;注重培养学生积极思考和勇于质疑的学习品质。同时,也反映了教师有较强的处理教材、解读诗词的能力。见表3。

表3 教学环节追问频数统计表

教学环节	追问频数
导入	0
识菊形	3
赏菊意	6
以菊抒我情	8
总结,作业布置	0

(3)授课教师的追问方式集中在跟踪追问和发散追问两种方式。跟踪追问能够培养学生"打破砂锅问到底"的习惯,促使学生细读文本、提炼信息。发散追问有助于培养学生发散思维。根据学习目标可以发现,本课的追问方式若能侧重因果追问与逆向追问,一方面能够给学生提供展示思维过程的机会,利于教师及时了解学生的学习过程和学习方法,以便调整教学策略,向学生提供具体的帮助;另一方面,能引导学生针对某一具体问题进行多角度、多层面分析与研究,培养学生反思能力,提升学生的思维水平。见表4。

表4 追问方式频次分析表

追问方式	跟踪追问	逆向追问	因果追问	发散追问	无意义追问	不恰当追问
频次	15	0	1	6	0	0

三、再教建议

1.重视生生对话,开展合作学习

本课更多采用了传统的教师提问、学生回答、教师评价的"对话"模式。建议教学设计过程中更重视生生对话,展开生生互评,将学生引入对话语境中,既给予学生提问的时间,让学生有解决还未理解的内容的机会,使学生能有更多的兴趣参与到课堂中来。例如:"创菊诗"这个过程中,应该让学生多动手和动口,老师主要是起指导和主持评价的作用,应注重多元化评价,让学生参与评价。

2.适时启发诱导,提供学习支架

追问,是不断追究"为什么"。不是在文本表层寻找信息,而是深入"肌肤""肠胃"乃至"骨髓";不只是在文内寻找答案,还要在文外追问和探索。探究"菊形、菊意"的问题设置应再细化,给学生设好支架,不要一步到位,应做到题意明确、可读性强,便于学生思考。问题提出后,要给学生足够的思考时间,减少不必要的重复,并增加有效且多样的追问这种提问方式。例如文本之间的比较:本课引用了朱熹后学熊刚大言:"横渠先生观物性之生生不穷,以明义理之源源无尽。"因此,教学中可以追问同一意象"菊"在不同诗人作品中蕴含不同情感的潜在原因,借此启发学生思考讨论中国古代君子人格在花草树木中的隐喻以及中华文化精神在此意象中的象征。

四、反思与启示

《普通高中语文课程标准(2017年版)》把学习任务群作为课程内容提出:"以任务为导向,以学习项目为载体,整合学习情境、学习内容、学习方法和学习资源,引导学生在运用语言的过程中提升语文素养。"然而,教师习惯通过讲授和提问组织课堂教学,学习任务往往作为检查学习效果或布置课后作业的手段,而不是作为驱动学生学习新知的工具。

教学的目的,并不在于完成具体的任务,而是在完成任务的过程中达成知识构建与能力养成,亦即解决学习上的诸多"问题"。任务设计与情境设置本身不是目的,"问题"的解决才是教学的目的。问题是本体,任务设计与情境安排是手段;问题是"体",任务与情境是"用"。三者的关系可概括为:以任务驱动问题解决,以情境优化任务设计。

该教学设计中"同学们,请你借用或者化用关于'菊'的诗句,再创作一两句写菊的诗句"这一情境的加持,当然可能打通学生与文本的关系,在生活与文本

之间建立关联,增加思考的限定性与精确性;通过"创菊诗"写作任务,解决学生在古诗词中学以致用的问题,这是设计者的意图。但除了读写结合、增加趣味性、检验学习效果之外,这个设计似乎并未能提供更多的东西。此处或许可以参考李煜晖老师以"中国古人与植物/菊的故事"为项目主题,引导学生合作创编诗词名物集和短评集的专题教学:

(1)教师选取一组群诗,从朗读、翻译、记忆、再现、共情、推理、概括、评价、仿写等能力指标出发,设置与之对应的学习任务,让学生在任务驱动下建构阅读观念与方法。

(2)请学生分组搜集一定数量的同类诗词并按照能力指标加工处理,用自己擅长的形式展示和分享学习成果。

(3)成立编辑部,研制诗词名物集的编写体例并分工撰写、编辑、校对、排版、印刷、发行。

(4)组织学生查阅文献材料,选择中华传统文化中的核心观念,如仁、义、礼、智、忠、信、孝、悌等,以"从中国古人与植物的故事看中华传统文化:_____(选填核心概念)"为题目,以诗集为素材,撰写短评……

只有情境的设置越来越具体,限定的因素越来越细,兼顾的要素越来越多,学生才能进行全面、综合和系统的分析与论证,实现在完成任务的过程中达成知识构建与能力养成的目标。

2.

语文组"三主"教研精选案例(二)

主题:小说作品联读

课题:析"变"之形,研"变"之道——语文《促织》《变形记》联读

团队:主讲——杨柳;主教——潘慧冰;主评——杨开珍

析"变"之形,研"变"之道

主讲教师　杨柳

此次针对授课内容:析"变"之形,研"变"之道——《促织》《变形记》联读进行说课,我将从理论依据、课程分析、学情分析、教学设计、教学反思、设计亮点这几个方面展开。

一、理论依据

首先从理论依据上来看,普通高中语文课程标准强调以核心素养为纲,以学生的语文实践活动为主线,要求高中生能够阅读不同类型的文本并掌握不同文本的阅读方式,提高阅读效率。

在此背景下,群文阅读应运而生,帮助学生通过综合对比、分析异同、赏析交流,发表自己的观点看法,既减少阅读中少量、慢速、质量差的问题,又使学生在自主、合作、探究的过程中增强自身的学习能力,提高高中语文核心素养,促进学生综合实力的提升。因此,本课题从人教版必修下册第六单元中挑选文章进行多篇教学。

二、课程分析

从课程分析上来看,新课改之后语文教学的一大特点就是单元式的教学。

我们所选定的单元属于文学阅读与写作学习任务群,旨在引导学生阅读文本,在感受形象、品味语言、体验情感的过程中提升文学欣赏能力,并尝试要求学生注意知人论世,关注作品的社会批判性,了解作者如何运用多种艺术手法实现创作意图,品味小说在形象、情节、语言等方面的独特魅力,欣赏小说不同的风格类型并借鉴小说技法进行创作。

本单元第14课由《促织》和《变形记》(节选)两篇小说组成。其中《促织》是一篇中国古代文言小说,选自蒲松龄的《聊斋志异》,讲述了宣德年间,因皇帝热爱促织而导致"每责一头,辄倾数家之产",于是成名年仅九岁的儿子甘愿化身促织为全家解除困境,甚至带来荣华富贵;而《变形记》是出自卡夫卡的一篇西方现代派小说,描述了格里高尔经受着巨大的工作、生活、家庭压力,突然有一天醒来变成了一只吓人的甲壳虫,而他周遭的人在发现他的异化后也表现出截然不同的态度,致使他最终被渐渐遗忘、孤独死去的故事。两篇小说的共同之处是都讲了一个"人变为虫"的"幻化"故事,表现出神秘、荒诞的倾向,展现人物的生存境况,进而表达"变形"中寄寓的社会批判意味。将两篇文章放在一起,充分体现了教材编写者的意图。

三、学情分析

从学情分析上来看,学生上学期曾经学过《百合花》和《哦,香雪》这两篇诗化小说,因此具备一定的知识储备,也有一定的自读经验,能够掌握阅读和鉴赏小说的一些基本方法。因此在讲授的过程中,应注重知识的迁移运用,鼓励学生灵活运用各种方法对两篇文本进行解读,教师可以提供一定的学习资料,提高自主学习效率,加深此次阅读的深度。

两篇小说一篇是文言文,一篇幅度较长,对学生来说颇具挑战性。且高中阶段学生大多很难理解卡夫卡的精神世界,对其"荒诞性"背后的内涵体悟不深,对小说情节的艺术手法存在疑惑,因此前期做好文言文的重难点字词句解释和两篇小说的情节梳理尤为重要。

此外,本课学习提示也做了如下描述:两篇小说都写了人化为虫的故事,匪夷所思又引人入胜。阅读时要注意情节的起伏和人物情感的变化,体会人物的生存境况,进而理解"变形"中寄寓的社会批判意味。同时,要注意比较两篇作品的异同,把握其各自的风格和特色。

四、教学设计

基于以上教材分析,我们以"人化为虫"的荒诞情节为出发点,分析变身前后的不同境况(包括人物自身以及他人反应等)与变身缘由,并探讨其中不符常理却具有情理的环节,初步掌握荒诞小说的特点。再据此比较中西方作品中荒诞性的异同,理解荒诞手法对社会现实的深沉批判,鼓励学生将此种手法融入写作之中,进行分析评价。

围绕以上阅读和写作任务,我们总共设计了三个课时:第一课时初读文本,梳理情节,概括人物变身前后的不同境况与变身缘由,完成表格;第二课时交流分享表格内容,感知荒诞小说的"荒诞中又有几分合情合理"的特点,并比较中西方在荒诞小说创作上的异同,体会荒诞性对现实生活的深刻批判;第三课时围绕真实情境,让学生运用荒诞手法进行创作,并设计量表展开评价分析。

此次授课内容为第二课时,我重点分析本节课的教学设计。

1.教学目标与重难点

根据相关内容,拟定了如下的教学目标:

(1)速读课文,梳理"人化为虫"的前后境况。

(2)研读课文,读懂荒诞小说的写法,并比较中西方作品中荒诞写法的异同。

(3)体会荒诞手法对社会现实的深沉批判,引发学生对成名之子与格里高尔异化背后因素的思考。

然后锁定重难点:初步感知荒诞的特点,学习读懂荒诞小说的方法,体会荒诞手法对社会现实的深沉批判。

2.学科素养的落实

从语文学科素养的落实情况上来看:

语言的建构与运用表现在学生自主阅读,勾画两篇文本的重要词句,梳理

整合观点后以口头或书面方式进行表述,并将言语活动经验转化为具体方法,落实到课后的练习中;

思维的发展与提升表现在感知荒诞概念中荒诞与真实相交织的特点,学会辩证看待问题,有理有据地阐述发现,同时比较中西方荒诞小说的异同,有利于提升思维品质,学会思辨性阅读;

审美的鉴赏与创造表现在两篇文本在语言、形象和情感上具有不同的美感,反复阅读有助于提高学生的审美情趣和审美品位,并学会美的表达;

文化的传承与理解表现在学习中西方荒诞小说不同的艺术创作手法,在不同的故事结局中感受中西方文化在文本中的浸润。

3.教法与学法

教法主要包括读书指导法(教会学生如何快速阅读,抓住关键词句梳理重要情节)、讲授法(引导学生思考问题,并对其不断点拨)、探究研讨法(鼓励学生形成自己的观点与看法并进行表述)、练习法(将所学习到的方法技能运用到具体操作中)。

学法则主要包括自主阅读、合作探究、讨论分析。

4.教学过程

教学过程首先以文学作品或影视作品中有"变化"的故事情节作为导入,例如《西游记》中孙悟空的七十二变、猪八戒的三十六变,还有热门的蜘蛛侠、巴啦啦小魔仙等,激发学生兴趣。

然后以梳理"人形异化"的前后不同情境作为活动一:

回忆上节课的情节梳理:《促织》里面的成名儿子变成了一只蟋蟀,而《变形记》中的格里高尔变成了一只大甲虫。分享交流自己所概括的"人形异化"前后的不同境况,包括主人公自身与周围的人物反应等。

接着进行活动二:荒诞与真实相交织。

通过梳理,学生感知到某些前后变化实在不可思议,具有不符合常理的荒诞性,于是抛出第一个任务:在两篇文本中找出你认为的荒诞情节并予以说明。当学生分享结束后,紧接着以《促织》中的一个荒诞情节"虫鸡大战"作为切入点,追问学生促织斗赢的动物为何是鸡而不是其他更凶猛的动物?引导学生发现荒诞小说最大的特点就是荒诞与真实相交织,超乎常理,但是也符合一定情理。据此再抛出第二个任务:让学生以此方法解读两篇小说中其他的一些荒诞与真实相交织的情节。

然后开展活动三:东西荒诞之异同。

两篇荒诞小说具有相同的特点,却以不同的结局收场,让学生自主发言,谈谈更喜欢哪篇小说的结局,进而引导他们思考这种荒诞的异化背后所具有的讽刺性与批判性。

最后进行小结:

两篇小说在荒诞与真实交织的背景下,结局看似截然不同,但是都反映了当时时代背景下社会压迫对人的改变,促使人的"异化",这种荒诞手法的运用都增强了对社会现实的批判性。正如钱钟书所说的"东海西海,心理攸同;南学北学,道术未裂"。

5.板书设计

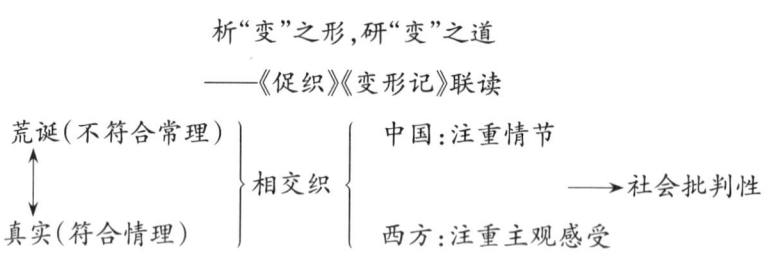

以不符合常理的荒诞与符合情理的真实相交织,引申到对比中西方在荒诞特点上的异同,最后归结于共有的社会批判性。

6.课后作业

学完这两篇课文,学生对两位主人公的异化有了自己的诸多思考,于是设置真实情境,布置相关作业:

人生在世,每个人都无法挣脱各种各样的压力。结束生命只是懦夫的消极逃避,将灵魂异化为虫亦是弱者的自欺与自弃。请以《格里高尔,我想对你说》为题写一封信,结合课文中的相关情节阐述对生活重压的理解。

以此让学生阐述自己的个人看法,认真思考异化背后的深刻含义。

五、教学反思

一是两篇课文的篇幅较长,且其中一篇是文言文,需要有充足的时间来进行课前的预习,在指导学生进行文本分析探究时难度较大;二是关于卡夫卡的"荒诞性"概念理解难度大,学生掌握起来较为困难,引导上可能较为吃力。

六、设计亮点

最后是此次教学设计的亮点,新课程改革对于每位教师都是极大的挑战,在本次设计中我们也尝试了去实现其中的一些理念:

首先是群文阅读的教学方式,我们同时使用多篇文本进行教学,努力教会学生方法技巧,读懂这一类文本;

其次是情境化的设计理念,高考评价体系"一核四层四翼"的实现需要借助情境化的设计理念与实践,主要包括个人体验情境、学科认知情境和社会生活情境,我们在设计上注重学生的自主阅读、独立思考和自主写作实践,教给学生阅读荒诞小说的知识方法,并以课后作业的形式将学生带入真实具体的生活场景中,使其运用语言文字参与社会实践。

同时注重实践性,让学生以小组合作的方式自主探究、发表意见,将课堂的主体地位充分给予学生。

最后是思辨性阅读的开展,一者让学生体会荒诞小说的荒诞与真实相交织融合、不符合常理却符合情理的特点;二者围绕中西方荒诞小说的异同点进行分析,让学生运用批判性思维审视语言文字作品,探究和发现语言现象和文学现象,形成自己对语言和文字的认识。

析"变"之形,研"变"之道

——《促织》《变形记》联读教学设计

主教教师　潘慧冰

表1　《促织》《变形记》联读教学设计

基本信息			
姓　名	潘慧冰	学　校	贵阳二中
学　科	高中语文	课　时	第2课时
年　级	高一年级	教科书版本及章节	部编版教材下册第六单元
学习领域/模块	小说		
单元学习主题	观察与批判		

一、任务群说明

　　《促织》《变形记》(节选)属于学习任务群5"文学阅读与写作",此任务群旨在引导学生阅读古今中外诗歌、散文、小说、剧本等不同体裁的优秀文学作品,使学生在感受形象、品味语言、体验情感的过程中提升文学欣赏能力,并尝试文学写作,撰写文学评论,借以提高审美鉴赏能力和表达交流能力。

　　关于本任务群的学习目标和内容,课程标准规定:

　　1.精读古今中外优秀的文学作品,感受作品中的艺术形象,理解欣赏作品的语言表达,把握作品的内涵,理解作者的创作意图。结合自己的生活经验和阅读写作经历,发挥想象,加深对作品的理解,力求有自己的发现。

　　2.根据诗歌、散文、小说、剧本不同的艺术表现方式,从语言、构思、形象、意蕴、情感等多个角度欣赏作品,获得审美体验,认识作品的美学价值,发现作者独特的艺术创作。

　　3.结合所阅读的作品,了解诗歌、散文、小说、剧本写作的一般规律。捕捉创作灵感,用自己喜欢的文体样式和表达方式写作,与同学交流写作体会。尝试续写或改写文学作品。

　　4.养成写读书提要和笔记的习惯。根据需要,可选用杂感、随笔、评论、研究论文等方式,写出自己的阅读感受和见解,与他人分享,积累、丰富、提升文学鉴赏经验。

　　从必备知识和关键能力上来说,学生在学习这两篇小说的过程中,需要准确把握《促织》与《变形记》(节选)的情节发展的脉络,关注作者是如何运用悬念、抑扬、意外(反转)等叙事技巧让故事更有意味的。关注两位作者以虚构的手法表现荒诞的事实,理解现实主义和现代主义两种不同的小说流派对人的"异化"悲剧的批判主旨。

二、单元教学设计说明

本单元属"文学阅读与写作"任务群中的小说,人文主题是"观察与批判",所选课文有中国古典短篇小说(《促织》)、中国古典长篇小说节选(《林教头风雪山神庙》)、中国现代小说(《祝福》)和外国小说(《装在套子里的人》《变形记》)。《中国大百科全书》(第二版)是这样界定小说的:"一种以散文形式叙述虚构性内容的文学体裁,也指以这种体裁写成的文学作品。……环境、人物、情节构成小说的三大要素。人物是小说的核心;环境是人物活动的时空场所,以及性格形成和发展的重要原因;情节是按一定结构原则组织而成的'事件'和人物活动的过程。"就揭示社会人生真相、反映广阔的社会生活而言,小说无疑是最重要的体裁。本单元的小说课文教学,要抓住小说体裁的特征,让学生从对小说的语言、结构、人物、环境、主题的学习中,感受广阔的社会生活,提高审美情趣。

1.《祝福》体现了鲁迅小说"为人生"的宗旨,意在"揭出病苦,引起疗救的注意"。但与《呐喊》时期的作品相比,小说中的"我"对思想文化启蒙和社会改革的前景显得更加犹疑,思想与行动也更加软弱。学习时,要结合小说对社会环境的描写思考社会环境对人物命运的影响,在此基础上分析人物形象,思考祥林嫂不幸遭遇的社会根源,深入挖掘小说的思想内涵;还要注意小说的细节描写,欣赏小说简练的叙述语言和生动的人物对话。

2.《林教头风雪山神庙》是《水浒传》中的精彩篇章,极为典型地展现了社会环境对人物性格的塑造,生动地演绎了"官逼民反"的主题思想。这篇小说的情节、人物、环境浑然一体,不可拆分:人物行动构成了情节,社会环境造就了人物,自然环境衬托了人物。学习时,除了思考社会环境对人物命运的影响,还要注意看似巧合的情节中隐藏的现实的逻辑链条,体会小说引人入胜的叙事手法。

3.《装在套子里的人》是俄国作家契诃夫讽刺批判现实的代表作品,通过塑造别里科夫这一"套中人"的形象,深刻地揭露了俄罗斯帝国的专制统治对人们思想和灵魂的钳制与束缚,透露出呼唤自由的热望。学习时,要注意把握别里科夫的性格特点,分析其人物形象和典型意义,感受作者讽刺社会、批判现实的思想锋芒。

4.《促织》中"求神问卜"和"魂化促织"的情节,带有某种神秘色彩,要透过这些描写,把握作品的现实主题,进而体会这一幻想与现实相交融的写作手法独特的艺术魅力。《促织》的语言精练而生动,如描写成名之子投井后,"夫妻向隅"至"寻所逐者"的一段文字,叙事状物,细腻形象,要反复诵读,读出韵味。

5.《变形记》中,各种人物面对主人公"变成了一只巨大的甲虫"这一事件,有着各式各样的反应,看似荒诞不经,仔细体会却又显得有几分合情合理。阅读时,注意品味小说中的语言、动作和心理描写,思考主人公"化虫"之后的遭遇,体会作品对社会现实深沉的批判。

本单元所选古今中外小说,类型多样,风格各异,都是在文学史上占有重要地位的经典之作,反映了不同时代、地域的社会生活,具有深刻的思想内涵、高超的艺术表现力和强烈的社会批判精神。阅读这些作品,可以让学生提升思维品质,加深对社会人生的理解,从作品中得到审美的愉悦。学习本单元,要注意知人论世,在人物与社会环境共生、互动的关系中认识人物性格的形成和发展,关注作品的社会批判性。要了解作者如何运用多种艺术手法实现创作意图,品味小说在形象、情节、语言等方面的独特魅力,欣赏小说不同的风格类型;学习用读书提要或读书笔记记录自己的阅读感受和见解,借鉴小说技法进行创作。

续表

三、教学内容分析

《促织》是一篇中国古代文言小说,《变形记》是一篇西方现代派小说,它们的共同之处是都讲了一个"人变为虫"的"幻化"故事,表现出神秘、荒诞倾向。这两篇小说都写了人化为虫的故事,小说家的想象既匪夷所思,又引人入胜。阅读这两篇作品,要注意主要情节的起伏和人物情感的变化,体会人物的生存境况,进而理解"变形"中寄寓的社会批判意味。同时,要注意比较两篇作品的异同,把握其各自的风格和特色。

四、学情分析

在文本理解方面,初中阶段在小说阅读方面就积累了一定的经验,同时,在必修上册中的第一单元学生已经对铁凝的《哦,香雪》和茹志鹃的《百合花》等小说进行了学习,具备了一定的小说知识储备,对小说的相关知识有了了解,也有一定的自读经验,掌握了阅读和鉴赏小说的基本方法,因此在讲授的过程中,应注重知识的迁移运用、鼓励学生灵活运用方法对蒲松龄《促织》与卡夫卡《变形记(节选)》进行解读,老师可以在前期给他们提供一定的学习资料,提高他们自主学习的效率,加深此次阅读的深度。

学生对于课文表层情感已经能够准确把握,通过课前导学案展开预习活动之后,对两篇小说有一定的了解。但是两篇小说一篇是文言文,一篇的幅度较长,对我所教授的学生来说,还具有一定的难度。并且高中阶段学生大多还不能理解卡夫卡表达的精神世界,对其"荒诞"与"绝望"背后的内涵体悟不深,在对小说情节的艺术手法的理解上还有一些疑惑。因此,要想让学生对《变形记》(节选)与《促织》的联读能深入文本深处,前期做好文言文的重难点字词句的解释和两篇小说的情节梳理尤为重要。

五、学习目标、重难点与学科核心素养的落实

1.学习目标:

(1)速读课文,梳理"人化为虫"的前后境况。

(2)研读课文,读懂荒诞小说的写法,并比较中西方作品中荒诞手法的异同。

(3)体会荒诞手法对社会现实的深沉批判,引发学生对成名之子与格里高尔异化背后的思考。

2.重难点:

初步感知荒诞的特点,读懂荒诞小说的写法,体会荒诞手法对社会现实的深沉批判。

3.学科素养的落实:

(1)语言的建构与运用:学生自主阅读,勾画两篇文本的重要词句,梳理整合观点后以口头或书面方式进行表述,并将言语活动经验转化为具体方法,落实到课后的练习中。

(2)思维的发展与提升:感知荒诞概念中荒诞与真实相交织的特点,学会辩证看待问题,有理有据地阐述发现;同时比较中西方荒诞小说的异同,有利于提升思维品质,学会思辨性阅读。

(3)学会审美的鉴赏与创造:两篇文本在语言、形象和情感上具有不同的美感,反复阅读有助于提高学生的审美情趣和审美品位,并学会美的表达。

(4)文化的传承与理解:学习中西方荒诞小说不同的艺术创作手法,在不同的故事结局中感受中西方文化在文本中的浸润。

六、单元授课过程

(一)导入新课(3分钟)

导入1:以有"变化"情节的文学作品和影视作品导入。

师:说起《西游记》,孙悟空的"七十二"般变化和猪八戒的"三十六"般变化让我们大为惊叹,那么大家还能想到哪些奇幻的变身形象与故事呢?

(预设)生:蜘蛛侠、钢铁侠、奥特曼、巴啦啦小魔仙……

师:这种变化真实吗?

生:不真实。

师:那么《促织》和《变形记》分别是我国清代杰出文人蒲松龄和西方现代派著名作家卡夫卡的代表作。不同国家、不同时代、不同作者的这两篇小说却都写到了"人变虫"这一不真实的变化,就让我们走进文本,弄明白为什么作者将这种不真实展现给我们看。

(二)活动一:"人形异化"前后

过渡:我们都知道《促织》里面的成名儿子变成了一只促织,而《变形记》中的格里高尔变成了一只大甲虫。

小组分享:请从主人公自身与周围的人物的角度分析"变虫前"和"变虫后"的区别。(课前下发学案,学生提前梳理,课上展示梳理成果)

(三)活动二:"荒诞与真实"的交织

过渡:梳理后我们发现,两位主人公变化之前与变化之后的天差地别。那在我们梳理的这些内容中,你觉得文中哪些地方是荒诞的,是不真实的呢?

(预设)生:在《促织》中"死而复生、魂化促织、跳落衣袖、虫鸡大战、一朝富贵"很荒诞。

(预设)生:在卡夫卡的《变形记》中人变为大甲虫、格里高尔对变虫的反应、家人父母的反应很荒诞、不真实。

1.问题1(一篇挑一个详细进行解释):你为什么感觉它是荒诞的,是不真实的?

学生答案预设:

《促织》

(1)死而复生:既而得其尸于井,因而化怒为悲,抢呼欲绝……近抚之,气息惙然。

知道自己把蟋蟀弄死,孩子的反应是恐惧。一只蟋蟀逼得一个孩子跳井,跳井后已经死亡,但是半夜又苏醒了过来,这是非常不符合常理的,令人惊异,让我们悬着的心稍作安慰。

(2)魂化促织:死而复生,让人惊讶,虽然"儿神气痴木,奄奄思睡",对于成名一家来说已经是庆幸,可是后面他竟然幻化为一只促织"后岁余,成子精神复旧,自言身化促织,轻捷善斗,今始苏耳"。好端端的人变成了促织,这实在是太荒诞。

(3)求神问卜:细瞻景状,与村东大佛阁逼似。乃强起扶杖,执图诣寺后,有古陵蔚起。循陵而走,见蹲石鳞鳞,俨然类画。遂于蒿莱中侧听徐行,似寻针芥。而心目耳力俱穷,绝无踪响。冥搜未已,一癞头蟆猝然跃去。成益愕,急逐趁之,蟆入草间。蹑迹披求,见有虫伏棘根。遽扑之,入石穴中。掭以尖草,不出;以筒水灌之,始出,状极俊健。

求神问卜并不神奇,这是中国自古以来的传统,但是令人感到荒诞的是,顺着巫医扔出来的纸团,成名竟然真的能找到蟋蟀所在的地方。旧时人们陷入绝境,往往寄希望于求神问卜,但神图那么灵验却是虚幻的,这正曲折地反映了夫妻俩实际上已经没有生路,只有依靠占卜。

续表

(4)一朝富贵:上大嘉悦,诏赐抚臣名马衣缎。抚军不忘所自,无何,宰以卓异闻。宰悦,免成役。又嘱学使,俾入邑庠……抚军亦厚赉成。不数年,田百顷,楼阁万椽,牛羊蹄躈各千计;一出门,裘马过世家焉。

故事的结尾,从皇帝到抚军,再到宰(地方官员)最后到成名,一派祥和,人人都懂得知恩图报,这种和谐温暖的景象与前文对成名的压榨和欺压形成了鲜明的对比,如果这些上级官吏这么善良,那么成名又怎么会陷入困境,又怎么会被打得奄奄一息,成名儿子又为何会化成促织呢?这种荒诞是浪漫主义色彩的,是不符合常理的。这是作者的一种美好愿望和期许,是作者对"天将以酬长厚者"的善意表达。

(5)跳落衣袖:成以其小,劣之。惟彷徨瞻顾,寻所逐者。壁上小虫忽跃落襟袖间,视之,形若土狗,梅花翅,方首,长胫,意似良。喜而收之。

正常的蟋蟀看见人会逃跑,但是这只蟋蟀看到人竟然主动跳落在袖子上,这是多么令人惊异。

(6)虫鸡大战:方共瞻玩,一鸡瞥来,径进以啄。成骇立愕呼,幸啄不中,虫跃去尺有咫。鸡健进,逐逼之,虫已在爪下矣。成仓猝莫知所救,顿足失色。旋见鸡伸颈摆扑,临视,则虫集冠上,力叮不释。成益惊喜,掇置笼中……成述其异,宰不信。试与他虫斗,虫尽靡。又试之鸡,果如成言……既入宫中,举天下所贡蝴蝶、螳螂、油利挞、青丝额一切异状遍试之,无出其右者。每闻琴瑟之声,则应节而舞。

一只小小的促织能斗过其他的促织不算神奇,顶多可以算得上骁勇和厉害,到了皇帝处能斗过天下所有的蝴蝶、螳螂、油利挞、青丝额已经算是促织中的上上品,但是荒诞的是这只小小的促织竟然斗得过比自己身体大很多倍的鸡。第一次可能是侥幸,但是与地方官员的其他鸡战斗,仍然赢了,这是多么奇异和令人不可置信。

《变形记》

(1)人变甲虫:一天清晨,格里高尔从烦躁不安的睡梦中醒来时,发现自己在床上变成了一只大得吓人的甲壳虫。他躺着,感到脊背坚硬,犹如铁甲。他稍稍抬起头,看见自己的肚子高高隆起,并被分成许多弧形硬片,被子很难盖得住,很快就会全部滑落下来。他那与他原来的身躯相比细得可怜的许多腿脚,无可奈何地在眼前舞动着。

格里高尔在醒来的某天早晨,发现自己变成了一只大甲虫,而且是一种不起眼的、令人讨厌的动物。变成一只甲虫就算了,更为荒诞的是这样的动物还具有人的意识、人的情感。一个正常的人发现自己生了重病,肯定第一时间想着让自己的病变好,但是格里高尔发现自己变成大甲虫并没有急着让自己变回来,心情甚至没有特别大的起伏,脑子里想到的仍然都是自己的睡眠、工作上的事情。格里高尔经历以下想法:睡眠—工作辛苦—想安安静静地不受干扰地起床、穿衣,而最重要的是吃早饭—想从床上起来—想去工作。这让人觉得难以置信。

(2)逐渐失语:在小说第125页,格里高尔的声音一开始还能让自己的父母听得清,虽然艰难但是还能交流,后面则是什么也听不见了。如果真的变成了动物,那么一开始就应该听不见,为什么会有这样的转变呢?值得注意的是,能被听到的声音就是他说要起床或者他要前去工作时所说的话。而后面解释自己不去上班的话,他们则是听不见的,这是一种选择性的失聪,本质来源于他们对格里高尔的忽视以及人与人关系之间的冷漠。这种声音的清晰与否是荒诞的。

（3）家人的反应。母亲的反应变化是"关爱、担忧—关心、难过—害怕—不知所措、恐惧"，父亲的反应变化则是"关心、不解—不耐烦—焦虑、急躁—露出敌意、慌乱不堪—嫌弃愤怒"。变形之前，格里高尔被视为家庭的依靠；但变形后，家人的态度由开始的关心、担忧到后期的恐惧、嫌弃和厌恶。当一个人发生了如此之大的异变，我们应该想的是怎么将他变回正常的样子，可是他们没有去探求变化背后的原因，而是顺理成章地接受了这种变形，这难道不可怕和荒诞吗？

过渡：大家对小说中荒诞的部分进行了梳理和分析，那老师在这之中有一个问题。

2.问题2：在《促织》中"虫鸡大战"这一环节，促织斗赢的动物为何是鸡而不是其他更凶猛的动物？

（预设）生：虫斗得过鸡是不符合现实的，是非常荒诞的，让故事充满荒诞色彩，体现了一位天才小说家的想象力。但是在现实中"鸡"是小昆虫的天敌，战胜"鸡"是有现实依据的，而如果写一只促织能够战胜老虎、狮子，就会显得很离谱，非常离奇，反而失去了小说的艺术魅力。

点明：荒诞与真实相交织——荒诞是超乎常理，但一定符合情理的。

师：回到《促织》与《变形记》（节选）原文，大家在这种荒诞中，还能找到哪些你感到真实的地方呢？

学生答案预设：

《促织》

（1）跳落衣袖。蟋蟀的外形、动作刻画非常真实。"审谛之，短小，黑赤色，顿非前物。成以其小，劣之。惟彷徨瞻顾，寻所逐者。壁上小虫忽跃落襟袖间，视之，形若土狗，梅花翅，方首，长胫，意似良……""见小虫跃起，张尾伸须，直龁敌领。少年大骇，急解令休止。虫翘然矜鸣，似报主知。"写出了这只蟋蟀身材短小、其貌不扬，孩童心气，好斗，骁勇善战，本领超凡，这种对蟋蟀的动作、外形的细节描写非常真实，符合一个小男孩的性格和行为，也能写出孩子对父亲的爱。

（2）人的情感展现。

A.成名和妻子的变化很真实。

"儿惧，啼告母。母闻之，面色灰死，大惊曰：'业根，死期至矣！而翁归，自与汝复算耳！'儿涕而出。

未几，成归，闻妻言，如被冰雪。怒索儿，儿渺然不知所往。既而得其尸于井，因而化怒为悲，抢呼欲绝。夫妻向隅，茅舍无烟，相对默然，不复聊赖。日将暮，取儿藁葬。近抚之，气息惙然。喜置榻上，半夜复苏。夫妻心稍慰，但儿神气痴木，奄奄思睡。成顾蟋蟀笼虚，则气断声吞，亦不复以儿为念，自昏达曙，目不交睫。东曦既驾，僵卧长愁。"

孩子丢促织且自杀：妻子非常恐惧，面如死灰。在知道促织跑了后，成名非常愤怒，跑去追究孩子的责任。在遇到孩子自杀的时候，悲痛欲绝，失去希望。孩子尸体被抱回家，之后又活过来，成名开心地把孩子放在床上，但依旧是失去了促织而难过，当看到空着的笼子，恐惧和忧闷又萦绕心头。在孩子发生如此大的变化的时候，成名想着的依然是丢失的蟋蟀怎么办。

B.封建官吏的苛刻、狠毒非常真实。

"里胥猾黠，假此科敛丁口，每责一头，辄倾数家之产……即捕得三两头，又劣弱不中于款。宰严限追比，旬余，杖至百，两股间脓血流离，并虫亦不能行捉矣。"

续表

> 他们因为成名"迂讷",故意将他"报充里正役",百般推脱不得,在成名不能给他们带来促织的时候,将成名打得身体残破,这正好反映了在封建等级的层层压迫下,底层人民不能反抗的真实状况。
>
> (3)魂化促织。
>
> 一个九岁的孩子应该是天真的、无忧无虑的,但是连一个年幼的孩子都明白促织的得与失决定着父母乃至家庭的兴衰与命运,可看出当时封建社会自天子到官吏对底层百姓的层层盘剥,这种封建社会对百姓的极力压迫是很真实的。
>
> 《变形记》
>
> (1)格里高尔的工作状况很真实:工作很艰辛,四处奔波,低劣的饮食,被领导压迫。
>
> "天啊,"他想,"我选了一个多么艰辛的职业啊!成天都在奔波。在外面出差为业务操的心比坐在自己的店里做生意大多了。加上旅行的种种烦恼,为每次换车操心,饮食又差又不规律,打交道的人不断变换,没有一个保持长久来往,从来建立不起真正的友情。"
>
> 格里高尔作为旅行推销员的生存状态非常艰难,家里的债务、家人的依靠让他不得不在这份艰辛的工作中不断地努力。推销员工作辛苦,每天都要赶着五点钟的火车出门,四处奔走;因为长期的旅行推销,自己养成旅居锁门的生活习惯;饮食低劣;缺少真实的友情;背负家庭债务,心理压力巨大;老板苛刻冷酷,使格里高尔受尽了气:这符合一个在重压下的人的生存状态。
>
> (2)变身甲虫之后,符合大甲虫的特点:形状很像甲虫,又大又丑陋,在转动钥匙的时候嘴角流出了棕色的液体,就像一只真的大虫子,而且他的动作笨拙缓慢、艰难、无法自控,也正好符合一只大甲虫的生活习性。他不再具有人的行为能力,不能很好地把门打开,从床上下来都需要费很大的劲,对虫的习性刻画得非常细致与真实,让人觉得恐惧甚至是恶心。
>
> 125页第9段:"掀掉被子简单得很,只需将肚子稍稍一挺被子便自行掉了下来,但接下去困难就来了,尤其是他的身体宽得出奇,使得他行动十分艰难,他本来可以利用胳膊和手坐起来,但现在取代它们的是许多小细腿,它们不停地坐着动,许多动作控制不住,他若想收回一条腿,这条腿却向外伸得笔直,要是他成功地利用这条腿随心所欲地动作,其他腿就像被释放似的,极其痛苦地乱蹬起来。"
>
> 129页第20段:"头几次试站起来时,他都从光滑的柜子上滑落下来,最后他用力往上一停终于站起来了,尽管下半身痛得死去活来,他也根本顾不得了,他重重地靠到就近一张椅子的椅背上,用他的细腿紧紧抓住他的边缘,以此控制住了自己的身体,于是他不说话了,因为他现在可以好好地听两位协理说话了。"
>
> (3)父亲的啾啾声:啾啾声是人类引诱动物的声音、驱赶动物的声音,他能被这种啾啾声弄晕,说明他已经具有了虫的特性,是符合情理与真实的。
>
> 133页第29段:"格里高尔怎么恳求都不管用,也没有人听得懂他的恳求,无论他多么低声下气地不停转动着脑袋……父亲像一头发狂的野兽似的发出啾啾声,毫不留情地逼着格里格尔回到房间里去……只要父亲不发出这种不可忍受的啾啾声就好了,这啾啾声可把格里高尔搞得晕头转向。"

续表

(4)家人得知格里高尔变成甲虫后的反应:格里高尔一直保持着虫形,母亲被格里高尔吓倒,直呼"救命",而父亲则"恶狠狠地捏紧拳头,仿佛他要将格里高尔打回房间里去似的"。当发现格里高尔变成甲虫后,这些细节将人对异变生物的恐惧的反应刻画得如此之真实,让人备感气愤。格里高尔的父母荒诞至极,可是在小说中,他们的行为似乎没有人觉得不对,因为他们身处那个荒诞的时代,行为都是合理的,这就是荒诞与真实的交织。从宏观上看,《变形记》的整个中心事件是荒诞的,但是从微观入手,围绕这个中心事件的细节却是真实的。卡夫卡的小说则是"整体荒诞、细节真实",他将荒诞与真实合二为一,在荒诞中显真实,于真实处见荒诞,将真实寓于荒诞之中,给人一种如梦似幻的艺术享受,真假难辨。

启示:正如卢卡契所言,在卡夫卡笔下,那些看起来最不可能、最不真实的事情,由于细节所诱发的真实力量而显得实有其事。"荒诞"并非沉浸于非理性的虚构之中随意天马行空,而是对生活的艺术提升,要遵循艺术的真实。小说追求的真实,不是生活的真实,而是生活的真实感,是生活提炼的艺术真实,是具有审美品质并具有普遍性的艺术真实。

小结:蒲松龄的《促织》和卡夫卡的《变形记》都运用了荒诞与真实相交织的手法,在荒诞的手法下,一切又是那么真实,这就是我们所说的虽然超乎常理,却符合情理。

(四)活动三:东西荒诞之异同

1.问题1:两篇小说的结局是截然不同的,《促织》中成名之子"化虫"之后能游刃有余,扭转乾坤,"一人飞升,仙及鸡犬";但是在《变形记》中,格里高尔在"化虫"之后在家人的厌弃中结束生命。两篇小说的结局你更喜欢哪一种呢?

(预设)生:我更喜欢《促织》的结局,因为它符合中国人的审美,写出了中国人对美好的追求。蒲松龄美好愿望的寄托:成名之子"化虫"的圆满结局是表达"天将以酬长厚者",《促织》的变形是给长厚者以安慰和奖励,这是蒲松龄在他那个时代的许诺和期待,因而作者用丰富的想象力幻化出来的情节,更准确地说是表达了作者的愿望。

(预设)生:鲁迅说:"悲剧则是把人生有价值的东西毁灭给人看。"变形是一面镜子,目的是折射出人性中的阴暗面,折射出现代文明对人的摧残,卡夫卡小说的结局就是想证明在资本主义对金钱的极力追求下,人与人之间关系的异化,人与自我关系、人与社会的关系的异化,格里高尔与家人关系冷漠,工作生活对他的重压是难以缓解的。《变形记》中的"化虫"是不可逆的,人变为虫,并且变不回来了,这是作者卡夫卡对人的"异化"的一次全方位的彻底的观察,"化虫"后外形改变,产生了虫的习性,但格里高尔依然保留了人的思维和情感,甚至从来没有放弃过人的这种"高贵性"。这也使得他本能地逃避、拒绝虫性的变化,这导致他在异化之后无法自洽,更是和外界社会环境形成不可调和的矛盾冲突,展现了卡夫卡对人性的执着、迷茫和绝望,这其实也是一个时代的迷茫。

2.问题2:有人说《促织》的大团圆结局其实是"喜剧",你怎么看?

(预设)生:虚构的圆满结局,不仅使得成名一家翻身富贵,也使得曾经剥削压迫成名一家的官吏都获得了"恩荫","一人飞升,仙及鸡犬"的这种结局,扩大了批判的范围,达到了刺贪刺虐的效果,具有极强的讽刺意味,这种圆满的结局下,主旨更加深刻,批判性更为强烈,大团圆结局就像一个肥皂泡一吹就破,而圆满结局的代价其实是失去人性、人类社会中的关系,喜中含悲。

续表

（五）小结
异：两篇小说在荒诞手法上的侧重不同，《促织》有完整的情节和叙述套路,情节离奇多变,其荒诞多体现在情节上；《变形记》开篇即交代格里高尔的变形,叙述节奏慢,淡化情节动作,以人物的主观感受为主。 　同：同时,《促织》与《变形记》的结局看似截然不同,但其实都是为了反映当时时代背景下,社会压迫对人的改变,促使人的"异化",这种荒诞手法的运用,都增强了对社会现实的讽刺性和批判性。 　不同的国家、不同的时代、不同的作家,通过荒诞与真实相交织的方式走向对社会最深处的批判。正如钱钟书先生所说的"东海西海,心理攸同；南学北学,道术未裂"。 　下课！
七、板书设计
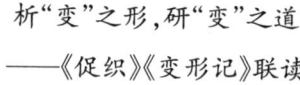 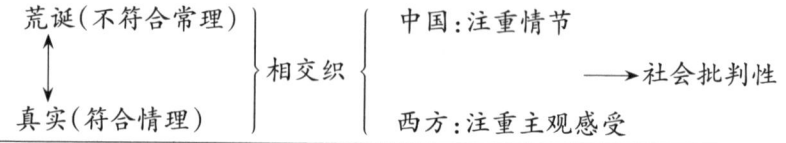
八、课后作业
蒲松龄的《促织》中,成名因为生活的重压而思自尽,卡夫卡《变形记》中的格里高尔因为生活的重压而异化为甲壳虫。其实人生在世,每个人都无法挣脱各种各样的压力,结束生命只是懦夫的消极逃避,将灵魂异化为虫亦是弱者的自欺与自弃。请以《格里高尔,我想对你说》为题写一封信,结合课文中的相关情节阐述你对生活重压的理解。

"大格局"与"小心思"

——潘慧冰《促织》《变形记》联读课点评

主评教师　杨开珍

　　群文联读既是信息爆炸时代外部环境影响下语文教学的必然选择,也是基于语文教学举三反一特点的自觉追求。新课标对群文联读做出了明确的描述：在鉴赏活动中,能比较两个以上的文学作品在主题、表现形式、作品风格上的异同,能对同一个文学作品的不同阐释提出自己的看法或质疑。因此,就教学内容而言,群文联读的教学点主要是作品的主题、作品的表现形式或者作品风格；就方法来说,群文联读教学点的落实可以是求同法、求异法,也可以是同异兼容

式。落实到单元教学中,群文联读的专题教学点应该是集中而不发散的。

《促织》和《变形记》这两篇不同国家、不同时代、不同作者写的小说都写到了"人变虫",其写作风格、作品主题有一些相同之处。基于此,潘老师将两篇文章设计为联读,将本节课教学重点定在对两篇小说的写作风格和作品主题的分析赏读上,既符合新课标的理念,又满足信息爆炸时代海量阅读的需求,这种教学探索是有价值的。

要在一节课上完成13 000字左右文字量的阅读,既需要精心设计的任务驱动设计来推动学生的前置阅读,更需要在课上设计环环相扣的学习活动,以引领学生从浅表阅读走向深度研读。

从教学设计以及课堂呈现来看,本节课呈现出以下几个方面的亮点——

一、教学设计有大格局

1.文本阅读有引导

在"人形异化"的阅读活动中,老师设计相应的表格,引导学生从身份、外形、动作、心理、情节、他人的反应等角度去搜索"变形"前后的区别。值得一提的是,老师设计的表格内容详尽而具体,并提出"尽量用课文中的原词原句"的任务要求。学生有了明确的阅读任务,一方面便于在海量的文字中快速搜寻信息区间,进行信息整合,实现对人物与情节等故事整体内容的把握;另一方面,学生还有意识地关注了文本中的许多细节描写,思考作者这样创作的深意,为后面的学习活动做了很好的铺垫。

2.文本分析有抓手

老师从两篇文本的主题和风格的角度,带领学生深入研究不同时代、不同作者、不同地域的两篇小说在主题和创作风格上的相似之处,着重引导学生了解"荒诞与真实交织"的写作手法在文中是如何体现的。由于有了第一个学习活动的导读,学生可以很快从文中找到相关细节,并展开热烈讨论。在学生有疑问处,老师能适时地加以引导,让学生理解"超乎常理"的荒诞构思和"符合情理"的真实细节,体会"小说追求的真实,不是生活的真实,而是生活的真实感,是生活提炼的艺术真实,是具有审美品质并具有普遍性的艺术真实",进而领悟小说创作中生活真实和艺术真实的对立统一关系。

3.作品探究有深度

本节课的第三个学习活动引导学生去探究东西方荒诞手法的异同。在本活动中,教师引导学生关注两篇小说的不同结局,即《促织》中成名之子"化虫"之后能游刃有余,扭转乾坤,"一人飞升,仙及鸡犬";《变形记》中,格里高尔在"化虫"之后在家人的厌弃中结束生命。并启发学生思考"两篇小说的结局你更喜欢哪一种",学生在思考和讨论中关联了东西方在审美心理、文学创作上的异同,慢慢显示出较高的思维含量。在此基础上,教师顺势再发问:你真的以为《促织》就是一出皆大欢喜的"喜剧"吗? 将学生的思考带入更高层次,进而引导学生思考看似圆满的大团圆结局,实则因为它不可能在现实中真实发生而更具讽刺性,也更显悲剧性和批判性,从这个角度来说,两篇小说可谓殊途同归。至此,学生对作家的创作意图有了更深入的了解,对作品隐藏于幽深之处的旨归有了更进一步的了解,学生阅读兴味渐趋浓厚,阅读也正在真实地发生。

无论是阅读内容的引导,还是风格手法的分析,潘老师都力图建构群文联读的学习支架,学生利用习得的学习支架,可以在以后的多篇文本中找寻共同点或差异性,从而进行类比阅读或对比阅读。

二、课堂活动有小心思

1.注重情境的设置

课堂导入环节中,老师从《西游记》中的"变身"现象说起,启发学生展开联想,快速唤醒了学生的阅读记忆,激活了学生的学习热情。学生在阅读实践中,获得跨越时空的阅读体验,并对社会进行思考。课后作业是以《格里高尔,我想对你说》为题写一封信,很好地呼应了高考评价体系中社会生活情境的设置要求,将习得的语文知识和能力用于"真实性"的社会生活中,体现语文学习的实践性和应用性。此外,学生通过对"荒诞与真实"的探究讨论,习得超现实主义写作的方法和能力,获得了语文学科认知能力。

2.注重任务的驱动

在本节课的学习环节中,教师的任务明确,指令清晰,并且在每一个主问题下,又设计出相关的子问题。活动一中"请从主人公自身与周围人物的角度分析'变形前'与'变形后'的区别",活动二中"你觉得文中哪些地方是荒诞

的?"——"你为什么觉得它是荒诞的,是不真实的?"——"虫鸡大战这一环节,促织斗赢的动物为何是鸡而不是其他更凶猛的动物?",活动三中"两篇小说的结局你更喜欢哪一种?"以及"你如何看《促织》所谓大团圆结局是'喜剧'?"等提问,都显示了明确的任务驱动。有了明晰的学习任务,学生可以迅速聚合思维,海量的文字阅读才能不蔓不枝,重点突出。

3.注重认知的螺旋上升

本节课的教学环节从梳理人物情节开始,到认识荒诞与真实,再到透过荒诞与真实的交织去体味作者的创作意图,探究作品的主题,进而比较中西方文化的异同。教学环节符合学生的认知规律,每一个环节的设置都以上一个环节为铺垫,又是下一个环节的前提,环环相扣,尽力实现语文课堂的逻辑性,对学生思维发展与提升有一定的帮助。

课堂教学是一门遗憾的艺术。虽然授课前潘老师在教学设计上是几易其稿,不断调整和提炼教学重难点,但回顾本节课的学习过程,还是可以有许多需要改进的地方。

一是可以将教学重难点再行分解。荒诞与真实的创作手法以及对作品主题的探究是两篇文本联读的重点,也是难点,要想在40分钟之内解决这两个重难点,是一件很难实现的任务。从本节课来看,学生对作品的主题理解得并不透彻,所以,课堂结尾处的小结就变成了教师强加的结论,没有起到学生通过思考探究自然达成的效果。因此,教师不妨将这两个重难点分成两节课来完成,有充裕的时间进行深入阅读和透彻分析,学生对难点的突破可能会更顺利一些。

二是要培养学生阅读文本的好习惯。虽然在课前学习任务中,老师力图通过精细详尽的表格来引导学生了解作品的大致内容,但若要走向深度阅读,这样的阅读还是远远不够的。在课堂学习活动中,还需鼓励学生关注文本细微之处,仔细涵泳语言文字,思考文字背后的深意,可以多问学生"你是从哪里看出来的?""这段文字你读出了什么感受或体会"等类似的问题,这些看似不经意的提问,实质透露出许多关于阅读素养的"小心思",学生在这样的课堂活动中慢慢学会有理有据地分析问题而不是妄加揣测,学会透过语言文字去触摸人物的灵魂,并回味经典作品的价值意义,这样,学生的阅读兴趣才会日渐浓厚,语文素养才会慢慢提升。

3.

数学组"三主"教研精选案例

主题:指向数学核心素养的教学

课题:数学归纳法

团队:主讲——李远凤;主教——杨俊婷;主评——何睿洁

基于学科核心素养导向的说课

——以"数学归纳法"为例

主讲教师　李远凤

新课改提出数学的教学要关注数学学科的六大核心素养,即数学抽象、逻辑推理、数学建模、直观想象、数学运算和数学分析。教师在数学课程的授课过程中应关注如何教学才能更好地渗透数学的学科核心素养。在我校举行的"三新"教学月活动中,高二数学组三位教师以"数学归纳法"为例进行主讲、主教和主评活动,我有幸承担主讲任务。在查阅相关资料和团队的研磨过程中,我也有很多感悟及思考,在此和大家分享。

"数学归纳法"是人教版选修教材2-2第二章第三节内容,本节课是第一课时。在学生已经学习了不完全归纳法的基础上,介绍数学归纳法:它是一种用于正整数命题的直接证法。教材通过剖析生活实例中蕴含的思维过程揭示数学思想方法,即借助"多米诺骨牌游戏"让学生对"归纳奠基"和"归纳递推"有一个直观感知,从而揭示数学归纳法的原理。然后通过学生学过的数列知识点的

题目引发学生思考进而展开本节课的学习。在新课改教材中,"数学归纳法"是在选择性必修第二册第四章紧跟在数列的内容后,并标注※号作为选修内容。

学生在学习本节内容之前已经通过数列和其他相关内容的学习,初步掌握了由有限多个特殊事例得出一般结论的推理方法,即不完全归纳法。大部分学生都能通过推理来猜测出某些结论,但由于有限多个特殊事例得出的结论不一定正确,这种推理方法不能作为一种论证方法。学生在猜测出结论后,教师要求进一步证明时也容易陷入代特值检验的误区。因此,在学生学习完不完全归纳法的基础上,必须进一步学习严谨的科学的论证方法——数学归纳法。

一、学科核心素养的渗透

本节课程的学习可以渗透"数学抽象"和"逻辑推理"这两大数学核心素养。根据《普通高中数学课程标准(2017年版)》所表述的:"数学抽象是指通过对数量关系与空间形式的抽象,得到数学研究对象的素养。主要包括:从数量与数量关系、图形与图形关系中抽象出数学概念及概念之间的关系,从事物的具体背景中抽象出一般规律和结构,并用数学语言予以表征。"而在"数学归纳法"的教学中,杨老师采用的策略是先让学生观看多米诺骨牌游戏的视频,并提出问题"多米诺骨牌全部倒下的条件是什么?"来引发学生的思考,接着拿出事先准备好的多米诺骨牌,让学生到讲台上演示如何才能推倒全部多米诺骨牌。通过这一教学情境的设置,学生可以对后续所讲的"归纳奠基"和"归纳递推"有形象直观的认知。而从数学游戏提炼出本节课核心重点的过程正体现了"数学抽象"的学科核心素养。学生可以透过数学游戏看到游戏背后所蕴含的数学思想及原理,能够把握事物的本质。而这一能力也是学生学习其他科目的关键能力。在本节课的教学中,我认为杨老师的教学情境和教学环节设置是可以很好地渗透数学抽象的核心素养的。

本节课的教学内容也可以很好地渗透"逻辑推理"的数学核心素养。在本节课的设计中,杨老师由多米诺骨牌实验出发,通过类比,与学生一起解析数学归纳法的原理,揭示递推过程,强调数学归纳法的特点。数学归纳法实际上是将一个无穷的归纳过程转化为一个有限步骤的演绎过程,是处理与自然数有关问题的有力工具,是一种具有普遍性的方法。整个教学环节很好地体现了逻辑推理的核心素养。在和学生一起得到数学归纳法的原理后,杨老师引导学生正确书写数学归纳法证明问题的格式及书写规范,而这正可以很好地锻炼学生的逻辑表达能力,让学生学会有逻辑地思考问题,能够在比较复杂的情境中把握事物之间的关联,把握事物发展的脉络,从而形成重论据、有条理、合乎逻辑的思维品质和理性精神,增强交流能力。

二、教学目标及重难点分析

1.教学目标

知识目标:

(1)理解数学归纳法的原理与实质,掌握数学归纳法证题的步骤;

(2)会用数学归纳法证明某些简单的与正整数有关的命题;

(3)能通过"归纳、猜想"的过程得出结论并用数学归纳法证明结论。

能力目标:

通过探究活动体会到数学归纳法的核心是归纳递推,体会数学归纳法可以用有限的步骤代替无穷验证的数学思想。

素养目标:

(1)通过经历生活实例的探究、再创造的过程,提升数学抽象的学科核心素养;

(2)通过对数学归纳法原理的理解和通过在数学归纳法的应用过程的推理来提升逻辑推理的数学学科核心素养。

2.教学重点

理解数学归纳法的原理与实质,掌握数学归纳法证题的步骤。

教学难点:

(1)从"多米诺骨牌游戏"抽象得到"数学归纳法"的过程有困难;

(2)解题中如何正确使用数学归纳法,尤其是第二步中如何使用递推关系,可能会出现问题。

三、教学过程

基于本节课的教学目标及教学重难点的分析,为了在授课过程中更好地渗透"数学抽象"及"逻辑推理"的数学学科核心素养,杨老师精心设计了教学环节

如下:创设情境,导入课题—师生互动,探究新知—习题演练,运用知识—概念辨析,加深理解—总结梳理,提炼提升。

详细教学内容请看杨老师的教学设计。

四、本次活动的思考

1.教师需要深入理解教学内容

教师站得更高方能想得更全面,唯有先吃透教材吃透所讲授内容的来龙去脉,才能在教学中更加游刃有余。主讲教师不仅需要理解教学内容本身,还要理解知识产生的背景,清楚知识的本源。数学归纳法公理的本源是皮亚诺的自然数公理,但是皮亚诺的自然数公理在高中数学教学中并未提及,所以教材并未给出数学归纳法的本源,只在教师参考用书中提出建议教师了解。所以课堂上不要求学生了解的知识点,教师需要自行补充了解,只有这样才能知道知识的根源,才能更好地进行教学。教师在研究数学教学内容的过程中除了研读数学教材及教师参考用书外,还可以通过查阅如维普网及知网等电子资源上的相关文章,更加系统地了解在高中教学中"数学归纳法"的不同教学设计及相应思考。

2.教学设计要关注学生已有的认知

教师在对新课进行思考和设计教学内容时,要充分考虑学生已学的知识点与本节新课之间的联系,也应根据学生的实际情况确定教学难点。考虑学生在学习时可能产生的困难,并找到原因,以便给出合理有效的突破方法。数学归纳法一课的难点很多,但最主要的难点有两个(一个是从感知的多米诺骨牌游戏到抽象出数学归纳法原理;另一个是在应用数学归纳法进行证明时,假设当$n=k$时命题成立,证明当$n=k+1$时命题也成立),在本节课的教学设计中,杨老师提前预想到了学生的学习难点,而且分析了产生的原因,因此在上课过程中杨老师通过经典例题的演练讲解突破了学生的学习难点。因此教师在进行教学设计的过程中只有站在学生的视角去理解知识,才能清晰地说出学生的困难,才能给出合理有效的解决办法。

3.核心素养的培养需要教师坚持不懈的努力

数学学科核心素养的培养不是一朝一夕便能做到的事情,需要教师们在日常的教学过程中坚持不懈地思考与努力,在课堂教学中不断实践不断反思,才能更好地将数学核心素养渗透到平时的数学教学中。在我们三个人共同打磨《数学归纳法》这一节内容时发现,只要教师在进行教学设计的思考时关注到教学内容和数学学科核心素养的联系,在教学过程中就可以很好地渗透数学学科的核心素养。

感谢学校组织的此次"三新"改革活动,让我在准备"数学归纳法"主讲内容的过程中对数学学科的核心素养,对新课程新课改有了更加清晰的认识,也督促自己在日常的教学过程中多反思多学习。

"数学归纳法"教学设计

主教教师 杨俊婷

一、教材分析

"数学归纳法"是人教版选修教材2-2第二章第三节内容,本节课是第一课时。在已经学习了不完全归纳法的基础上,介绍了数学归纳法,它是一种用于关于正整数命题的直接证法。教材通过剖析生活实例中蕴含的思维过程来揭示数学思想方法,即借助"多米诺骨牌"的设计思想,揭示数学归纳法依据的两个条件及它们之间的关系。

二、教学内容剖析

数学归纳法的亮点就在于通过有限多个步骤的推理,证明 n 取无限多个正整数的情形,这也是无限与有限辩证统一的体现。本节内容是培养学生严谨的推理能力、训练学生的抽象思维能力、让学生体验数学内在美的很好的素材。

教师应借助具体实例让学生了解数学归纳法的原理,并能用数学归纳法证明一些简单的数学命题,让学生经历归纳、猜想、证明的数学探究过程。

三、学情分析

前面学生已经通过数列一章内容和其他相关内容的学习,初步掌握了由有

限多个特殊事例得出一般结论的推理方法,即不完全归纳法。但由于有限多个特殊事例得出的结论不一定正确,这种推理方法不能作为一种论证方法。因此,在不完全归纳法的基础上,学生必须进一步学习严谨的科学的论证方法——数学归纳法。

学生在学习本节课新知的过程中可能存在两方面的困难:一是从"骨牌游戏原理"启发得到"数学归纳法"的过程有困难;二是解题中如何正确使用数学归纳法,尤其是第二步中如何使用递推关系,可能出现问题。

四、教学目标

(1)理解数学归纳法的原理与实质,掌握数学归纳法证题的两个步骤;

(2)会用数学归纳法证明某些简单的与正整数有关的命题;

(3)能通过"归纳、猜想"的过程得出结论并用数学归纳法证明结论。

五、教学重点

教学重点:

(1)理解数学归纳法的实质;

(2)掌握数学归纳法证题步骤,尤其是递推步骤中归纳假设和恒等变换的运用。

教学的难点:

(1)学生不易理解数学归纳法的思想实质,具体表现在不了解第二个步骤的作用,不易根据归纳假设做出证明;

(2)运用数学归纳法时,会在"归纳递推"的步骤中发现具体问题的递推关系,因此,用数学归纳法证明命题的关键在第二步,而第二步的关键在于合理利用归纳假设。如果不会运用"假设当 $n=k$ 时,命题成立"这一条件,那实际上就是不会运用数学归纳法。为突破以上教学难点,应通过问题的转化,进而把无限的验证转化为对两个命题:"(1)当 $n=1$ 时,命题成立;(2)假设 $n=k$ 时,命题成立,求证:当 $n=k+1$ 时命题成立"的证明,而且在第二个命题的分析中强调"当 $n=k$ 时,命题成立"是证明"当 $n=k+1$ 时命题成立"的条件之一,从而突破数学归纳法第二步中证明命题的难点。

六、教学条件支持

利用视频和实验动态地演示多米诺骨牌游戏,从中体会并理解"归纳奠基"和"归纳递推",把"归纳奠基"与"归纳递推"结合起来,才能完成数学归纳法的证明过程,理解数学归纳法的证明步骤。另外,在课堂练习时,选择学生中有代表性的解法,利用实物投影进行分析讲解,增强课堂教学效果。

七、教学过程设计

1.创设情境,引入课题

探究1:在数列 $\{a_n\}$ 中, $a_1=1$, $a_{n+1}=\dfrac{a_n}{1+a_n}$, $(n\in\mathbf{N}^*)$

(1)求出数列前4项,你能得到什么猜想?

(2)只求出数列前四项,能否说明 $a_n=\dfrac{1}{n}$ 对任意的正整数 n 都成立?

分析:逐一验证是不可能的。那么,我们应该思考"怎样通过有限个步骤的推理,证明取所有正整数都成立"的问题。这就引出要借助多米诺骨牌游戏原理来解决数列 $\{a_n\}$ 的问题。

【学生活动】计算数列前4项 a_2、a_3、a_4,观察并尝试总结出数列通项的猜想。

【设计意图】应用归纳推理,发现新事实,获得新结论,这是数学归纳法的先行组织者;该思考题的类型出现在本章第一节的合情推理中,是课标教材"螺旋式"上升的具体体现,其思维模式就是"观察—归纳—猜想—证明"。

2.师生互动,探究知识

探究2:体会多米诺骨牌游戏中蕴含的数学思想。

实验演示:让学生摆放准备好的多米诺骨牌,请个别学生上台演示,针对其演示中的成功与失败,引导学生思考以下问题:多米诺骨牌游戏为什么能取得成功? 它对多米诺骨牌的摆放与操作有什么要求? 请个别学生回答。

启发:如何只推动一张骨牌,使所有的骨牌都倒下? 在多米诺骨牌游戏中,要确保所有的多米诺骨牌都倒下,那么必须满足哪些条件?

①第一张牌被推倒;②若前一张牌倒下则后一张牌也必定倒下。

(辨析:在条件②中,谁作为条件? 谁作为结论?)

【设计意图】通过对多米诺骨牌游戏的分析,让学生经历从具体到抽象的归纳和概括过程,从而理解数学归纳法的本质。在多米诺骨牌游戏过程中,体会到若要使所有骨牌都倒下,第1块骨牌必须倒下,这是基础,也是前提条件。任意相邻的两块骨牌,前一块倒下是后一块骨牌倒下的条件,这就是多米诺骨牌游戏的连续性和传递性。教师指出其中②用到的是递推的思想,指出数学归纳法就是用递推的思想代替无限次的验证过程,并指出前一张骨牌倒下是后一张骨牌倒下的条件,为后续数学归纳法的使用做铺垫。

探究3:类比"多米诺骨牌"的原理来验证探究1中对于通项公式 $a_n=\dfrac{1}{n}$ 的猜想:

"多米诺骨牌"原理		证明数列通项公式
①第一块骨牌倒下	→	①当 $n=1$ 时,验证猜想成立
②若第 k 块倒下,则使得第 $k+1$ 块倒下	→	②假设 $n=k$ 时猜想成立 证明当 $n=k+1$ 时,猜想也成立
由①②可知,所有骨牌全部倒下	→	由①②可知,对于所有正整数 n,猜想成立

【学生活动】类比过米诺骨牌倒下的原理,口述出证明数列通项公式的方法。

(黑板上板书完整证明过程)

【设计意图】此时学生心中已有一个初步的证明模式,教师应该规范板书,给学生提供一个示范。要让学生注意:(1)两个步骤,一个结论,缺一不可,否则结论不成立;(2)在证明递推步骤时,必须使用归纳假设,必须进行恒等变换。

探究4:通过刚刚数列通项的证明方法,你能总结出用数学归纳法证明命题的一般步骤吗?

(板书数学归纳法概念的形成)

数学归纳法:

对于一些与正整数有关的命题,我们常采用下面的方法来证明它们的正确性:

(1)(归纳奠基)证明当取第一个值时,命题成立;

(2)(归纳递推)假设$n=k$时命题成立,证明当$n=k+1$时命题也成立;

根据(1)和(2)可知,命题对于从开始的所有正整数都成立。

启发:步骤(1)中为何强调取第一个值时命题成立,而不是$n=1$时命题成立?

反例说明:用数学归纳法证明"凸n边形的内角和等于$(n-2)\pi$",在验证n取第一个值n_0命题成立时,n_0应取多少? 验证当$n=3$时,命题成立。(最小的多边形是三角形)

【设计意图】由多米诺骨牌实验出发,通过类比,与学生一起解析数学归纳法的原理,揭示递推过程,强调数学归纳法的特点。数学归纳法实际上是将一个无穷的归纳过程转化为一个有限步骤的演绎过程,是处理与自然数有关问题的有力工具,是一种具有普遍性的方法。

3.通过实例,运用知识

例:已知等差数列$\{a_n\}$通项公式$a_n=2n,(n\in \mathbf{N}^*)$,证明数列前$n$项和:$S_n=n^2+n$.

(学生独立完成,通过投影仪指出学生在书写过程中的不足,教师/学生点评)

【设计意图】尝试应用数学归纳法解决问题。在本题证明中,如果有学生直接套用公式解决,就及时强调第二步证明中的核心——必须用到归纳假设。学生通过探究尝试典型例题,既能巩固数学归纳法,又能培养独立研究数学问题的意识和能力。不同的方法也能体现解决问题的灵活性。

思考1:甲同学猜想:$1+3+5+\cdots+(2n-1)=n^2-1$

用数学归纳法证明步骤如下:

证明:(1)假设$n=k$时等式成立,即$1+3+5+\cdots+(2k-3)+(2k-1)=k^2-1$

(2)当$n=k+1$时,$1+3+5+\cdots+(2k-1)+(2k+1)=k^2-1+(2k+1)=(k+1)^2-1$

即$n=k+1$时等式成立

由(1)(2)可知,等式对一切自然数$n\in \mathbf{N}^*$均成立。

思考2:乙同学猜想$1+3+5+\cdots+(2n-1)=n^2$

用数学归纳法证明步骤如下:

证明:(1)当$n=1$时,左式=1,右式=1^2=1

(2)假设 $n=k$ 时等式成立,即 $1+3+5+\cdots+(2k-3)+(2k-1)=k^2$

当 $n=k+1$ 时, $1+3+5+\cdots+(2k-1)+(2k+1)=\dfrac{(k+1)\left[1+(2k+1)\right]}{2}$

$$=\dfrac{(k+1)(2k+2)}{2}$$

$$=\dfrac{2(k+1)(k+1)}{2}$$

$$=(k+1)^2$$

即 $n=k+1$ 时等式成立

由(1)(2)可知,等式对一切自然数 $n\in\mathbf{N}^*$ 均成立。

【学生活动】学生观察解题过程,指出解题过程中与数学归纳法不符的错误。请学生通过自己刚刚所说的错误之处,总结并得到在使用数学归纳法时,步骤①②缺一不可的结论。

【设计意图】让学生观察其解题格式是否规范,是否忽略第一步,第二步是否用归纳假设;思考2中的第二步学生使用等差数列的求和公式而导致"假证",展示典型错误。

4.总结归纳,加深理解

(1)数学归纳法证明命题的步骤是什么?

两个步骤和一个结论,缺一不可,前者是基础,后者是递推依据,最终给出结论。

(2)数学归纳法能够解决哪一类问题?

一般被应用于证明某些与正整数有关的数学命题。

5.布置作业,课外延伸

课本:P95 练习 1、2;(必做)

P96 习题 2.3 A组 1、2;(必做)

B组 1、2;(选做)

数学归纳法的应用是非常广泛的,用数学归纳法证题的关键是如何由 $n=k$ 成立去证明 $n=k+1$ 成立,有哪些方法和技巧,下节课再接着探究。

6.板书设计

数学归纳法		
多米诺骨牌游戏 (1)第一块要倒下 (2)若前一块倒下时,后面一块必须倒下 根据(1)和(2)可知,所有骨牌都能倒下	数学归纳法一般步骤 (1)证明$n=n_0$时,命题成立 (2)假设$n=k$命题成立,证明$n=k+1$时,命题也成立 根据(1)和(2)可知,对任意的正整数$n(n \geq n_0)$,命题都成立	例:在数列$\{a_n\}$中,$a_1=1$, $a_{n+1} = \dfrac{a_n}{1+a_n}(n \in \mathbf{N}^*)$ 证明猜想:$a_n = \dfrac{1}{n}$

数学归纳法的解题方法证明是与自然数n有关的命题的一种特殊方法,它主要用来研究与正整数有关的数学问题,在高中数学中常用来证明等式成立和数列通项公式成立。数学逻辑推理是高中数学学科素养比较重要的一种思想。本节课从生活实例出发,让学生观察发现得到猜想,再通过一步步推理得到结论,这正体现了数学逻辑推理和数学抽象的核心素养。其次,在教学中也用到了类比的数学思想,将一些生活实例类比到数学教学上,这样更容易理解,也更容易让学生接受。而本节课的教学通过多米诺骨牌游戏作为引入,得到数学归纳法的概念后带着学生熟悉数学归纳法证明问题的步骤都体现了数学抽象和逻辑推理的核心素养。

"数学归纳法"评课

主评教师　何睿洁

在校本研究中,除了对一节课进行课前说课和课堂展示外,课后评课也是重要的一环。笔者作为主评教师,将从以下四个方面进行课堂观察和课后评课。

一、从教学目标上评课

"数学归纳法"出自人教社全日制普通高级中学教科书数学选修2-2第二章第三节的内容,根据课标要求,本书该节共两个课时,这是第一课时,其主要

内容是数学归纳法的原理及其应用。杨老师根据课程标准和教学内容将教学目标定为:(1)了解数学归纳法的原理,并能以递推思想作指导,理解数学归纳法的操作步骤;(2)能用数学归纳法证明一些简单的与正整数有关的命题,并能严格按照数学归纳法的证明格式书写;(3)体验探究的乐趣,通过"归纳—猜想—证明"培养学生数学抽象和逻辑推理的数学学科核心素养。

为了评价"数学归纳法"中教学目标、教学内容、活动过程、教学效果以及教师素质等情况,设计了数学课堂评价量表,见表1。

表1 数学课堂评价量表

数学课堂评价量表							
执教人: 班级: 教学内容:							
目标	子项	评价要素	权重	等级			得分
				A	B	C	
教学目标(16分)	基础性	符合课程标准、教材基本要求和学生发展的实际	4				
	全面性	知识与技能、过程与方法、情感态度与价值观要明确具体	4				
	操作性	目标明确、具体,具有很强的操作性和可检测性	4				
	发展性	为后续教学铺垫,带着问题进课堂,带着问题出课堂	4				
教学内容(24分)	基础化	根据课标、依托教材和学生的实际安排必需的内容,使每一个人都有获得感	8				
	生活化	与学生现实生活和知识体验密切联系,有吸引力、能激发兴趣	8				
	价值化	对学生进一步学习或社会实践都是有用的	8				
活动过程(40分)	人本意识	积极建立平等、民主、和谐的师生关系,创设有效的组织、引导机制,营造生动活泼、主动发展的环境	5				
	情境意识	从生动的背景切入,情境新颖,情趣共济,唤求知,促求成	5				
	问题意识	提供发现和提问的机会,质疑问难,诱发学生多角度思维	5				
	参与意识	既面向全体,又因材施教。观察学生是否全员、全程参与,是否给学生充分、自主的活动时间和空间	5				

续表

数学课堂评价量表							
执教人：　　班级：　　教学内容：							
目标	子项	评价要素	权重	等级			得分
				A	B	C	
活动过程（40分）	过程意识	亲身经历知识的产生、发生、发展、应用的全程，师生、生生间的多向交流及互动性强	5				
	活动意识	引导学生开展自主探究、合作交流的有效学习方式	5				
	策略意识	尊重差异，允许多角度并采用不同的方式表达自己的想法；关注每一个学生，对学习有困难的学生提供必要的帮助；具有敏锐地捕捉各种信息和有价值的教学资源的能力；根据教学内容选择合理有效的教学方法和手段	5				
	评价意识	能满足学生心理需要，适时采用灵活多样的激励性评价，较好地激发学生的求知欲和创新欲，促进学生的多样化发展	5				
教学效果（12分）	目标达成	认知、过程、情感目标达成率高，教学效果好	4				
	体验成功	学有所得，体验成功的快感，感受数学学习的内在魅力	4				
	课堂气氛	学生主动参与，思维活跃，课堂气氛活跃	4				
教师素质（8分）	语言	语言准确、精炼、生动，教态亲切、自然、富有亲和力	2				
	板书	工整规范，结构合理，富有启发性	2				
	手段	媒体、方式选用得当，操作熟练	2				
	技能	教学技能娴熟，有个性，形成特点与风格	2				

　　同时，笔者请三位听课教师在杨老师任课时填写该数学课堂评价量表。表2为听课教师吕老师对本节课"教学目标"和"教学内容"达成情况的打分。

表2　听课教师吕老师针对"教学目标""教学内容"部分的打分情况

目标	子项	评价要素	权重	等级			得分
				A	B	C	
			数学课堂评价量表				
		执教人:杨俊婷　　班级:高二4班　　教学内容:数学归纳法					
教学目标(16分)	基础性	符合课程标准、教材基本要求和学生发展的实际	4	A			13
	全面性	知识与技能、过程与方法、情感态度与价值观要明确具体	4	A			
	操作性	目标明确、具体,具有很强的操作性和可检测性	4	A			
	发展性	为后续教学铺垫,带着问题进课堂,带着问题出课堂	4	A			
教学内容(24分)	基础化	根据课标、依托教材和学生的实际安排必需的内容,使每一个人都有获得感	8	A			17
	生活化	与学生现实生活和知识体验密切联系,有吸引力、能激发兴趣	8		B		
	价值化	对学生进一步学习或社会实践都是有用的	8		B		

根据上表可以看出,杨老师本节课的教学目标基本达成,目标明确、具体,但是在可检测性和发展性上还有改进的空间。在教学内容的设计中,生活化部分的吸引力还有所欠缺,使得学生在后续的学习或实践中不一定能熟练地使用数学归纳法。

二、从教学环节上评课

杨老师的教学环节分为三个部分:课前引入、新知初探和巩固认识。在第一部分课前引入中,杨老师通过让学生观看多米诺骨牌的视频,调动了学生的兴趣,再抛出情境,使学生通过归纳猜想得到数学的通项公式,从而顺利地引入本节课的教学内容。第二部分的新知初探中,杨老师带着学生一起提炼多米诺骨牌倒下的步骤,进行原理分析,然后类比多米诺骨牌倒下的步骤,让学生尝试论证情境问题中猜想的数列通项公式,最后杨老师引导学生概括出数学归纳法的原理和步骤,并总结出数学归纳法的两个重点:归纳奠基和归纳递推。第三部分则是巩固认识。在这个环节中,杨老师让学生先自行完成例1,并请学生分享自己的解题思路和步骤;接着杨老师展示了例2的错误解答过程,让学生观察并指出错误,加深学生对数学归纳法步骤的认识;最后他请学生互相提问回顾数学归纳法的原理和步骤,并回忆本节课运用了哪些数学学科核心素养,并布置学生完成课后作业和探究,为下节课做铺垫,让学生带着问题出课堂。

为了评价杨老师在任教"数学归纳法"中的活动过程、教学效果是否达成,笔者抽取了听课教师吴老师对本节课"活动过程"达成情况的打分结果进行分析,见表3。

表3 听课教师吴老师针对"活动过程"部分的打分情况

目标	子项	评价要素	权重	等级			得分
				A	B	C	
活动过程(40分)	人本意识	积极建立平等、民主、和谐的师生关系,创设有效的组织、引导机制,营造生动活泼、主动发展的环境	5	A			32
	情境意识	从生动的背景切入,情境新颖,情趣共济,唤求知,促求成	5	A			
	问题意识	提供发现和提问的机会,质疑问难,诱发学生多角度思维	5	A			
	参与意识	既面向全体,又因材施教。观察学生是否全员、全程参与,是否给学生充分、自主的活动时间和空间	5	A			
	过程意识	亲身经历知识的产生、发生、发展、应用的全程,师生、生生间的多向交流及互动性强	5		B		
	活动意识	引导学生开展自主探究、合作交流的有效学习方式	5		B		
	策略意识	尊重差异,允许多角度并采用不同的方式表达自己的想法;关注每一个学生,对学习有困难的学生提供必要的帮助;具有敏锐地捕捉各种信息和有价值的教学资源的能力;根据教学内容选择合理有效的教学方法和手段	5		B		
	评价意识	能满足学生心理需要,适时采用灵活多样的激励性评价,较好地激发学生的求知欲和创新欲,促进学生的多样化发展	5		B		

通过上表,可以发现杨老师在人本意识、情境意识、问题意识和参与意识上都能完整达成,但引导生生互动较少,并且活动意识有欠缺,在教学过程中,并没有关注到每一个学生。同时在评价学生时,激励性评价还不够丰富,这也是杨老师今后教学中需要改进的部分。

仅仅通过数学课堂评价量表并不能完整展示本节课教学的观察情况,笔者还从以下两个方面进行了课堂观察:教师提问覆盖的范围、教学活动中学生的活跃度情况。

为了统计教师提问覆盖的范围,笔者设计了课堂学生小组分布图,并对杨老师上课过程中提问的小组进行了统计,见图1。

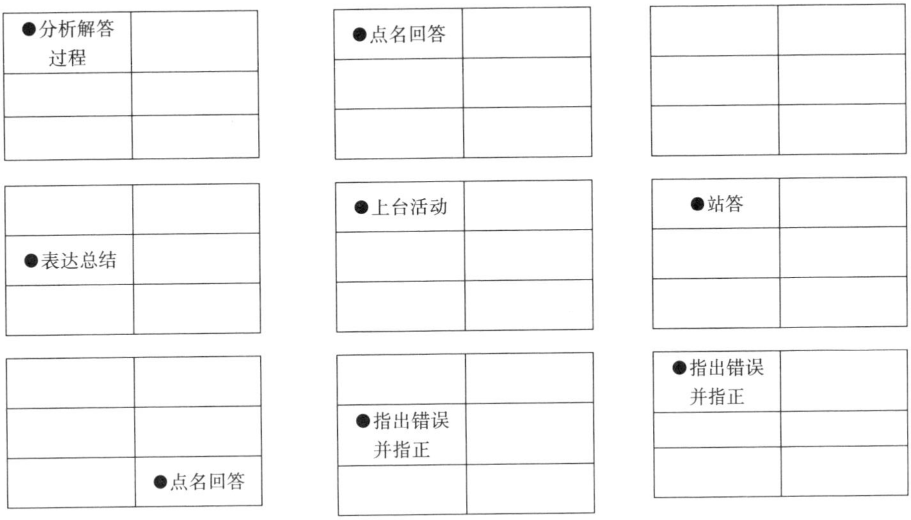

图1 杨老师提问覆盖的范围记录

根据图1,可以发现杨老师提问时各个组的学生都有照顾到,但是更多的情况是杨老师直接点学生回答,而不是学生在学生内部积极讨论后主动举手回答,这说明杨老师没有充分相信学生的表达能力和见解。建议杨老师在今后的教学中多留时间给学生思考问题和回答,让学生除了学会思考外,还要会表达。

为了观察教学活动中学生的活跃度情况,笔者设计了教学活动中学生的活跃度情况图,其中横轴为课堂时间,纵轴为学生活跃度,最高活跃度为10,笔者观察并记录的结果见图2。

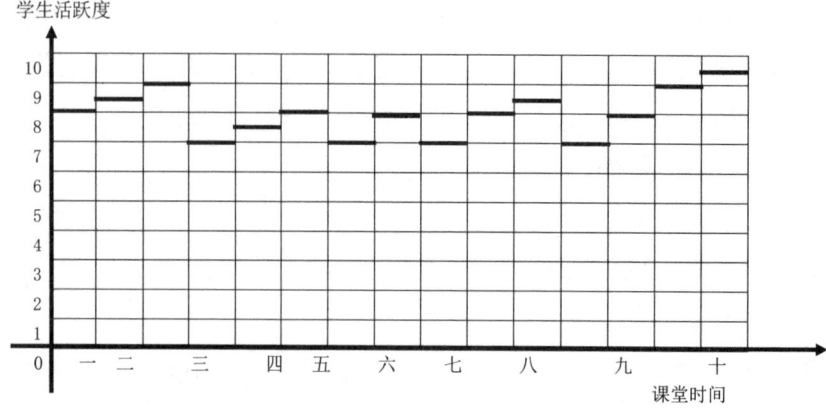

一	课前引入,学生看视频——学生学习兴趣被激发
二	探究猜想并回答
三	学生上台展示活动(主动上台)——学生能根据生活经验与视频展示的提示完成活动
四	类比骨牌论证猜想——学生从不会回答到积极回答问题
五	教师板书——学生齐答
六	学生尝试总结数学归纳法——老师点拨
七	学生自主完成例1,老师进行针对性点评——建议增加组内互评,选出最好的证明方法
八	投影学生证明过程后,学生指出问题并改正——建议把点评的机会还给学生,增加学生对典型错误的印象
九	学生观察并指出证明过程中的问题——提出问题后,可增加追问,并多鼓励学生
十	小组讨论并用自己的语言提炼原理与步骤——在小组讨论后,学生活跃度明显增加,学生用词准确精练

图2 杨老师教学活动中学生的活跃度情况记录

通过图2可以看到在课前引入看视频的环节中,学生的学习兴趣被激发,学生的活跃度为8,学生在进行探究并回答多米诺骨牌的规律时,学生活跃度增加到8.5,并在杨老师安排学生上台展示多米诺骨牌规律时,学生主动上台完成活动,这时全班学生的活跃度都很高,达到了9。这里可以发现学生能根据生活经验与视频展示的提示顺利完成活动,大大激发了学生的学习兴趣。

在新知初探环节中,在让学生类比骨牌规律论证猜想时,由于难度增大,学生不再能主动回答,活跃度下降到7,此时杨老师通过引导并板书论证过程,学生能尝试完成并齐答出杨老师的问题,活跃度回到了9。紧接着学生在尝试总结数学归纳法的原理和步骤时,一开始无法独立完成,活跃度降到7,杨老师点拨后,活跃度又上升到8。

在巩固认识环节中,杨老师让学生自主完成例1,并直接进行点评,这时学生的活跃度下降到了7,这里建议杨老师增加组内互评,让学生讨论出最好的证法,除了师生互动,生生互动也能调动学生的课堂活跃度。在学生展示自己的解答思路和过程后,该学生在杨老师的点评下发现了自己解答过程中的问题并改正,这里学生的活跃度恢复到8.5了,但是没有达到全班互动的效果,这里建议把点评的机会还给学生,以此加深学生对典型错误的印象。在例2的处理中,杨老师让学生观察并指出证明过程中的问题,由于问题串设计不够丰富,学生活跃度下降到7,没有调动起全班思考的积极性,建议杨老师增加追问,鼓励学生积极回答。在最后小组讨论并用自己的语言提炼数学归纳法的原理和步骤时,学生的活跃度明显增加,可以看到学生更愿意小组探究,学生积极分享自己总结的原理和步骤,用词准确精练,在下课前课堂活跃度最高,达到了9.5。

在上面的观察结果中,可以看出学生在遇到崭新的数学原理时,如何调动学生活跃度是教学环节设计的一大难点。在设计教学活动时,应鼓励学生独立思考,再进行小组探究,通过生生互动调动学生学习的积极性,增加学生的学习兴趣。

三、从目标达成上评课

为了评价杨俊婷老师在任教"数学归纳法"中的活动过程、教学效果是否达成,笔者抽取了听课教师何老师对本节课"教学效果"和"教师素质"达成情况的打分结果进行分析,见表4。

表4 听课教师何老师针对"教学效果"和"教师素质"部分的打分情况

目标	子项	评价要素	权重	等级 A	等级 B	等级 C	得分
教学效果(12分)	目标达成	认知、过程、情感目标达成率高,教学效果好	4	A			8
	体验成功	学有所得,体验成功的快感,感受数学学习的内在魅力	4		B		
	课堂气氛	学生主动参与,思维活跃,课堂气氛活跃	4		B		

续表

目标	子项	评价要素	权重	等级 A	等级 B	等级 C	得分
教师素质（8分）	语言	语言准确、精炼、生动，教态亲切、自然，富有亲和力	2	A			7
	板书	工整规范，结构合理，富有启发性	2	A			
	手段	媒体、方式选用得当，操作熟练	2	A			
	技能	教学技能娴熟，有个性，形成特点与风格	2		B		

通过表4可以观察到杨老师目标达成良好，但是在学生体验成功这个部分完成得不够好，在课堂氛围调动上学生活跃度未达到预期的效果，课堂气氛活跃度有起伏。在教师素质中，杨老师语言准确精炼，教态亲切自然，板书工整规范，多媒体选用得当，教学技能较为娴熟。

杨老师各个环节目标都基本完成，且表现出五个亮点：一是课前引入合理，能激发学生的学习探究兴趣；二是给学生留出了思考时间；三是教态亲切，条理清楚，逻辑严密；四是体现了教思维、教表达、教体验的新理念；五是板书工整、结构合理，富有启发性。

四、再教设计

根据上面三个部分的分析，笔者认为今后再次教学"数学归纳法"时，可以在本节课的教学环节设计的基础上，增加以下几个再教设计：在新知初探中，教师在板演探究1的猜想论证时，应加上：$k \geqslant n_0$；在请学生回答问题时，多进行追问，设计难度适中的问题串，层层递进，并对回答问题的学生多加鼓励，提升学生的回答积极性；在学生独立完成例1后，应增加组内讨论，选出最佳答案，让学生主动分享自己的证明过程；在错题重改中，让学生自行生成"归纳奠基""归纳递推"，缺一不可。

以上就是笔者对杨俊婷老师"数学归纳法"这节课的评课。

笔者与主讲李远凤老师和主教杨俊婷老师在前期的教学设计和课堂上的教学过程以及课后进行评课和再教反思中，都努力将逻辑推理和数学抽象等数学核心素养融入平日的教师研修和课堂教学中。

培养学生数学的核心素养是我们作为数学教师的终极目标,为此我们需要不断尝试,创设合适的情境,设计有梯度和有效的问题,引发学生思考。感谢学校组织的此次"三新"改革活动,在参与"数学归纳法"的磨课和评课的过程中,笔者将平日学习到的理论知识变成能有效提高学生的数学核心素养的方法,也督促自己在日常的教学过程中多反思多学习。也希望今后学校能多举办此类研修活动,通过这样的课堂观察和课后评课活动,让组内的教师互相学习,取长补短,以提升自身的教学能力和素养。

4.

英语组"三主"教研精选案例

主题:基于学习活动观的高中英语教学设计探究

课题:Unit 1 Growing up—The Age of Majority

团队:主讲——沈玢池;主教——陈百岭;主评——徐晶

基于学习活动观与单元整体教学的高中英语教学设计探究

——以新外研版选择性必修二 Unit 1 Growing up 为例

主讲教师　沈玢池

《普通高中英语课程标准(2017年版)》(以下简称《新课标》)倡导基于主题意义探究的教学理念,并指出英语课程应该把对主题意义的探究视为教与学的核心任务,并以此整合学习内容,引领学生语言能力、文化意识、思维品质和学习能力的融合发展。《新课标》提出的英语学习活动观,是指学生在主题意义引领下,通过学习理解、应用实践、迁移创新等一系列体现综合性、关联性和实践性等特点的英语学习活动,基于已有的知识,依托不同类型的语篇,在分析和解决问题的过程中促进自身语言知识学习、语言技能发展、文化内涵理解、多元思维发展、价值取向判断和学习策略运用。

《新课标》指出,单元是承载主题意义的基本单位,单元教学目标是总体目标的有机组成部分。单元整体教学设计就是一个整体设计、统筹安排的过程;是按照一定的逻辑,在充分分析课标、教材和学情的基础上,明确单元主题、确定教学目标、制订教学评价、设计教学活动的过程。实施单元整体教学的意义在于：能够帮助教师在教学中把握立德树人的本质，为学生探索学科知识、转化能力、形成素养奠定基础，从而完成立德树人的根本任务。

一、单元教学内容分析

本单元教学内容为新外研版高中英语教材选择性必修二 Unit1 Growing Up，主题语境为人与自我（认识自我、丰富自我、完善自我）。表1为单元教学内容分析：

表1 单元教学内容分析

教学环节	教学内容	教学流程
1.Starting out	视频与诗歌：介绍了不同时期、不同文化背景下成人礼的庆祝方式，以及诗歌欣赏，谈一谈"成为一个真正的人"需要具备哪些品质	
2.Understanding ideas	阅读语篇（专栏文章）：3名来自不同国家的学生分别表达了自己对18岁的理解与定位	理解
3.Using language	语法语篇：将来进行时。两个语篇分别介绍了夏令营第一天的时间安排、对未来的规划，以及以电子邮件形式描述作者对未来的具体规划 听力语篇：两名学生关于寄宿生活的讨论	↓ 发展
4.Developing ideas	阅读语篇（小说）：《小王子》节选，表明儿童对世界的理解与成年人对世界的理解有很大差异，将儿童的本真与成年人的功利心进行对比 读写语篇（书评）：关于《小王子》的书评，作者从读者角度讲述自己的理解	↓ 实践
5.Presenting ideas	构思一年的自我提升规划	

二、单元教学设计

1.Starting out：了解成人礼，思考成长的品质

本课时为单元起始，为听说课。通过视频引发学生思考成人礼的真正含义，以及"成为一个真正的人"需要具备哪些品质，以轻松自然的方式激活主题，进行话题、词汇及思维铺垫。

2.Understanding ideas：不同理解与定位，对比分析反思

本课时为专栏文章，学生通过阅读语篇了解3名来自不同国家的学生对 The Age of Majority 的理解与定位。精读思考：

①标题 The Age of Majority 的含义；

②学会辨别事实与观点，进一步理解课文；

③体会成年的意义与责任，思考如何完善自己、提升自己，树立积极的人生观与正确的生活态度。

3.Using language：学语法展未来，珍惜成长与进步

本课时为语法与听力训练，语法内容为将来进行时，听力内容涉及未来的具体规划、寄宿生活。学生在语境中感知与运用将来进行时，客观面对苦乐参半的人生，学会表达焦虑以及给出鼓励与建议。此课时旨在帮助学生树立积极的生活态度，珍惜每一个成长与进步的时刻。

4.Developing ideas：品经典、思得失，保童真与初心

本课时为小说品鉴，通过对比儿童的本真与成年人的功利心，让学生感悟主题意义，思考成长得失，保持童真与初心，培养正确的人生态度。

5.Presenting ideas：回顾与反思，自我提升规划

学生回顾收获与感悟，并制订未来一年自我提升规划，促进相互合作，学会分析问题、解决问题，形成良好的自我管理意识。

表2　单元整体框架

大观念：Growing up wisely				
小观念1：Different understandings of growing up 小观念2：Meaning and responsibility of growing up 小观念3：Optimistic attitude to growing up				
1.Starting out 了解成人礼，思考成长的品质	2.Understanding ideas 不同理解与定位，对比分析反思	3.Using language 学语法展未来，珍惜成长与进步	4.Developing ideas 品经典、思得失，保童真与初心	5.Presenting ideas 回顾与反思，自我提升规划
初步探讨 话题铺垫	精读对比 由表及里 由人及己	由小及大 述说生活 面对压力 管理情绪 规划未来	泛读品味 探索人生 深入思考 开阔视野	综合产出 开启新篇

表3 单元教学目标与核心素养

教学目标	核心素养
1.在不同时期、不同文化背景下,对比分析成人与成长的不同理解,感知中外文化异同	学习能力 文化意识
2.基于单元提供的诗歌、个人访谈、电子邮件、小说节选、书评等多模态语篇,运用各种语言技能,读懂与成长相关的语篇内容,表述相应的语篇话题	语言能力 思维品质
3.运用所学制订一年的自我提升规划,反思自己的成长历程,理解成长的意义,学会面对压力、自我激励与积极生活	学习能力 语言能力 思维品质
4.能够恰当运用学习策略,在自主、合作与探究式学习中提高分析与解决问题的能力,以及理解与表达能力	学习能力 语言能力 思维品质

三、课时教学内容

本课时教学内容为1单元 Understanding ideas:The Age of Majority。

1.文本分析

(1)What:三名来自不同国家的学生分别表达了自己对18岁的理解与定位。

(2)Why:①准确获取语篇关键信息,并学会辨别事实与观点;

②基于语篇内容,体会成年的意义与责任,思考如何完善自己、提升自己,树立积极的人生观与正确的生活态度。

(3)How:①时态:将来进行时;

②语言:事实与观点。

2.学情分析

(1)已知起点:本语篇主语语境为"人与自我",与学生的成长紧密联系,学生对与成年这一话题相关的词汇和表达有一定积累。

(2)存在问题:①学生个体差异较大,多数学生口头表达能力较弱;

②学生使用目标语言进行分享、交流的意识较为薄弱;

③对主题意义缺乏深入思考。

(3)应对措施:①设计差异化任务,努力确保全员都能参与课堂探究与分享;

②提供评价量表,帮助学生聚焦目标语言;

③通过问题链的形式启发学生深入探究主题意义。

表4　课时教学目标与核心素养

教学目标	核心素养
1.通过看、听、读获取语篇主要信息,并根据课文内容准确理解The Age of Majority的含义	学习能力 文化意识
2.准确获取关键信息,并学会辨别事实与观点	语言能力 思维品质
3.基于语篇内容,体会成年的意义与责任,思考如何完善自己、提升自己,树立积极的人生观与正确的生活态度	学习能力 语言能力 思维品质

表5　教学流程

学习活动观	教→学→评			
	教学环节	学生活动	活动目的	评价内容
学习理解 ↓ 应用实践 ↓ 迁移创新	Step 1 Viewing	感知与注意	1.导入激活 2.听前搭建"脚手架"	1.能够激活已知背景知识、熟悉话题 2.能够在听前做出积极预测
	Step 2 Listening	获取与梳理	1.听中获取信息 2.读前搭建"脚手架"	能够辨别事实与观点
	Step 3 Reading	分析与判断	1.分析对比判断 2.说前搭建"脚手架"	能够对比分析、由人及己
	Step 4 Speaking	内化与运用	1.读后联系生活 2.表达促进思维 3.写前搭建"脚手架"	1.能够思考如何完善自己,积极面对生活 2.能够进行主题表达
	Step 5 Writing	想象与创造	深化主题理解	能够通过主题语篇学习,树立正确的生活态度

本节课从单元视角,对语篇深入研读,形成整合的循序渐进的课堂教学。整个教学始终践行英语学习活动观,促进核心素养的有效形成。单元整体教学指导教师整合课程内容、整体规划教学与评价活动,并在教学中融入持续的评价。由此确保目标落实:促进学生学科核心素养的融合发展,从不同角度围绕同一主题引导学生进行多元化解析,并通过开展多样化的教学活动,使学生在

意义探究和问题解决的过程中建构起连贯的、整合性的知识结构,促进语言能力、文化意识、思维品质等多方面的融合发展。

基于英语学习活动观的高中英语口语教学实践

——以新外研版选择性必修二 Unit 1 Growing up 为例

主教教师 陈百岭

一、英语学习活动观

《普通高中英语课程标准(2017年版)》(以下简称《新课标》)明确提出了指向学科核心素养发展的英语学习活动观。《新课标》明确:"活动是英语学习的基本形式,是学习者学习和尝试运用语言理解与表达意义,培养文化意识,发展多元思维,形成学习能力的主要途径。英语学习活动的设计应以促进学生英语学科核心素养的发展为目标,围绕主题语境,给予口头和书面等多模态形式的语篇,通过学习理解、应用实践、迁移创新等层层递进的语言、思维、文化相融合的活动,引导学生加深对主题意义的理解。"学习活动观通过多模态语篇和多样化的英语学习活动得以实施,进而将英语学科核心素养的育人目的落到实处。

在课堂教学过程中,教师应积极实践学习活动观,通过呈现多模态的语篇,以直接有效的方式创设真实的语言情境,启发学生积极参与针对语篇内容和形式的讨论和反思,鼓励学生对主题情境下的现象和问题进行深度探讨及表达,激发学生从学习活动中重塑对主题意义的理解,从而帮助学生表达观点、情感和态度,实现深度学习。本文以新外研版选择性必修二 Unit 1 Growing up 教学实践为例,探讨如何基于英语学习活动观对口语教学进行设计和实践。

二、基于英语学习活动观的教学内容分析与教学目标设置

新外研版选择性必修二 Unit 1 Growing up 单元 Understanding ideas 板块的文章标题为 The Age of Majority。这篇文章一共包含三篇专栏文章,篇幅不长,且都探讨了成年的意义与烦恼。从文本内容来看,三名来自不同国家的学生分别表达了自己对于18岁的理解与定位。第一篇讲的是渴望成年的 Bethany 对选

举权和驾驶证无比期待,却遭到了母亲的反对;第二篇讲的是 Lin Ning 对成年认识从自由转变为责任,金钱观念也愈发谨慎;第三篇讲的是期待独立生活的 Morgan 囿于现实的原因仍和家人同住,同时也认识到了家人的重要性。

考虑到高中学生对成年生活的向往与期待,容易在成长的语境下被激发表达欲,笔者希望在这堂课中,学生在习得语言知识之外,能积极讨论成年的自由与烦恼,产生对成长和社会责任的深度思考,在运用语言表达观点的同时,创造性地表达个人观点和情感态度。因此,笔者围绕主题语境,结合单元导入视频 "Come-of-age ceremony"和三篇专栏文章,在课堂中以视频、听力和阅读的多模态语篇方式进行呈现,鼓励学生通过学习活动从语篇中获得新知,感知并理解语篇中承载的价值取向。因此,本课学习结束时,学生要完成以下学习目标: (1)Understand the contents of each multi-modal discourse;(2)Improve speaking ability by discussing and expressing ideas on different topics related to turning 18;(3)Have a deeper understanding of growth and responsibility to the society.

三、建立真实的语言情境

《新课标》提出"情境创设要尽量真实,注意与学生已有的知识和经验建立紧密联系,力求直接、简洁、有效"。为此,笔者设计了一系列与成长有关的问题,以问卷调查的形式提前发送给学生,并对问卷数据进行分析与梳理,根据结果设计一系列有层次的问题,引导学生针对问卷结果和多模态语篇进行讨论和反思,直接有效地建立起学习内容与学生已有知识的联系。问卷内容如下:

A Questionnaire About Growing up

1.What do you want to do after turning 18?(Choose two)

A.Get a credit card;

B.Get a driver's licence;

C.Get a full-time job;

D.Get the right to vote;

E.Get a bank loan;

F.Live in a big apartment and move out from your parents' house;

G.Go to a key university;

H.Travel to a place/city.

2.Is it a good age to get a driving licence at the age of 18?

A.YES　　　　　　　　B.NO

3.Will you like to sign an organ donation agreement?

A.YES　　　　　　　　B.NO

4.What freedom do you think you have after 18?

_____

5.What responsibility do you think you have after 18?

_____

四、基于英语学习活动观的教学活动实施

Step 1　Viewing(学习理解——感知与注意)

Activity 1：Watch a video and write down the age of each events and match the country to the ceremony.

1.What is a come-of-age ceremony?

（A come-of-age ceremony is an event that marks the time when a young person moves from childhood to adulthood.）

2.What do you want to do after turning 18?

（After turning 18，I will...这是开放性问题,学生按意愿自主表达）

Activity 2：Show the result of the questionnaire and ask students the reasons of their choices.

T：Yesterday，we've fill the questionnaire on this question. Let me show you the result. Why do you want to travel to a place/go to a key university/get a driver's license?

（Example：The reason I chose to get a driver's license is that I want to visit many places since I was young. /... is my first choice because...I've been longing for... /...will bring me a lot of benefit,...这是一个开放性问题,学生可以给出不同答案, 但老师要提供句型帮助学生组织语言）

此项活动的目的是为引入后续的听力活动做准备。一方面在内容上贴近学生的生活,另一方面激活学生的背景知识,使学生在话题讨论活动中更有参与感。

Step 2　Listening for debating(学习理解——获取与梳理)

Activity 3:Listen to Bethany's monologue and fill in the blanks.

I can't wait to be 18. One reason is that although I've been working ever since leaving school, I won't be voting in the next general election(大选). Why? Because I still won't be old enough. Surely, if you're old enough to earn a wage and pay taxes, you should be allowed to vote on how the government spends them! I've also been taking driving lessons, and in fact I will be taking my driving test on the very day I turn 18. My mum worries about me being behind the wheel. As an ambulance driver, she's seen a lot of car accidents involving teenagers and thinks the legal age for getting a driving license should be 21. But I think I'm already mature enough to understand that driving a car also means taking responsibility for my life and the lives of other people.

Activity 4:Carry out a mini-debate.

1.Why does Bethany's mother worry about her driving a car?

(Bethany's mother worry about her driving a car because driving is a dangerous activity. It may threaten teenagers'life and the life of other people.)

2.Is 18 a good age to drive a car?

T: In yesterday's questionnaire, we have a very interesting outcome. Let me show you. In our class, nearly 96 percent of you chose YES while only 2 students chose the opposite answer. Can you show us your reason of choosing NO?

(In my opinion, 18 is not a good age to drive a car because driving is an important activity, and if we make mistakes, it may hurt other people's life.)

3.What is Bethany's understanding of responsibility?

Step 3　Reading for discussing(学习理解——概括与整合)

Activity 5:Talk about organ donation.

1.Would you like to sign an organ donation agreement?

T：To this question, the result of yesterday's questionnaire is totally different. Half students would like to sign an organ donation agreement. Can you share your reasons with us?

（I would like to sign an organ donation agreement because I want to be useful to the society. ）

T：We need to help others because we live in the society, and helping others can make a better world.

Activity 6：Read Lin Ning's story and describe him.

1.Read Lin Ning's story and find out why would he will sign an organ donation agreement?

（Lin Ning will sign the agreement because he has begun to feel more aware of other people and to develop a stronger sense of social responsibility.）

T：As an adult, we shoulder social responsibility. No one is an island entire of itself. If we do not help other people in need, no one would help us when we need help.

2.What kind of person is Lin Ning?

（Lin Ning is a brave and selfless boy because donating an organ is dangerous.）

3.What is Lin Ning's understanding of responsibility?

Step 4　Reading for talking（应用实践——内化与应用）

Activity 7：Read Morgan's monologue and answer the question.

1.Morgan has his own problems when turning 18. Please read and answer the question：has he moved out from his parent's house?

（Morgan didn't move out.）

2.Why hasn't he moved out?

（Morgan didn't move out because he contributed to the household bills and his commute［通勤］to work is quite expensive. ）

3.What kind of person is he?

(Morgan is responsible and wise.)

4.What is Morgan's understanding of responsibility?

(在老师不断的追问下,学生通过总结文中三人对责任的观点来形成并内化对责任感的理解,对成年不仅意味着自由更代表着担负起相应的责任有了更深刻的理解)

Step 5　Group Work—Discussing (迁移创新——想象与创造)

Topic：What kind of person do you want to be?

T：OK, everyone. Now let's share with our teammates what kind of person you want to be. You can take notes while others are talking.

(Example 1：I can't wait to be a responsible person. I want to be responsible to my parents and myself. Moreover, I will be more independent and work hard to have my own career.)

(Example 2：In the future, I will be optimistic. I know I will meet many problems when I enter the society after graduation. But I should not be afraid, I will learn more knowledge and skills to deal with problems positively and build good relationship with others. Friends are important to me.)

Step 6 Homework

Write a mini speech titled "Turning 18—What does it mean?" in 150 words.

五、教学反思

英语学习活动观贯穿整堂口语教学课堂。本课以意义为主线,以主题为引领,激发了学生在真实情境下的讨论兴趣,学生主动讨论、探讨深层次主题意义。本课可以改进的地方在于,在学生进行表达的时候,教师可以在词汇上提供帮助,辅助学生表达意义;另外,本课活动较多,容量较大,给予学生讨论的时间应更充分。

"英语学习活动观"指导下
基于"产出导向法"和"学生参与度"的英语口语课堂实践

反思性评课——以新外研选择性必修二 Unit 1 Growing up 为例

主评教师 徐晶

一、评课理论依据

1.英语学习活动观

普通高中英语课程标准提出了由主题语境、语篇类型、语言知识、文化知识、语言技能和学习策略等六要素构成的课程内容以及英语学习活动观。

具体来说,指向学生学科核心素养的英语教学应以主题意义为引领,以语篇为依托,整合语言知识、文化知识、语言技能和学习策略等学习内容,创设具有综合性、关联性和实践性的英语学习活动。

学习理解类活动、应用实践类活动、迁移创新类活动是英语学习活动观的三个主要类型,这与"产出导向法"的三个教学环节相对应。学生由感知与注意、获取与梳理、概括与整合到描述与阐释、分析与判断、内化与运用,最终实现推理与论证、批判与评价、想象与创造。值得注意的是,在实际教学过程中要根据不同类型的活动设计不同的教学方案。

基于英语学习活动观来设计活动时,需要层次分明,先围绕主题创设语境,激活已知,提出问题;根据所提出的问题,获取新知识,弥补之前零散的、不完整的甚至可能有一定偏差的认识,在梳理细节信息过程中获取新知;在细节梳理的基础上,进入概括、整合、重组信息的环节,并形成新的知识、新的知识结构,或者新的概念;以上为学习理解类活动的设计思路。再围绕主题和所形成的新的知识结构,开展语言实践活动;在内化语言的基础上,开始分析语言结构和进行语言形式和主题意义的关联;以上为应用实践类活动的设计思路。最后,鼓励学生将所学的知识和能力,迁移到新的生活情境中,用于解决真实的问题,此为迁移创新类活动的设计思路。

2.产出导向法

"产出导向法"(Production-oriented Approach,下文简称POA)是由我国的文秋芳教授团队历经十余年而建构的中国本土特色教学理论体系,始于产出,终于产出,包含教学理念、教学假设、教学流程三部分(见图1)。这三部分各司其职,形成体系:以"学习中心说"(Learning-centered Principle)、"学用一体说"(Learning-using Integrated Principle)、"文化交流说"(Cultural Communication Principle)、"关键能力说"(Core Competence Principle)的教学理念为指南针;以"输出驱动假设"(Output-driven Hypothesis)、"输入促成假设"(Input-enabled Hypothesis)、"选择性学习假设"(Selective Learning Hypothesis)、"以评为学假设"(Assessment-is-learning Hypothesis)为教学流程的理论依据;以"驱动(Motivating)—促成(Enabling)—评价(Assessing)"组成若干内外及大小循环链的教学流程,是教学理念及教学假设的体现及检验方式,在此期间,教师主导地位不放松,师生合作共建稳实现。

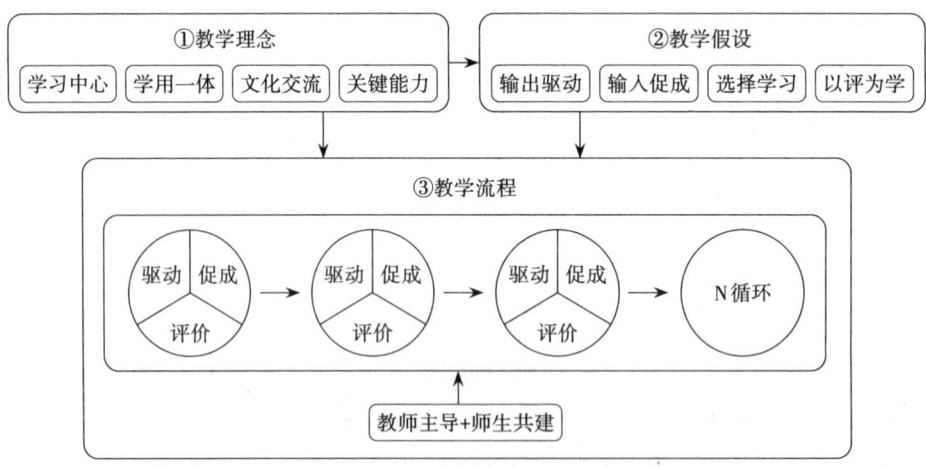

图1 "产出导向法"理论体系

"驱动环节"的主要任务是通过产出使学生认识到自己的不足,从而调动他们的学习积极性,刺激学习欲望。

"促成环节"的主要任务是要帮助学生"逢山开路、遇水架桥",有针对性地为学生完成产出任务提供"脚手架"。

"评价"环节是POA必不可少的教学环节,包含对促成活动进行即时评价,

也可对产出成果进行即时或延时评估。值得一提的是,"师生合作评价"(Teacher-student Collaborative Assessment,简称TSCA)是POA创设的新评价形式,避免学生有产出却无反馈,强调学生评价必须有教师的专业指导,同时每次评估必须重点突出,抓主要矛盾,使评价成为复习、巩固、强化新学知识的机会,进而使学习发生质变和飞跃。

3.学生参与度

学生参与度指的是,在教师缔造的参与环境中,学生明确自身学习主体地位,无论行为、情感或认知均显示出正面倾向,踊跃地投入课堂、参与活动并完成课上课下任务的学习形式及勤勉程度。

二、评课量表制定

基于"产出导向法"及"学生参与度",分别从教师维度和学生维度设计了如下三份课堂观察量表(见表1、2、3),为评课提供数据支持,同时作为评课的依据,并于课前分发给听课老师。

表1 基于POA的课堂观察维度(教师层面)

教师维度	评价标准		达成情况	再教设计
驱动	交际真实性			
	认知挑战性			
	产出目标恰当性			
促成	精准性			
	渐进性			
	多样性			
评价	即时评价	表扬		
		表扬加复述		
		表扬加评价		
		引导该生更正		
		请其他学生答		
	延时评价(课后)			
	师生合作共评	评价重点突出		
		抓住主要矛盾		

表2　基于POA的课堂观察维度（教师层面—即时评价）

教师维度	评价标准	达成情况（评价次数）	所占比例(%)	再教设计
即时评价	表扬			
	表扬加复述			
	表扬加评价			
	引导该生更正			
	请其他学生答			

表3　基于"参与度"的课堂观察维度（学生层面）

学生维度	评价标准	参与人数	所占比例(%)	再教设计
行为参与（课中）	自觉动笔记录			
	主动举手发言或提问			
	积极参与讨论交流			
认知参与（课后）	学习理解			
	应用实践			
	迁移创新			
情感参与（课后）	乐趣感			
	成功感			
	焦虑感			
	厌倦感			

三、反思性评课

1.课堂整体观感

本课选自新外研版选择性必修二 Unit 1 Growing up，属于三大主题语境下的"人与自我"。以成长为话题，巧用我校成人礼为引入，贴近学生实际生活，通过文本中的不同角度，引导学生理解成长的意义与责任。所有设计均以口语产出为导向，所有活动由简到难逐层深入，在此过程中，引导学生思辨，最终实现启智润心。

2.教师维度

教师层面的评价维度源于"产出导向法"，是文秋芳教授2018年修订后的

中国特色外语教学法。整个教学流程以大单元为教学单位,采用推进式,即一个单元会设计一个大产出目标,然后将大产出目标分解为若干小产出目标。它们之间虽有前后逻辑关系,但各自相对独立,可由"驱动、促成、评价"一个完整循环完成,也可在内部进行微循环,以达成微产出目标。

首先,评估驱动环节质量的指标有三个:交际真实性、认知挑战性和产出目标恰当性。交际真实性指的是所设计的产出任务一定是现在或未来可能发生的交际活动。本课主题为"长大成人",设计的产出任务是"学生能用英语向同学表达自己对长大成人意义的理解,并写一份150词内的微演讲稿",这虽符合高二学生成长轨迹,但却不一定是现在或未来可能发生的交际活动。因为,对于在中国学习英语的中国学生来说,他们处在外语环境中,而不是第二语言环境中,他们可以用中文表达自身想法,没有用英语交流的必要。类似的情况经常出现在日常教学,甚至考试中(见图2),这使得交际真实性大打折扣。认知挑战性指的是所设计的产出任务一方面要能够增加学生的新知识,另一方面要能够拓展学生的思辨能力。本课设计的产出目标四分之三都落在对学生能力的培养上,给学生提供的口语表达句型也不是新教授的,这无形中忽略了学生对新知识的获得。产出目标恰当性指的是要求学生尝试产出的任务应符合学生的语言水平,不要让学生感到新任务难度太大,无法完成。本课基于课前学生问卷结果,设计了对应的产出任务,例如,问卷中近96%的学生选择了成年后最想得到驾照,因此教师追问其原因,成功激发学生学习兴趣,让学生愿意说。但如前所述,教师没有基于新知识为学生提供相关口语表达词汇、句型、结构等,学生愿意说但又无话可说,这降低了学生的动机强度。

用英语写信感谢父母的养育之恩
用英语与社会各界人士讨论英语高考改革问题
用英语写一篇作文说明自己对安乐死的看法
用英语写一封邮件向市长询问未来城市环保计划
用英语采访以了解学生对学校食堂的意见
用英语写一封信抱怨某商家的服务态度
用英语写一篇文章说明自己对医疗改革的设想
用英语写一篇文章讨论目前高校对学生的评价制度

图2 交际场景真实性不足举例

促成环节的衡量指标有三个:精准性、渐进性和多样性。精准性指促成活动一要对准预先设立的产出目标,二要对准学生产出中的困难。例如,本课教师先询问学生"为何Bethany的母亲担心她女儿考驾照?",这对准了预先设立的产出目标2"培养学生归纳原因的能力"。再如,教师预设了学生回答此问题可能会遇到的困难,因此针对性地呈现了车祸图片来帮助学生,精准地对准了学生产出中的困难。渐进性指促成活动沿着语言和技能两个相互联系的维度循序渐进。例如,就语言维度而言,本课促成活动是在学生阅读后,由教师根据学生水平提供了形容词,请学生选择最符合文中Lin Ning的一个词,再从词到句,让学生说出选择的原因,实现逐层推进。就语言技能发展维度而言,本课促成活动从接受性技能(听和读)到产出性技能(说和写),期间,教师带领学生爬坡过坎,一步一个脚印,这样教学便有了"过程性"。多样性涵盖三方面:信息传递渠道、交际类型和活动组织方式。本课信息传递渠道覆盖有6种,交际类型有2种,活动组织方式包括4种,这使得本节课教学形式丰富多彩,学生交替使用了大脑的不同加工机制,有利于提高学习效率。

评价环节贯穿全程,分为课中的即时评价和课后的延时评价。从教师层面出发,即时评价量表内包含5种评价方式,本节课上教师表扬学生7次,表扬加复述学生答案2次,表扬加评价学生回答1次,请其他学生回答1次,全程未引导该生更正答案(见表4)。本课未对延时评价标准进行解释。以上教师评价未突出评估重点,没抓住主要矛盾,清一色的"nice,good,great",不是有效评价,成了"为评价而评价"的形式主义;且整堂课基本都是教师评价,缺少学生自评、学生互评等,更别说师生合作共评了。

表4　基于POA的课堂观察情况(教师层面—即时评价)

教师维度	评价标准	达成情况 (评价次数)	所占比例(%)
即时评价	表扬	7	64%
	表扬加复述	2	18%
	表扬加评价	1	9%
	引导该生更正	0	0%
	请其他学生答	1	9%

3.学生维度

学生层面的评价维度源自"学生参与度"。孔企平教授2003年提出学生参与包括三方面,第一是行为参与,也就是学生对课堂教学的参与是否积极、努力。第二是认知参与,也就是学生在参加课堂活动中的思考程度,与新课标结合来看,可囊括为学习理解、应用实践、迁移创新情况。第三是情感参与,指学生在课堂教学中的情感体验,分为乐趣感、成功感、焦虑感、厌倦感。

本课中,选择观察并统计课上自觉动笔记录、主动举手发言或提问、积极参与讨论交流的学生人数来衡量学生行为参与度。观察过程中无学生缺旷,本班人数为50人,统计结果见表5。本课是口语课,主动举手发言或提问、积极参与讨论交流的学生人数明显多于自觉动笔记录的学生人数,因此学生行为参与度符合口语课要求。但本课缺少学生即时评价,无论是学生自评或生生互评,都没有涉及,这是遗憾之处。

表5 基于"参与度"的课堂观察情况(学生行为参与层面)

学生维度	评价标准	参与人数	所占比例(%)
行为参与(课中)	自觉动笔记录	3	6%
	主动举手发言或提问	9	18%
	积极参与讨论交流	19	38%

评课不应局限于课中,还应延伸拓展到课后,因此,学生认知参与及情感参与度,将在课后通过问卷调查及访谈形式来落实,在此不再赘述。

四、再教设计

1.教师层面

基于"驱动环节"场景设计四大要素(见图3),重新梳理本课话题为"长大成人";教学目的为观点陈述;学习者包括说者和听者,其身份互为同学;学习场合在教室,属于非正式场合。再教设计将口语交际场景优化为在教室与外国留学生同学交流对"长大成人"的看法,更加贴合交际真实性。为符合"驱动环节"认知挑战性及产出目标恰当性,再教设计建议教师基于新学文本,师生共同归纳出可用于口语表达的参考词汇、句型、结构,让学生愿意说且有话可说。

图3　场景要素示意图

针对"师生合作共评",可采取课上师生共建评价标准的方式开展,这也为延时评价中的学生自评、互评搭建了"脚手架"。

2.学生层面

适当添加学生延时性评价,如学生自评、生生互评、机器评价、教师抽样详评;第二课时讲解后,学生再进行二度自评、互评、机评。

五、结语

通过对本节英语口语课的评价,浅探出一套可尝试用于英语学科的评课标准,分别以教师及学生为评价主体:

(1)基于"产出导向法"驱动—促成—评价教学环节,归纳出一一对应的评价标准:"驱动环节"要满足交际真实性、认知挑战性、产出目标恰当性;"促成环节"要符合精准性、渐进性、多样性;"评价环节"要涵盖即时评价、延时评价、师生合作共评。

(2)基于"学生参与度"行为参与、认知参与、情感参与三维度,通过课堂观察统计学生课上课下参与度数据,作为评课的补充:"行为参与"体现在课上学生自觉动笔记录、主动举手发言或提问、积极参与讨论交流;"认知参与"呈现在课后学生对于本堂课知识的学习理解、应用实践、迁移创新程度,这与"英语学

习活动观"不谋而合;"情感参与"以学生课后反馈的乐趣感、成功感、焦虑感、厌倦感为评价依据。

必须承认,此评课标准还走在"路"上,还需要学界同仁的共同努力,使其不断完善和发展,探究其推广借鉴的可行性。

5.

物理组"三主"教研精选案例

主题:在探究中培养科学思维

课题:机械能守恒定律

团队:主讲——阎红映;主教——龙维利;主评——张灯红

"三新"改革背景下高中物理新课程教学设计案例分析

——必修二"8.4机械能守恒定律"

主讲教师　阎红映

社会在发展,科技在进步,高中物理教科书也在不断地与时俱进,我所经历就有3种,如下:

《高中物理》(必修),1990年10月出版,是在原乙种本的基础上为适应会考、高考两步走而编写的,淡化了重点中学与非重点中学的区别。

教科书《物理》(实验修订本,必修高一)(实验修订本,必修加选修高二高三),2002年2月出版,由原来的32开本改为16开本(大本),是为适应素质教育的形势和"3+X"高考的要求而编写的。

《普通高中课程标准实验教科书物理》(必修)(选修),2004年5月出版。此课本较前有较大的变动,而且教材的编写体现了多元化,即除人民教育出版社外,尚有《物理通报》杂志社等多家单位共同参与编写。这是随高考命题多元化(即除教育部考试中心命题,尚有上海、江苏、广东等地单独命题)的形势而出现的。

纵观十几年来教材和高考的变化,从20世纪90年代重能力(物理学科能力为理解能力、推理能力、分析和综合能力、应用数学处理物理问题的能力和实验能力),向21世纪初重素质(科学素质、物理素质)发展。

新课标教科书的特色:通过学科学习,学生应具备"物理观念""科学思维""科学探究""科学态度与责任"四个方面的学科素养;能形成学科观念,具有建构模型的意识和能力,能应用科学思维方法,能从定性和定量两个方面对相关问题进行科学推理,具有学科探究意识,能正确认识科学的本质。

物理组以新课标为依据,结合本校实际情况,对本节课做出了新的教学设计。在本设计中主要体现新课标的的三个特色:一是进行探究性学习,二是建立科学思维,三是培养科学态度与责任。

一、进行探究性学习

从知识发展的线索来看,本节的教学内容是对前面几节内容的总结,也是对学习能量守恒定律所做的铺垫,本节内容将加深学生对功是能量转化的量度的理解,也为学生从能量角度处理力学问题提供了途径。

本节从"勇者挑战"的重物碰鼻实验开始,让学生亲身体验能量守恒的奥妙,引发学生猜想。接着利用单摆运动中摆动高度相同的现象,让学生讨论"哪些物理量变化? 哪些物理量不变化?",把"科学探究"中包括的问题、证据、解释、交流等要素完全融入本环节中。

二、建立科学思维

1.追寻守恒

能量转化与守恒定律虽然适用于各个领域的普遍关系,但考虑到学生的基础,教学内容宜限定在学生比较容易理解和接受的机械能范围,教师教学时可围绕以下几个方面展开:(1)举例说明生活中的一些守恒关系。(2)分析伽利略理想斜面实验,了解动能、势能及其转化。(3)让学生认识到守恒思想是物理学研究的重要方法。

伽利略斜面实验也是探究机械能守恒定律的典型案例。在该典型案例的分析与讨论中,教师充分展开学生的思维过程,达到对学生进行方法和观念培养的目的,使学生理解守恒思想的重要性,并希望学生在今后的学习中用这样的方法和观念去认识问题。

2.动能与势能的相互转化

动能与势能概念比较抽象,教师通过实例分析的方法说明动能和势能之间可以相互转化。这样就把抽象的内容具体化、形象化了。教学中,有意识地补充实验视频等素材,帮助学生借助形象思维有效地完成思维活动。通过实例分析,使学生了解势能和动能相互转化的定性关系,知道一种能量减少,必然导致另一种能量的增加。实例分析也能帮助学生建立建构模型的意识和能力。

3.机械能守恒定律

关于机械能守恒定律的推导,教师用到了物体自由落体运动和物体沿光滑斜面下滑的场景,提出问题:动能和势能转化有什么定量关系? 教师利用本章学习的知识,让学生进行从定性问题到定量问题的科学推理,找到规律。秉承"科学思维"中科学论证的要素,教师利用物体自由落体运动与信息技术相结合,和同学们做了验证实验,为科学思维的建立找到方向。

遵从学生认知规律和学科特征,对于只有弹簧弹力做功情况下的机械能守恒,仅通过举例定性说明。例如,在光滑的水平面上,放开一根受压的弹簧,可以把它接触的小球弹出去,这时弹簧的弹力做功,弹簧的弹性势转化为小球的动能,在弹性势能和动能的相互转化中,如果只有弹力做功,动能和弹性势能之和保持不变,即机械能守恒。

守恒定律不仅给处理问题带来方便,而且有更深刻的意义。世界是千变万化的,但人们发现有些物理量在一定条件下是守恒的,机械能就是其中之一,所以在物理学中寻求"守恒量"已经成为研究工作的一个重要方面。研究守恒定律可以促使学生从不同角度思考问题,为培养科技创新能力奠定基石。

教师在前面案例讲解时,有意识地通过分析,让学生明白机械定律的成立是有条件的。并通过观察、思考与讨论,对比一个小钢球在空气中做单摆运动,和另一个乒乓球在空气中做单摆运动,引发猜想。再结合物体自由落体运动和物体在光滑斜面下滑的案例,对机械能守恒的条件进行总结。此过程达到了课标中对学生要具备对相关问题进行科学推理,找到规律,形成结论的能力要求。

三、培养科学态度与责任

本节课中,利用"守恒思想"的物理学史,启发学生逐渐形成探索自然的内在动力,严谨认真、实事求是和持之以恒的科学态度。课堂中引入冬奥会中国选手谷爱凌滑雪视频,激发学生为国争光的责任感。通过能量的转化思想,迁移到学生当下学习态度上的指导,鼓励学生要有推动可持续发展的责任。

总之,本节课教师立足于新课程更加关注培养学生综合素质的理念,对教材内容进行有机整合。从基础知识传授、实验原理剖析、师生互动、课堂练习等多方面入手,逐步加深学生对新教材的内容理解和掌握。为学生适应新高考的要求,起到良好的助推作用。

"机械能守恒定律"教学实践

主教教师 龙维利

本节课的物理核心素养目标:通过生活实例帮助学生建立能量观,建立"功是能量转化的量度"的观念,进而理解机械能守恒定律。通过物理学史和单摆实验渗透"守恒"的思想,让学生体会物理学发展的艰辛。通过理论推导机械能守恒定律,培养学生理论推导和演绎的能力。通过Tarcker软件验证机械能守恒定律,培养学生的科学思维,感受信息技术对物理学习的促进作用。为了达成以上目标,本人设计了如下教学活动:

一、新课引入

在新课引入部分利用了弹簧振子碰下巴实验,将弹簧振子压缩至距离平衡位置某一距离 A 处,让学生将下巴放置在平衡位置另一侧相同距离 B 处,释放弹簧振子,拍下学生的表情。弹簧振子碰下巴相对于单摆碰鼻子更易引起学生的兴趣,激发学生对"为什么不会碰到下巴"的思考。

二、追寻守恒量

利用单摆小球在有标记的玻璃槽中运动,小球像有"记忆"一样总会回到它释放时的高度,说明小球在运动过程中"某个量"是守恒的。追溯物理学史中守恒思想的发展历程:从伽利略的理想斜面实验到笛卡尔的运动不灭思想,到惠更斯研究弹性碰撞再到莱布尼兹提出活力守恒原理,都蕴含着守恒的思想。从实验和物理学史的角度渗透守恒的思想,让学生体会物理规律得出的曲折过程。

三、动能和势能的相互转化

对小球单摆实验进行分析,单摆小球从标记处往最低点运动时,重力对物体做正功,物体的重力势能减少,减少的重力势能到哪里去了? 转化为了动能。接着播放冬奥会中谷爱凌滑雪视频,讲述其第一跳摔倒,却越挫越勇,取得金牌为国争冠的经历,渗透挫折教育,激发爱国情怀。让学生分析谷爱凌滑上高台和从高台上滑下时的能量转化情况。接着让学生列举生活中动能和势能相互转化的实例,并分析其能量转化的具体情况(如苹果自由下落)。学生可能会忽略弹性势能和动能的转化,老师适时提出生活中射箭的情境,让学生分析其能量转化的情况。通过分析让学生建立"功是能量转化的量度"的观念;建立能量有不同形式,能够从一种形式转化为另一种形式的观念;知晓动能、重力势能、弹性势能统称为机械能。

四、理论推导机械能守恒定律

由生活中动能和势能相互转化的实例发现动能和势能的相互转化存在此消彼长的态势,我们不妨用守恒的思想大胆地猜想在动能和势能相互转化的过程中它们的总和机械能保持不变。我们的猜想是否正确呢? 我们从最简单的实例——苹果的自由下落开始研究。苹果的自由下落对应着物理学中"自由落体运动模型"(如图1)。

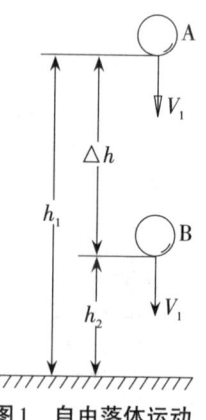

图1　自由落体运动
功能分析图

提出问题:

(1)从重力做功的角度,分析物体从A点自由落体运动到B点过程中重力势能如何变化。(以地面为参考面)

(2)从合力做功的角度,分析物体从A点自由落体运动到B点过程中动能如何变化。

（3）通过以上分析你能得出什么结论？

创设情境,将物理模型与生活实际相联系,体现物理与生活的联系。通过分析让学生进一步深化"功是能量转化的量度"的观念。通过理论推导得出机械能守恒定律,让学生经历推理论证的过程,培养学生科学推理的能力。建立只有重力做功时,物体系统内动能与重力势能才可以相互转化,总的机械能保持不变的观念。

提出问题:自由落体运动中物体只受重力作用机械能守恒,当物体还受到其他力作用时机械能是否还守恒呢? 我们来研究生活中的另一实例滑雪,滑雪对应着"物理学中物体沿光滑斜面下滑的模型",如图2。

提出问题:

（1）从重力做功的角度分析(图2)物体从A点向下运动到B点过程中重力势能如何变化。(以地面为参考面)

（2）从合力做功的角度分析(图2)物体从A点向下运动到B点过程中动能如何变化。

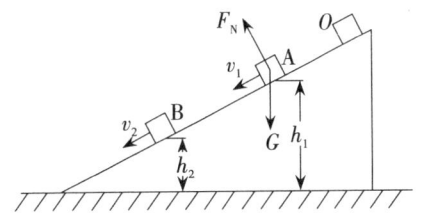

图2 物体在斜面做加速运动功能分析图

3.通过以上分析你能得出什么结论？

追问①若光滑斜面变为光滑曲面,物体机械能还守恒吗? 为什么?

追问②若光滑斜面变为粗糙斜面,机械能还守恒吗? 为什么?

从简单到复杂地分析物理模型有利于学生对机械能守恒定律的理解,通过对不同受力物体的分析让学生辨析清楚"只受重力"和"只有重力做功"的区别。通过追问深化机械能守恒定律的条件之一是只有重力做功而非只受重力。建立只有重力做功时,物体系统内动能与重力势能可以相互转化,总的机械能保持不变的概念。

五、实验验证机械能守恒定律

实验是检验真理的唯一标准,我们从理论上推导了机械能守恒定律,那么实验上是否也能验证呢? 请学生思考验证机械能守恒定律的实验原理,写出需要测量的物理量并思考这些物理量如何测量。传统的验证机械能守恒定律耗时较长,且误差大,为了提高课堂效率,验证机械能守恒定律实验我们利用Tarcker软件进行处理。首先用手机拍摄一段物体做自由落体运动的实验视频,课上将视频导入Tarcker软件中,建立坐标轴对物体下落的位移进行定标,软件会自动追踪小球自由下落的轨迹,并直接得到小球下落过程中标记点的时间、高度和速度。利用Excel表格对数据进行处理能够快捷地计算出小球下落过程中标记位置的机械能。

利用Tarcker软件对实验进行处理,在提高了课堂效率的同时,还让学生感受到信息技术与物理教学的有机结合。在新课改中信息技术已经不再是锦上添花了,而是教学实际中的必要手段了。

六、机械能守恒定律的条件

播放弹簧振子振动的动画,让学生分析弹簧振子振动过程中的能量转化。

同理可以得到在只有弹力做功的物体系统内,动能和弹性势能可以相互转化,而总的机械能保持不变。

提出问题:以上机械能守恒的实例中有什么共同特点?(提示学生可以从力做功的角度进行分析,也可以从能量转化的角度进行分析)

让学生从不同的实例中归纳出共性,有利于学生科学思维的培养,学生从多角度分析机械能守恒定律的条件更有利于学生对机械能守恒定律的理解,建立在只有重力或弹力做功的物体系统内,动能和势能可以相互转化,而总的机械能保持不变的完整概念。

请学生利用所学知识解释课前弹簧振子为什么不会碰下巴的实验,应用机械能守恒定律解决问题。同时强调机械能守恒定律的系统性,此处是弹性势能和动能相互转化,小球和弹簧振子组成的系统机械能守恒。在重力势能和动能相互转化的机械能守恒实例中,是物体和地球组成的系统机械能守恒。

七、教学反思

机械能守恒定律是通过动能定理、重力做功与重力势能变化量的关系这两个物理规律推导出来的,分析实例从简单到复杂,符合学生的认知规律。让学生

经历观察实验现象(小球总是回到等高点)—思考(某个量是守恒的)—推理(机械能守恒)—实验(验证机械能守恒)的过程有利于学生物理核心素养的培养。

"机械能守恒定律"评课

主评教师 张灯红

2022年4月27日,龙维利老师以"机械能守恒定律"为题,为大家献上了一堂精彩的公开课。下面是我对本堂课的理解与评价。

一、从教材分析和核心素养来看

本节内容选自人教版新教材必修二第八章第四节《机械能守恒定律》。本章的新旧教材内容对比如表1所示。通过查阅资料可知,编者为了方便教师开展教学,将旧教材中的《追寻守恒量》和《机械能守恒定律》合为一节。龙维利老师用"碰鼻子"实验引入本节新课,非常契合编者的意图,同时也达到了比较好的效果。

表1 《机械能守恒定律》新旧教材对比表

人教版旧教材	人教版新教材
1.追寻守恒量 2.功 3.功率 4.重力势能 5.探究弹性势能的表达式 6.实验:探究功与速度变化的关系 7.动能和动能定理 8.机械能守恒定律 9.实验:验证机械能守恒定律 10.能量守恒定律与能源	1.功与功率 2.重力势能 3.动能和动能定理 4.机械能守恒定律 5.实验:验证机械能守恒定律

基于我对课程的理解,我认为本节课所确定的物理核心素养如下:

物理观念:自然界中一切物质都具有能量;能量的大小可以用功来量度;能量有不同的形式,能够从一种形式转化为另一种形式,或者从一个物体传递到另一个物体;在能量转化和传递的过程中,各种形式能量的总量保持不变。能量的转化和转移具有方向性。

科学思维:通过物理学史渗透守恒的思想,通过理论推导机械能守恒定律,培养学生科学推理演绎能力。

科学探究:培养学生的问题意识,培养学生基于观察引发思考的能力,从被动思考教材提出的问题,发展到主动提出需要研究的问题。

科学态度与责任:了解科学技术与社会的关系,科学技术对自然环境和可持续发展的影响,帮助学生形成可持续发展的理念。通过守恒的观念体会自然规律简洁和谐之美。培养尊重事实、敢于质疑、善于反思、勇于创新、实事求是、团结协作的科学精神。

龙维利老师在本节课中设计了四个精彩的小实验,并将这四个实验合理地分布在本节课的教学中。利用实验的趣味性,引导学生在一个又一个问题之中不由自主地探究,从被动学习变为主动探究、乐于探究,体现了新课程的理念。从学生的参与和回答问题情况来看,学生积极思考,正确率比较高,达到了本节课的教学目标。

二、从教学设计来看

龙维利老师首先利用"撞鼻子"实验引入新课,在调动学习氛围的同时,激发了学生强烈的探究兴趣:小球为何"记得"原来的高度呢? 为了给学生加深这一印象,同时也更加准确定量地说明这一问题,龙维利老师又借助第二个单摆实验来帮助学生加强理解。在这两个实验的基础上,龙维利老师引导学生去探寻守恒量,并带领学生分析生活中一些常见现象中的能量转化。在理论推导阶段,龙维利老师遵循由易到难、由简单到复杂、理论结合实验验证的原则,首先引导学生推导自由落体中的机械能守恒,然后利用Tarcker软件对自由落体小球进行追踪分析,定量、快捷地得出数据,进一步验证了自由落体中的机械能守恒。通过这一过程,引导学生从理论过渡到实际,能让学生感觉得更加具体,更加真实。在自由落体实验的基础上,龙维利老师进一步引导学生推导在光滑斜面上的物体遵从机械能守恒,并在此基础上拓展光滑曲面上的物体遵从机械能守恒。为了帮助学生理解机械能守恒的条件,龙维利老师利用阻力大的单摆进

行演示,效果良好。在以上实验的基础上,龙维利老师带领学生进行小结,得出机械能守恒的条件,并带领学生利用机械能守恒定律进行一些简单的应用。

三、本节课的亮点及一些建议

1.本课亮点

(1)从本节课可以看出,龙维利老师认真研读教材,根据学生的实际,对教材进行了二次加工。课本上的理论推导只有一个:物体沿光滑曲面下滑。因为新高一的上课进度比较快,容量比较大,所以龙维利老师从学生的实际出发,将这一个推导模型改为了三个层层递进、由简单到复杂的物理情境:自由落体模型→光滑斜面模型→光滑曲面模型。通过这种改动,极大地降低了学生的推导难度,为顺利完成本节课的教学打下了基础。

(2)"谷爱凌的滑雪视频"引入得非常好。一方面切合了当时的社会热点,另一方面也让学生在欣赏美的同时,去感受物理。物理来源于生活,生活中处处充满着物理。最后,龙维利老师介绍谷爱凌在比赛中摔倒遇挫,但她通过自己的努力在后面的比赛中取得了令人瞩目的成绩,这个例子非常好地渗透了爱国教育和挫折教育。

(3)龙维利老师在引导学生推导机械能守恒时,舍得自己不讲,把时间留给学生,让学生自己思考。在前期听龙维利老师打磨这节课时,出现的一个很大问题就是龙维利老师绝大部分时间都在讲,留给学生思考和动手推导的时间很少。在和龙维利老师交流这个问题后,龙维利老师在这方面有了很大的改进。

(4)物理是以实验为基础的学科,龙维利老师在本节课中充分利用了各种实验来帮助学生理解机械能之间的转化和机械能守恒的条件。同时,龙维利老师在引导学生分析时,始终抓住了两条主要的线索来帮助学生分析:从做功的角度和从能量转化的角度。

(5)龙维利老师在本节课中充分借助了信息技术:Tarcker软件。以前有老师想将这一堂课设计成探究性实验课:利用打点计时器来验证机械能守恒,结果往往事与愿违。学生对实验不熟悉,花了很多时间来做实验和处理数据,却达不到理想的效果。龙维利老师利用这款软件巧妙地解决了这个问题,而且更加方便、准确。受她的启发,我觉得这款软件还可以用于很多物理实验,这是我在本堂课中的一大收获。

2.一些建议与思考

(1)龙维利老师在引导学生推导机械能守恒定律时给学生的提示是"功能关系过于简单",可能有的学生不理解具体该列什么方程。我觉得可以这样说:"请大家根据重力做功与重力势能的关系以及动能与总功的关系列方程。"学生可能更容易理解。

(2)表扬学生时要表扬得具体一些,不能老是说"很好""非常正确"。要找出学生具体在哪个方面很好,学生会觉得更真切。

(3)不需要老师念题目,学生自己会读题和审题。不仅要让学生有思考的时间,还要让学生有消化理解的时间。要舍得把时间留给学生,体现学生的主体地位。

总之,龙维利师在这堂课的打磨过程中一次比一次上得好,也相信她有比较大的收获和体会。

6.

化学组"三主"教研精选案例

主题:促进核心素养发展的情境创设

课题:无机非金属材料

团队:主讲——何一冰;主教——尹书琴;主评——曾明明

促进核心素养发展的情境创设

主讲教师 何一冰

为了适应全球社会的发展和经济的变革,各个国家和政治组织在培养未来公民上提出了参考依据,如美国的21世纪技能、澳大利亚的综合能力、欧洲的终身学习、中国的核心素养等。核心素养与化学课程教学的内在联系,体现在了化学学科核心素养上,其包括了"宏观辨识与微观探析""变化观念与平衡思想""证据推理与模型认知""科学探究与创新意识""科学态度与社会责任"。《普通高中化学课程标准(2017年版)》提到:真实、具体的问题情境是学生化学学科核心素养形成和发展的重要平台,为学生化学学科核心素养提供了真实的表现机会。

在日常教学中,老师们也在积极地创设情境。但是,老师们在描述时,时而是情景,时而是情境。在教学中创设的究竟是情景还是情境,还是二者均可呢?通过汉语大辞典的官方网站,可以查到情景是指(具体场合的)情形或景象,情境则是情景或境地。华东师范大学的王祖浩教授提出:情境通常指教学情境或学习情境,是指教师在教学过程中运用各种手段和方式创设的一种适教和适学的情感氛围,从而为完成教学目标和任务奠定基础。由此可以看出,创设的是情境而非情景。

创设的情境有何价值呢?它可以促进学生的情感体验、动机培养。例如,在学习有机化学模块中的卤代烃时,笔者设置了以卤代烃作为中间物制备乙二醇的任务,其中创设了2010~2020年中国乙二醇行业供需情况的情境,学生通过观察乙二醇行业供需情况图表,深刻认识到乙二醇主要依赖进口的现实情况,从而在小组讨论制备乙二醇的过程中,表现得非常积极,都渴望为我国乙二醇产量的提升尽一分力。

情境中既蕴含着学生所要学习的知识和需要解决的问题、任务,同时还渗透着学生的情感和动机。剖析上述乙二醇制备的情境素材,其中涉及的知识是卤代烃的化学性质,任务是制备乙二醇,学生关心国家工业发展、渴望为国效力则体现了他们的情感和动机。在邢瑞斌老师的《高中化学"乙醛性质"的项目式教学——解酒药的研制》一文中,创设了头孢与酒发生双硫仑反应的情境,涉及相关知识是乙醛的化学性质,任务是制备解酒药。在该过程中教师提供了乙醛化学性质与解酒药相联系的新视角,学生在该情境下,深入学习相关化学原理和方法,从而形成化学学科核心观念。又如,张淑贤老师在《初中化学"水的净化"项目式教学——以"设计净水系统"为例》一文中,创设了生活污水处理的情境,涉及相关知识是物质的分离与提纯,任务是设计净水系统。在该过程中,教师将化学知识与净水这一社会生活实际相联系。可见,情境素材的作用是增强化学育人的整体性,激发学习兴趣。

在有机化学模块中,以制备乙丙橡胶为情境来学习乙炔的性质,并让学生了解乙丙橡胶真正的工业生产。以上案例都引导学生关注与化学有关的社会问题,并培养学生的社会责任感、参与意识和决策能力。课后,让学生谈感想,学生甲:每一项技术都不是轻轻松松就能得到的,背后是无数辛苦的操作,不仅要精益求精,还要保证不能失误,研发完成后还要进行多次的检测实验。学生乙:一个国家的发展离不开国人的创新,同时还要有经济实力等方面的基础,培养个人的创新能力、独立思考,不一味地依赖进口别国装置……我们要在漫漫人生中不断充实自己。可见,学生在整个过程中都受到了较大的启示。

学生在真实、有实际意义的、贴近学生生活的教学情境中,更容易理解知识点、体会化学学科价值,从而激发学习兴趣和动机。在以制备乙丙橡胶为情境来学习乙炔的性质这个课题中,一名学生更是在制备乙丙橡胶的任务中,自主设计了设备,包括进料装置、反应装置以及收集装置,之后,他还为同学们讲解设备的使用猜想。学生们都感觉又新鲜又有趣,这名同学更是动力十足。

高中化学课程有层次、多样化。通过查阅资料,梳理了高中化学学科中情境素材类型,整理如表1。

表1 高中化学情境素材的类型

化学情境素材的类型								
化学学科发展				化学与社会发展				
化学基本概念、理论的形成与发展	元素及化合物的发现、制备	有机化合物的合成	化学研究的技术成果	化学与健康	化学与日常生活	化学与环境	化学与能源	化学与材料

那么情境素材应该如何使用呢? 首先要分析教学内容,包括课程目标、教材内容;然后要分析学情,包括学生已有基础、可能达到的水平;再根据选择的情境素材,结合教学目标、学情,合理设置教学情境,以促进学生核心素养的发展。例如,在学习有机化学模块的炔烃时,课程标准确定了它的内容要求和学业要求。教材上也介绍了炔烃代表物乙炔的组成、结构、物理性质、化学性质等。学生之前对有机物已经有了一定的认识基础,并具备了"结构决定性质"的观念。该知识的学习是为之后的有机合成打下基础。由此可确定本节的教学目标为:认识炔烃的组成和结构特点,能写出炔烃的官能团、乙炔的结构简式和名称,能够列举乙炔的主要物理性质,能描述和分析乙炔的重要反应,能书写相应的反应式,能基于碳碳三键的特点与反应规律分析和推断含有碳碳三键的有机化合物的化学性质,并根据相关信息写出相应的反应式,了解炔烃在日常生活、有机合成和化工生产中的重要作用。炔烃也是重要的化工原料,所以本课的情境素材选择的是乙丙橡胶的制备。通过展示我国乙丙橡胶的产量现状,布置挑战性任务,学生通过预习、小组合作,设计并分享乙丙橡胶的制备方案。

情境素材是学科核心素养实现的媒介和载体,创设合适的情境有助于我们全面贯彻党的教育方针,落实立德树人根本任务,发展素质教育。

基于人文发展真实情境融合学科核心素养的化学教学设计与实践

主教教师　尹书琴

一、指导思想与理论依据

本教学首先依据《普通高中化学课程标准(2017年版)》提出的化学学科核心素养来设计。课程标准以发展化学学科核心素养为主旨,构建了全面发展学生化学学科核心素养的高中化学课程目标体系。课程标准中主题2"常见的无机物及其应用"并未明确提及以硅及其氧化物为代表的"无机非金属材料",对本节内容要求较低。但在主题5"化学与社会发展"中提出通过实例认识无机非金属材料组成、性能与应用的联系。

"三新"改革背景下,强调情境化教学,转变传统的教学方式,着力培养学生的核心素养能力。而建构主义认为,教学应使学习在与现实相类似的情境中发生,以解决学生在现实生活中遇到的问题。情境越真实,学生建构的知识就越可靠,越容易在真实的问题情境中运用,从而达到预期的教学目的。情境认知理论认为,学习是一个"合法的边缘性参与"过程,即作为新手的学习者在逐渐成长为专家的学习过程中,不可能完全参与所有的活动,而是需要在专家(教师)的引导和指导下参与实践,从部分参与逐渐向完全参与过渡。这意味着教师在情境呈现后,需要在问题判断、问题表述、问题解决及结论表述,甚至包括学习过程中的交流等各环节,都分别根据学生的实际情况设计认知脚手架,支持学生的学习活动,以避免学生无意义地摸索。

因此,本课教学以人文发展的真实情境为线索,引导学生认识无机非金属

材料的组成、性能及用途,体会"结构决定性质"的化学观念,构建物质制备学习认知模型,以此达成学生核心素养的培养。

二、教材及学习者分析

1.本节教学内容的功能和作用

本课选自2019人教版高中化学必修第二册第五章"化工生产中的重要非金属元素"第三节"无机非金属材料",教参将本课设置为1课时。这一章主要介绍了非金属及其化合物,元素化合物知识是中学化学的基础知识,既可以为前面的元素实验和物质结构理论知识补充感性认识的材料,又可为化学反应与能量等后续理论知识打下重要的基础。本节课主要介绍了硅酸盐材料、新型无机非金属材料,其中无机非金属材料在内容上与2007年人教版教材有较大差异:增加了高纯硅的制备,删除了二氧化硅的化学性质、硅酸等内容,只保留了二氧化硅的用途;新增了新型陶瓷和碳纳米材料内容。课程标准对本节课有如下要求:知道金属材料、无机非金属材料、高分子材料等常见材料类型,结合实例认识材料组成、性能与应用的联系。本课将依据新教材的新理念开展教学,对传统和新型无机非金属材料进行介绍,展现化学科学在新材料研发的重要作用,让学生能够体会化学推动人类文明和社会的进步的重要作用,提升"科学态度与社会责任"等学科核心素养。

2.学习者分析

(1)已有基础。

知识层面:学生已经学习了钠、铁、氯、硫等元素及其化合物的性质,且学过氧化还原反应、原子结构及与元素周期表等基本理论。

能力层面:学生具备一定的学习新物质的能力,能够初步应用元素化合物的学习方法,且具备搜集、加工资料进行学习的能力。

(2)潜在困难。

知识层面:硅酸盐的性质结构较为复杂,学生对物质微观结构与宏观性质之间存在的关联缺乏深刻理解;新型无机非金属材料虽然已经贯穿于我们的生活,但其材料本身离学生生活较远,陌生感增加了知识难度。

能力层面:学习新物质的方法还没有掌握,不能主动将结构、性质和用途联系起来,对新物质学习缺乏思考。

三、教学与评价目标

1.教学目标

(1)通过探究含硅物质的宏观性质与微观结构,认识生活中玻璃、陶瓷、水泥等硅酸盐材料,发展学生的宏观辨识与微观探析的能力。

(2)通过结合日常生活实际,了解晶体硅、二氧化硅、新型陶瓷、碳纳米材料的性能和用途,推理高纯硅的制备过程,培养学生证据推理与模型认知的核心素养。

(3)通过硅的历史人文发展与信息时代芯片产业发展的学习,激励学生文化自信奋起直追,激发学生的社会责任感及爱国情怀。

2.评价目标

(1)通过探究物质宏观性质与微观结构的关联,诊断并发展学生探究物质性质的水平和认识物质的水平。(孤立水平、系统水平)

(2)通过对新型非金属材料的用途及制备学习,诊断并发展学生对物质制备及其转化思路的认识水平。(孤立水平、系统水平)

(3)通过系统体悟含硅材料在人类社会发展中的重要作用,彰显化学物质、化学技术在生活中的重大作用,诊断并发展学生对化学价值的认识水平。(学科价值视角、社会价值视角、学科和社会价值视角)

四、教学重难点

重点:玻璃、陶瓷、水泥、硅、二氧化硅、新型陶瓷等无机非金属材料的主要性能和用途,普通玻璃的主要成分。

难点:高纯硅的制备(粗硅的提纯)。

五、教学与评价思路

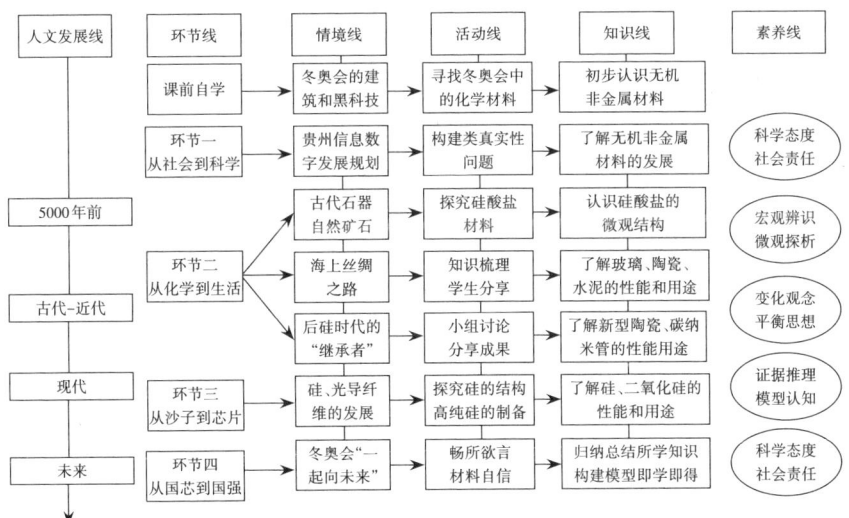

图1 "无机非金属材料"教学与评价思路示意图

六、教学实录

表1 "无机非金属材料"教学实录

课堂前置
【学生活动】以"冬奥会"中的建筑物和黑科技为情境,开展寻找冬奥会中的化学材料,初步认识无机非金属材料。查阅资料,根据学习方法指导完成预习案。
【设计意图】学生查阅相关资料和自学课本内容,并完成导学案课前自学,实现学生课前自主学习。

课堂学习

环节一 从社会到科学——情境创设,引入课题
情境搭建:冬奥会上运用的材料产品,贵州"十四五"信息数字发展规划

【学生活动】学生分享课前收集到的冬奥会材料相关信息,了解无机非金属材料。	【教师引导】教师布置类真实性任务: 1.如果你是省长,请思考我们贵州为什么要大力推动信息数字产业发展? 2.半导体、CPU、芯片等材料是怎样制备的呢?

【设计意图】从让学生了解生活中有哪些无机非金属材料出发,通过近期热点冬奥会上运用的材料产品让学生集中注意力,巧妙地引入本节教学内容,激发学生的求知欲和社会责任感。再通过贵州"十四五"规划,发展集成电路等产业需以芯片为基础则必须要先产硅,体现化学材料的重要地位。

续表

环节二　从化学到生活——重走硅路,探究硅秘
情境搭建1:5000年前,古代石器与自然矿石
学习任务一:探究硅酸盐材料
【学生活动】学生思考讨论,古人制作石器选择的岩石的不同材质,自然界的岩石的纹理硬度均有差异的原因,进一步学习硅酸盐的结构。　　【教师引导】通过古代石器引导学生思考构成岩石硅酸盐微观结构不同,进一步学习探究硅酸盐的微观结构。
【设计意图】将教学素材置于历史人文场景中,渲染学科教学的文化价值。从具有历史感的石器到现代物质结构,从宏观想象到微观结构,形成发展学生的化学想象力、建立宏观—微观关联分析的具体思路。
情境搭建2:古代海上丝绸之路
学习任务二:传统无机非金属材料:玻璃、水泥、陶瓷
【学生活动】学生阅读课本,小组讨论,梳理出生产陶瓷、玻璃、水泥所需的原料、设备、化学成分等信息,对照课前学习表格查漏补缺。　　【教师引导】由海上丝绸之路引导学生学习三种传统的无机非金属材料。引发学生深入探究烧制玻璃时发生的反应。
【设计意图】在历史背景中,设计阅读、讨论活动,引发学生体会化学与生产、生活的联系。通过提出烧制玻璃发生的反应,从化学视角,结合物质类别分析物质转化的规律,解决生产实际问题,发展变化观念的核心素养。通过陶瓷和文化的融合,展现我国古代科技、文化的辉煌,激发学生的民族自信,树立文化自信,培养学生的社会责任和科学态度。
情境搭建3:华为公司投资第三代半导体材料,冬奥会上的黑科技"石墨烯材料"
学习任务三:了解新型无机非金属材料
【学生活动】实物观察莫桑石(SiC)和石墨烯结构,结合课前学习小组分享展示新型无机非金属材料学习成果。　　【教师引导】通过现代新型材料科技发展引导学生沿着组成—性能—用途的思路了解新型无机非金属材料。
【设计意图】通过莫桑石介绍碳化硅,让学生感受结构之美。通过富勒烯、碳纳米管、石墨烯的学习,结合富勒烯的结构观察,深刻体会结构决定性质。通过"材料—结构—性能—用途"的化学思维,从未来半导体到组成碳原子,再到石墨烯、碳纳米管的不同结构推测不同的性质和用途。
环节三　从沙子到芯片——王者"硅"来,造就国"芯"
情境搭建1:1958年硅代替锗,开启硅时代
学习任务四:了解硅、光导纤维的发展、性能及用途

续表

【学生活动】	
1.随着硅提纯技术的发展,硅代替了锗,硅时代从此开启。学生分析硅的结构,总结硅的性质。 2.观看《从沙子到芯片》视频,思考如何制备高纯硅,并利用高纯硅来制取芯片。 3.探究高纯硅的制备过程,建立物质制备思维模型。 4.思考分析并回答沙子制备高纯硅流程中的问题:(1)结合硅元素在自然界中的存在形式,如何获取硅单质?(2)加入什么试剂才能从SiO_2得到粗硅?(氧化还原角度)(3)除Si以外另外一种生成物是什么?(符号表征)(4)为什么反应条件为高温?(结构和性质角度)(5)制备出来的硅纯净吗?(6)如何将粗硅提纯?(7)反应③中为什么选用H_2作还原剂?(制备方法角度)	【教师引导】通过情境引导学生自主思考学习硅、二氧化硅的性质及用途,并利用高纯硅的制备探究物质制备的一般方法,形成思维模型。在从沙子制备高纯硅流程中,利用问题链引导学生对知识点进行逐一破解。

【设计意图】从芯片引入硅,从芯片的发明史推出硅半导体的稳定等性质,再预测讨论硅的用途,构建STS教育理念下的材料—结构—性能—用途的学习思维。引导学生从价态角度结合氧化还原原理解决生产实际问题。通过对问题的解答和探讨,建构物质制备的思维模型,诊断并发展学生物质制备的模型建构、模型运用能力。同时,以"中国芯"的制备为背景,激发学生的社会责任感和爱国情怀。

环节四 从国芯到国强——畅所欲言,材料自信

情境搭建:冬奥会中的材料,大数据贵州,分享收获,共创未来

【学生活动】总结归纳本节课的知识,并分享本节课的体会和回答"贵州为什么要大力推动信息数字产业的发展"这一问题。	【教师引导】引导学生总结本节课所学知识,并分享学习感受,回答解决问题。

【设计意图】首尾呼应,回归到课题,通过真情实景与化学知识相结合,不断提升学生的学习探究能力和问题解决能力。通过丰富的人文情境营造富有人文情怀的课堂,化学技术的进步推动人类的发展,让学生体会科技发展是人类进步,增强学生的社会责任感,激发学生对化学学科巨大社会价值的认同感,促进了学生化学核心素养的发展。

课后拓学

【学生活动】学生完成课后拓学及课后小练。

七、板书设计

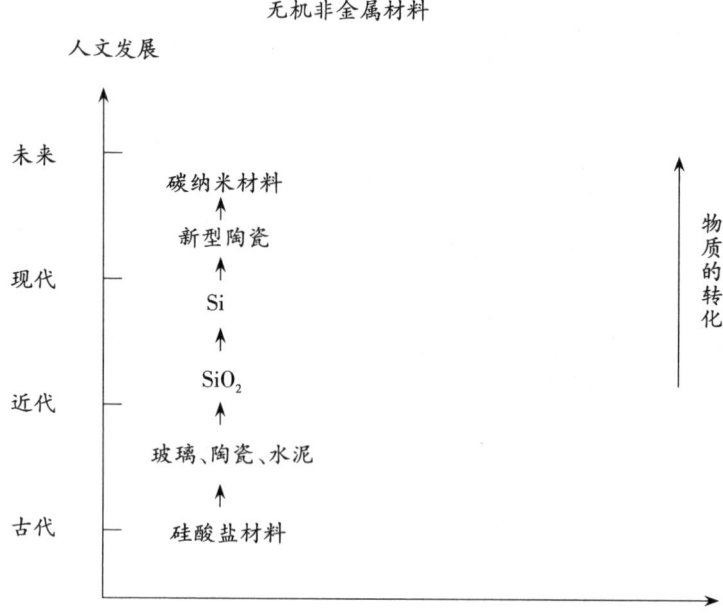

无机非金属材料

八、教学反思

1.关注模型对于思维的价值

模型提倡一种思维程序,既能让基础好的学生提高认知深度,又能让基础较薄弱的学生掌握一类问题的解决方法。所以,模型的思想利于不同阶段不同层次学生的学习。当然,指导学生使用模型时,也要防止过度依赖模型而造成机械化思维。

2.注重学生的"思"而不是教师的"讲"

在教学过程中通常使用归纳、演绎、类比、转化等思维方法,如果学生对这些思维方法不熟练,会严重影响学生对元素化合物的学习。因此,对这些思维方法的训练和指导是教学中不可或缺的部分。但是,促进学科思维发展的教学重"思"并不意味着不需要教师讲授和引导,完全任由学生自我思考、自我建构,在课堂教学中应该是由教师引发学生的"思",构建学生为主体、教师为主导的教学模式。

3.元素化合物的教学要为化学反应原理学习预留接口

在新教材中,化学反应原理的知识内容在元素化合物教学之后,对教学中所遇到的"超前"知识还不能做出有效的阐释。例如:为什么二氧化硅和焦炭在高温下反应生成的是一氧化碳而不是二氧化碳,面对这样的问题和疑惑需要预留接口,根据学生的认知水平发展进行合理的解释。

基于模型建构理念建立的教学评价

主评教师　曾明明

一、背景分析

模型建构的能力是化学学科核心素养所强调的能力之一。从近几年的研究趋势可以看出,核心素养体现出学科的育人价值。高中化学教育要求发展学生化学学科核心素养,这也反映了化学学科的育人要求。初中化学教学要求帮助学生形成基本的化学观念,培养学生的实践能力,提高学生的科学素养。试题评价反映出学生对知识掌握熟练程度,更能反映出学生学习过程的思想、方法、能力等,对促进学生自我反思、自我激励具有重要作用。基于化学学科核心素养的试题评价模型构建,把核心素养落在具体的试题中,在试题中体现核心素养的要求,让试题的考查要求与核心素养的水平要求相融合,对教师教学、学生学习、考试评价等有重大的意义。

二、具体评价方法

表1　评价方法

课前评价	过程评价	课后评价
1.评价设计背景	1.评价设计思路	1.评价反馈效果
2.明确认知模型	2.评价教学环节	2.评价活动效果
3.明确设计要素	3.评价活动环节	3.评价认知效果
4.评价目标设计	4.评价课堂行为	4.评价目标达成

三、案例分析

1. 理念评价

(1)新课标倡导"坚持目标导向、问题导向、创新导向"。本节课的设计背景立于"冬奥会""贵州省'十四五'规划"。从立意来讲,情境设置切合当下热点与本土民情。

(2)本节课共分为四个环节,各自紧扣。布置了关于硅元素知识点的课前任务,将基础知识下放至学生自学,并让学生自主展示。体现新课标所要求的优化课程结构的理念。

(3)基于对教材中素材的加工,授课者重新组织教学内容,"新型陶瓷""硅氢四面体"结构分别作为自主学习材料和课堂展示材料,将"高纯硅"制备作为重难点讲解内容,将本节课的结构梳理为多条主线。从教材再加工的角度来说,符合课标要求。

2. 过程评价

(1)设计思路。本节课的教学建议如图1所示。"适当取舍""学法指导"等词汇定义了本节课的设计思路必然是一节"自学展示课"。这种设计的灵感从何而来?

来自教材的内容设置。硫、氮两种元素及其化合物的学习已经让学生充分了解元素化合物学习的基本思路与方法。所以本节课的设计没有必要再"照猫画虎"地按照之前传统的学习结构进行,而是要在方法指导与模型建构上进一步深挖学生的潜力。

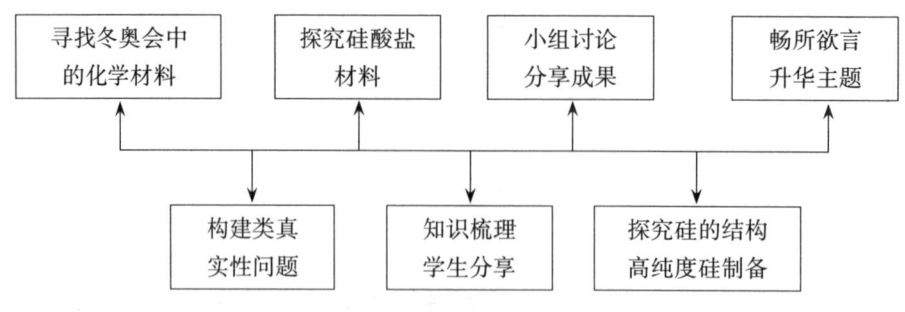

图1 课堂任务设计图

(2)活动设计。总结新型、传统无机非金属材料的名称、性能、用途。作为前置任务设计于此,有效地减少课堂冗余,同时给予学生自主展示的机会,可谓一举两得。

任务设计清晰、明确,环节紧扣。活动设计精确:真实性问题的提出约用5分钟,梳理分享7分钟,重难点"高纯度硅的制备"15分钟,最后由学生提出模型并总结归纳约10分钟,留有2分钟给老师做课堂总结,1分钟布置作业。真正做到了不虚度每一分钟。

本节课在重难点处理时以问题为导向设计"问题串"启发学生思维,逻辑严密,足见教师在环节设计的功底。

(3)目标达成。经常说公开课"秀了老师、爽了评委、误了学生"。书琴老师的课到底有没有落地,从课堂上学生的表现可以看出,学生是学有所获的,基本完成了学习目标。

3.缺点与不足

(1)作业设计不足。本节课作业为"运用课上提出的知识模型推理二氧化硅的提纯"。基于"双减"背景之下,课标提出作业需反应核心素养的培养要求。从知识迁移的角度,该作业设计体现了核心素养的培养,但较为笼统,没有具体的过程评价,比较遗憾。

(2)教师在模型推导的过程比较生硬。本节课的难点之一为硅单质工艺生产的思维模型的推导。教师在呈现该模型时受限于时间没有充分回溯课堂中的相关细节,导致学生推导模型比较艰难。由具象至抽象的推导能力是比较高的思维形式,今后教师在教学中需进一步训练学生思维模型的推导过程。该名教师具有扎实理论功底,在课堂上应更多关注学生认知行为的表现和课堂目标的达成效果。

四、对评价方法的反思

建构解决复杂化学问题的思维模型是学生探索模型建构的重要内容。学生在解决复杂化学问题的过程中,针对需要解决的问题,通过观察等手段获取信息,在真实复杂情境中建立科学理论模型与研究对象的联系,建构起解决复杂问题的思维框架。解决复杂问题的过程既是创造性地应用科学模型的过程,也是建构模型的过程,在化学课程实施中,要让学生通过复杂化学问题解决培养自己的模型建构能力,并在复杂化学问题解决中评价学生的模型建构能力水平。

　　尽管我们一直在强调化学是一门以实验为基础的科学,但从课堂表现来看,教师对实验的价值重视不足,以演示实验或多媒体播放代替学生动手实验的现象普遍,学生的实验思维和操作能力很欠缺。本节课通过实验方案设计、动手进行实验操作,让学生体验实验探究的过程与方法,是提升学生实验技能、发展核心素养的一个良好的开端。

7.

生物组"三主"教研精选案例

主题:项目式学习任务驱动学生思维进阶

课题:染色体变异

团队:主讲——杨丽艳;主教——吴兰;主评——洪春英

项目式学习任务驱动学生思维进阶的课堂教学

——"以 DNA 的复制"为例

主讲教师 杨丽艳

一、设计理念

20世纪80年代提出的建构主义的基本观点:认识是由主体主动建构的,而不是从外界被动地吸收的。主体在认识过程中,不是去发现独立于他们头脑之外的知识世界,而是重新组合先前个人的经验世界,建构一个新的认知结构,因此说认识具有建构性。本课例根据该理论支持来设计项目式学习任务,并通过学生对任务的完成来促进学生的思维进阶。

二、课程标准

本课题结合《普通高中生物学课程标准(2017 版)》中的内容要求:概念3"遗传信息控制生物性状,并代代相传"的大概念下的子概念"能概述DNA分子通过半保留方式进行复制"。根据这个要求来设计了两个子项目:项目一为寻找DNA半保留复制的实验证据;项目二为体验DNA复制的过程。

三、教学目标

再结合课程标准中对本内容的学业要求：能结合DNA双螺旋结构模型，阐明DNA分子作为遗传物质所具有的特征，以及通过复制、转录、翻译等过程传递和表达遗传信息（生命观念、科学思维）；以此依据来确定本节课的以下两个教学目标：目标1——运用假说—演绎法探究DNA的复制方式；目标2——通过对DNA半保留复制方式的学习，理解DNA的准确复制是遗传信息稳定传递的基础。

四、教学重难点

在教材关于DNA半保留复制的实验证据和DNA复制的过程的教材素材的指引下，根据教材内容本节课设置了以下子项目及相关教学任务：

项目一：寻找DNA半保留复制的实验证据。

任务一：模型构建；

任务二：实验设计；

任务三：演绎推理实验结果。

项目二：体验DNA复制的过程。

任务一：分析资料，获取信息；

任务二：图文结合，模拟过程。

本课题中，学生通过对以上教学任务的完成来突破本节课的重难点。通过项目一建立的子任务来突破运用假说—演绎法探究DNA的复制方式的第一个重难点，再通过项目二建立的子任务来突破DNA的复制过程的第二个重难点。在项目式任务的驱动下逐层突破。

五、核心素养

在本课题的项目式任务的驱动下，结合中国高考评价体系来确立本节课的核心素养。通过项目一下的子任务一模型的构建来培养学生关于结构与功能观的生命观念。通过项目一的子任务二和子任务三来培养学生演绎推理和批判性思考的科学思维。同时在具有梯度任务的项目二中，学生通过完成子任务来培养归纳、概括和建模的科学思维。在项目式任务的驱动下，逐层完成任务并同时培养相关的核心素养。

六、教学设计

1.问卷调查

在确立本课题的设计之前,我们对本班学生做了问卷调查并得出相关结果。

2.教法和学法

通过对问卷调查相关结果的分析确立了本次的教法应为支架式教学法和合作教学法。在支架式教学法的指引下确立了以下教学支架(图1):

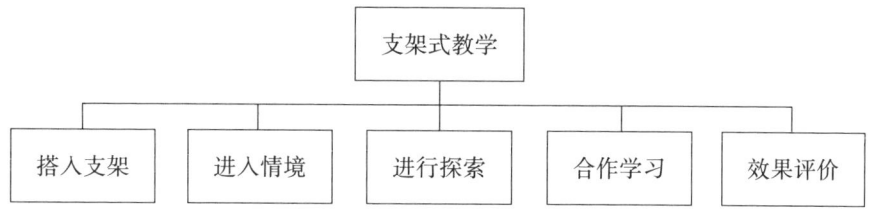

图1 教学支架图

通过项目式学习任务来搭建本节课的支架,并以癌症为主题引导学生进入学习情景,在该背景下进行不断的探索和学习,最后通过小组活动中的参与情况来进行本节课的效果评价,最终完成学习任务。

根据调查情况决定,在学生已有假说演绎法的基础上,来确定对实验证据的学习思路。以假说演绎法为主线,从而确定学生根据假说演绎法的模式来进行小组讨论和学习,所以本节课采用合作探究的学习方法来帮助学生达成本节教学目标。

3.教学流程

(1)导入:以微博热搜"癌症为什么喜欢C型人格"和微课结合来导入,创设情境从而激发学生的学习兴趣。

(2)环节1:项目1——寻找DNA半保留复制的实验证据。

任务一:半保留复制的模型建构。

任务二:实验设计。

学生通过教材第54页思考与讨论的背景知识自主进行验证半保留复制方式的实验设计,并对小组的实验设计进行演绎推理,并结合示意图自主分析其实验过程。

任务三:实验结果。

对演绎推理的实验结果进行预测,若细胞分裂一次后提取DNA并离心后可发现在试管中只出现一条中带,而细胞分裂两次以后提取离心发现在试管中可出现两条带,一条中带和一条轻带。

通过以上任务的完成,使学生在实际过程中提升理解掌握和操作运用能力,并逐步更深层次地提高自己的能力。

(2)环节2:项目2——体验DNA复制的过程。

任务一:分析资料,获取信息。

给予学生一定的资料,让学生通过资料信息来分析DNA复制过程中所需要的条件,并对各个必要条件进行梳理,总结自己从资料中的所得,并以小组为单位进行汇报。

任务二:图文结合,模拟过程。

根据教材信息和自己所得的条件,通过卡片模拟出DNA复制的模型图,并创造出新的模型,从而帮助学生理解DNA复制过程中所需要的条件(图2)。

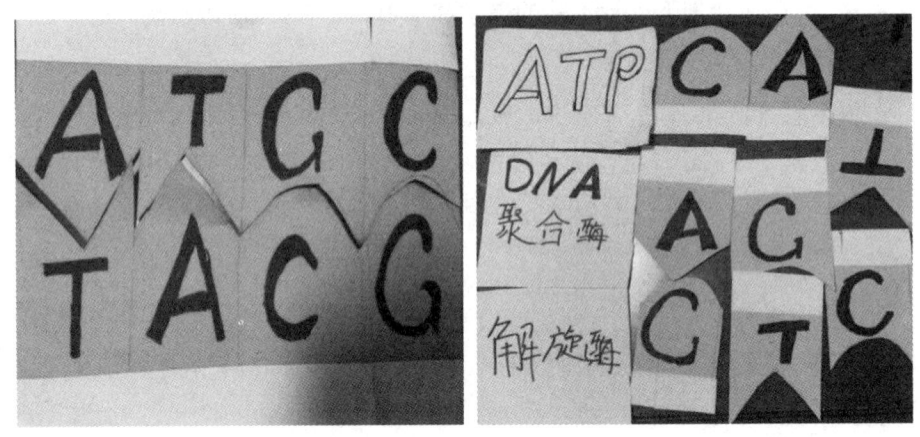

图2　DNA复制模型卡片图

本环节通过以上两个任务的完成来使学生对科学思维有更深层次的挖掘,同时使得学生的逻辑思维能力得以展示和锻炼。

(3)环节3:DNA的应用。

本环节通过展示实际的应用问题,如新冠病毒的检测方法,以及侦察技术中关于DNA的检测等,让学生通过分析这些实际问题来提升人文思维,从而实现从理解掌握、操作运用到科学思维和人文思维的思维进阶。

综上所述,在本节课项目式学习任务的驱动下,学生通过逐步完成学习任务来构建出由浅入深的思维模型,这也是本节课的教学亮点。

项目式学习任务驱动思维进阶的"DNA的复制"教学设计

主教教师 吴兰

一、教材分析和设计思路

"DNA的复制"是人教版高中生物学必修二教材第三章《遗传与进化》第三节的内容。学生此前已经认识了DNA分子的双螺旋结构,本节可以为学习遗传信息的传递和表达奠定一定的基础,同时也为基因突变、生物进化提供分子基础。

本节课主要内容包括DNA半保留复制的实验证据、DNA复制过程。DNA半保留复制的实验证据是本节的重点之一,通过引导学生建构模型、设计实验,演绎推理实验结果,并通过生物学家梅塞尔森和斯塔尔实验的真实结果来检验推理的结果,进而体验假说—演绎法的科学研究方法,很好地揭示生物学研究必须源于实证。DNA分子的复制过程是本节另一个教学重点。学生已经了解了复制方式,为促使学生在"做"中学,在"做"中理解知识,组织学生利用卡纸制作的DNA分子模型和游离的脱氧核苷酸等模拟DNA分子复制的完整过程,让学生在模型构建的活动中发现问题,并通过师生合作解决问题。

新课标显示,本节重点是要构建"概述DNA分子通过半保留方式进行复制"这一次位概念,而这一概念的构建能使学生深刻理解在有丝分裂和减数分裂过程中遗传信息传递过程中高保真性的原因,进而领悟遗传的本质。

二、核心素养教学目标

(1)运用结构与功能相适应的基本观念,根据DNA的结构特点推测DNA复制的可能方式。(生命观念)

(2)基于物理模型建构,演绎推理DNA复制的方式,体验假说—演绎法的一般过程。(科学思维,科学探究)

（3）通过对DNA半保留复制过程和特点的分析，理解DNA的准确复制是遗传信息稳定传递的基础。（科学思维）

（4）通过本节课的学习，将癌症的形成原因与DNA复制相联系，关注科学发展并养成健康生活的习惯。（社会责任）

（5）通过了解我国科研工作者在DNA研究领域取得的成就，引导学生树立强大中国的理想信念。（社会责任）

三、教学过程

1.创设情境，导入新课

以"科学访谈"为模拟情境，客串主持人，引出近期微博热搜话题"癌症为什么最喜欢C型人格"，接着抛出问题"癌症一直受社会各界广泛关注，那患癌的成因有哪些"，以此引出采访专家的视频。专家为笔者客串，以增加课堂的趣味性，讲述患癌症的几大原因，其中约66%的癌症是DNA在复制的时候发生的随机错误引起的。以此引出本节课题"DNA的复制"。

2.项目一：寻找DNA半保留复制的实验证据

（1）提出问题："DNA的复制方式是什么?"展示沃森和克里克对DNA复制方式的推测原论文，提出可能是半保留复制方式。追问"为什么要说'可能'"，引导学生树立科学研究可以大胆提出假说，但要得到科学的实验结论必须有确凿的实验证据来支持，即生物学是一门重视实证的学科这一理念。接着补充其他科学家提出的全保留复制假说。并以一个亲代DNA分子为例，讲解半保留复制和全保留复制的机制。（2）提出假说：DNA的复制方式是半保留复制。教师提问："要证明DNA是半保留复制，应该怎么做?"

任务一：模型建构。

（3）演绎推理：引导学生明白在实验验证前不妨先用模型演绎推理一下如果是半保留复制，一个DNA分子在复制两次之后得到的子一代和子二代DNA分子的双链的组成情况：红棒代表亲代DNA母链，黑棒代表新合成的子链。学生小组合作，将复制两次之后得到的情况粘贴在卡纸上。如图1。教师巡游指导，之后派小组代表上台讲解演示。用PPT展示正确的粘贴情况，学生验证模型，修正模型。教师接着提问"经过演绎推理，我们发现半保留复制得到的子一

代和子二代的结果是不同的。这个结果不同指的是什么不同?"学生回答后教师总结:"在同学们的模型中,我们可以很清晰地看到母链都是红色,子链都是黑色。但在真实情况中,DNA的链是不是不同颜色标记的?"进而引出在真实情况中只能去设计实验来验证。

图1 学生课堂演绎过程

任务二:实验设计。

在实验设计中,运用问题串逐步引导学生设计实验检验子一代和子二代DNA双链情况:

问题1:如果要在实验中直观地区别、"标识"母链或子链,可以采取什么办法?

问题2:如果用同位素(放射性)进行标记,用什么元素?

问题3:如果亲代DNA含^{15}N,放在^{14}N的环境中进行培养,则亲代、子一代、子二代DNA分别含有哪种N元素? 学生同步在纸板上完成标记。

问题4:几种不同同位素标记的DNA双链结构有没有不同? 不同体现的是什么不同? 补充解释:^{15}N比^{14}N相对原子质量要大一点,所以^{15}N标记的DNA比^{14}N标记的DNA密度要大一点。

问题5:溶液中,复制后的DNA分子是混合的,不易分离,怎么解决这种问题? 引出密度梯度离心法:在一个具有密度梯度的溶液当中,离心DNA,具有和溶液密度相同的DNA分子就会定位到具体的条带位置。

问题6:现在用^{15}N和^{14}N标记的DNA双链共有几种情况?

问题7:如果一起离心,位于最下面的应该为什么分子? 再继续往上呢?

任务三:演绎推理实验结果。

根据同位素标记的结果,学生演绎推理出每一代离心处理的结果,在卡纸的右侧将试管模型对应条带位置填涂标记,如图2。纸上得来终觉浅,绝知此事要躬行。结果真的是这样的吗?(4)实验验证:介绍1958年生物学家梅塞尔森和斯塔尔以大肠杆菌为实验材料,运用同位素示踪技术,证实了DNA的复制方式。展示两位科学家所做实验的真实结果照片。学生将其与自己的卡纸结果对照。(5)得出结论:DNA是以半保留的方式进行复制的。

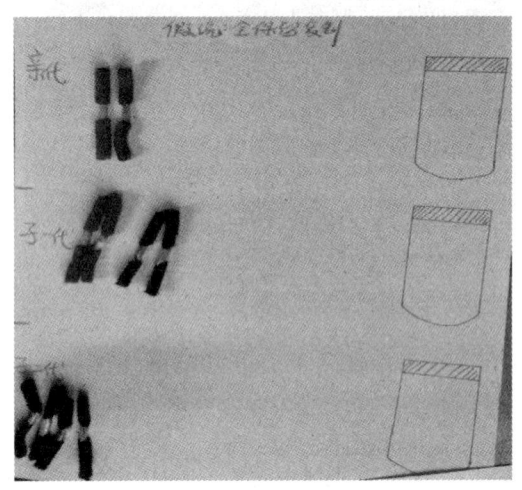

图2 离心管示意图

在"项目一:寻找DNA半保留复制的实验证据"中,从提出问题、提出假说、演绎推理、实验验证、得出结论,学生通过项目下的子任务亲身体验假说——演绎法的几个基本过程,运用该科学方法成功寻找到DNA半保留复制的实验证据。

3.项目二:解读DNA复制的过程

DNA半保留复制具体过程如何进行呢? 在第二个大项目下,设计两个子任务:"分析资料,获取信息;图文结合,模拟过程",主动建构DNA复制的过程。

任务一:分析资料,获取信息。

学生分析导学案上的两则科学史资料。资料一:科学家通过生化分析得知,细胞分裂间期细胞中脱氧核苷酸含量有动态变化,DNA聚合酶的活性显著增高。资料二:科学家将变形虫放在有标记过的脱氧核苷酸培养液中一段时间后,在细胞核中首先发现有标记的DNA分子。

学生在阅读的过程中提取DNA复制发生的时期、场所等信息,以此培养分析信息、提取信息的能力。

任务二:图文结合,模拟过程。

DNA分子复制的过程是一个动态连续的过程,且又属于微观分子层面,比较抽象,为使学生系统理解,通过播放DNA分子复制的模拟动画,学生得以初步建立DNA复制的完整框架。结合视频,阅读教材第55页DNA复制过程有关文字和图3-10,将文字信息和图片信息在脑海中动态化,同时将DNA复制过程中所需的条件以关键词的形式提取出来。教师边提问关键词,边在黑板上粘贴关键词卡纸。此时,关键词在黑板上混乱排布。请学生上讲台移动黑板上的关键词卡纸,将DNA复制的过程呈现出来。如图3。

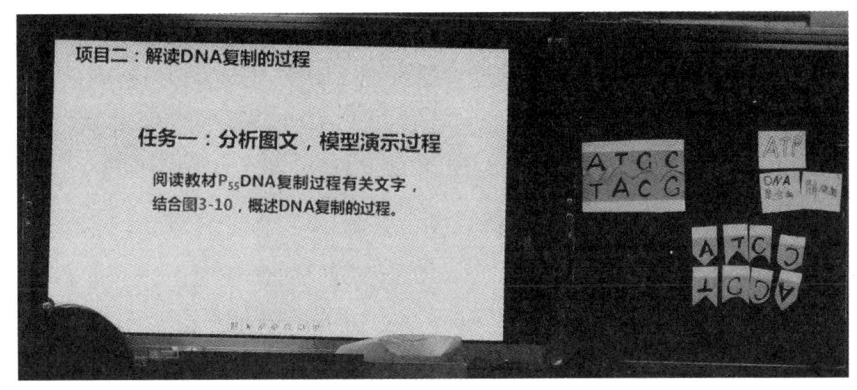

图3 学生演示DNA复制的过程

之后学生总结DNA分子复制过程的三大步骤。第一步:解旋。第二步:合成子链。第三步:复旋形成子代DNA。接下来以问题串的形式让学生主动建构DNA复制的条件、特点、结果、意义:

问题1:继续看图3-10,DNA复制时,解旋酶是将双链完全解开再开始复制的吗?体现了什么特点?

问题2:边解旋边复制有什么好处?

问题3:从复制得到的子代DNA来看,一条链是原来的母链,一条是新合成的子链,这是什么方式?

问题4:DNA复制得到的子代DNA和亲代DNA所承载的遗传信息是否相同?

问题5：一个DNA分子复制成两个遗传信息完全相同的DNA分子,说明这个复制是非常精确的,谁来提供精确复制的保障?

问题6：尽管DNA分子复制是十分精准的,但难免有时候会出错,如果出错,会造成什么后果?

问题7：复制出错有可能会造成基因突变,基因突变有可能改变性状。那这个改变是好的还是坏的?

问题8：但DNA复制大多数时候还是很精准的,这样的精准使得DNA复制具有什么意义?

第7个问题引出基因突变的结果有的有利于进化,但大多是坏的,以此联系导入时提到的癌症,呼吁学生注重健康生活,加强锻炼。

4.拓展——DNA的运用

本节学习了国外的科学家通过实验证明了DNA的复制方式、过程等。而如今,我国的科学家在DNA研究领域也取得了不错的成绩。比如新冠肺炎的核酸检测,就是从待测者的鼻咽拭子中提取核酸,新冠病毒是RNA病毒,将RNA先转化为DNA,再将DNA在体外进行复制,可以以此检测是否感染。在体外扩增DNA用的就是PCR的原理,还可以用于刑侦、亲子鉴定等。疫苗研发得力于我国科研工作者做出的贡献。我国的科研力量正在奋起,而每一位同学都肩负着为我国未来的科研力量持续助力的责任。本片段一方面增强学生民族自豪感以及爱国主义情怀,另一方面呼吁学生承担起加快我国强大的责任。

聚焦核心素养,任务驱动下的情境式教学

——"DNA的复制"教学案例分析

主评教师　洪春英

新课标、新教学的背景下,提倡"以学习者为中心、核心素养为本,大单元、大情境、大任务"的教学,学生在完成真实情境任务的过程中,提升核心素养,学会自主学习。下面结合"DNA分子复制"一节教学案例分析,谈谈任务驱动下的情境式教学。

一、问题情境与任务

新课改注重真实的情境教学,往往以情境教学贯穿始终。知识的情境化是知识活化,并转化为素养的必经途径。创设情境围绕重要概念的学习,将重要概念转化为中心问题,再将中心问题分解为几个逻辑连贯依次递进的小问题。这些小问题,通过适当的途径转化为学生要完成的一个任务,完成任务的过程就是逐渐建构重要概念的过程。让学生能在情境中分析问题,在情境中学知识、用知识,培养学生解决问题的能力。

1.情境一 主任务:DNA 的复制

课堂引入采用生活中微博热搜和大家关心的生活问题——癌症产生原因,以节目访谈的形式,用癌症与DNA复制问题,引出本堂课学习主任务"DNA的复制"。

情境创设真实、贴近生活,视频采访具有趣味性,作为引入环节,很好地激发了学生学习兴趣。提出癌症产生与DNA复制存在什么关系,并围绕这一贯穿性的情境问题进行创设,体现问题驱动的内涵。

2.情境二 任务:两种复制方式推测

DNA复制原理的发现历程,经典实验设计、研究方法、结果分析和结论的形成过程,科学家研究过程中的执着精神、理性思考和求实创新的态度等资料是学生发展核心素养的重要载体,教学中应充分运用。

教学设计中展示DNA双螺旋结构,再现沃森和克里克的论文真实情境,提出问题"DNA复制的方式是什么?"体现结构与功能观,对学生进行生命观念教育。运用两种复制方式在科学界的争议,将学生置于一个科学研究历史环境中思考,感受科学家严谨的态度,培养思维判断能力和科学态度。

3.情境三 任务:DNA半保留复制实验证据

为了寻求DNA半保留复制实验证据这一目标任务,搭建一个框架,以假说—演绎法为线进行研究(创新点)。为此我们设置了多个子任务:(1)小组合作建模。学生通过动脑动手,体验、辨析子一代、子二代可能存在的现象,培养科学思维能力(思维提升)。(2)提出假说,进行实验设计。运用所学科学实验知识,进行实验设计,如同位素标记法、密度梯度离心法的应用,在这个环节中注重引导学生科学思维和探究活动,确定实验方案。(3)通过演绎推理,预测实验结果。让学生绘制试管中DNA条带图,并展示(突破难点),提升其科学探究和设计实验能力。

4.情境四 任务:实验验证过程

验证环节补充展示科学家实验的真实图片,让学生形成感性认识。由于情境创设真实有效,学生对比分析,很快便得出结论。实验验证过程充分体现教学设计的严谨性,符合学生认知。科学研究的方法模式(框架的搭建),便于学生对这类问题进行科学分析。

5.情境五 任务:DNA复制的过程

DNA复制过程是怎样的? 复制是微观的生理活动过程,学生难理解。教学中一是先补充文献资料,学生分析(文献分析法),归纳DNA复制时间、场所等信息。二是通过应用动画模拟全过程,让学生有个感性认识,形成整体观。观看前教师提出问题要求,形成任务驱动,让学生解读教材图片,并利用模型展示过程(语言表达和图示表达),把复杂的过程具象化,便于学生理解掌握知识。

6.情境六 任务:DNA的应用

科学教育中的社会责任教育,集中在科学精神、科学态度和科学价值观方面,让学生学科学、爱科学、传播科学。生物学教育中的社会责任还应突出生态文明教育、健康教育。

重视渗透科学技术社会相互关系的教育,通过具体实例帮助学生认识生物学与社会发展的紧密联系,培养学生的社会责任感,如结合社会热点介绍新冠病毒的核酸检测与社会和生活的联系,谈DNA复制的应用问题;再讲癌症与DNA复制的关系,回答课堂开头创设的问题,用知识解决问题,做到首尾呼应,让学生学以致用,培养社会责任感。

二、大单元教学与任务

必修二《遗传和变异》要求学生掌握的主要科学研究方法有:假说—演绎法、模型建构(物理模型、数学模型)。教师应围绕这些大任务,组织有效教学。

1.从教材上安排,尊重科学发展史

科学家们是怎样思考的,怎样提出问题的,曾遇到什么困难和障碍,他们运

用什么方法来克服这些困难和逾越这些障碍,结论是在什么基础上形成的,当时的人及后人对结论提出过什么异议等,这些才是科学史上最有价值的东西。

(1)第一章遗传因子的发现,遗传分离定律、自由组合定律——孟德尔;

(2)第二章基因与染色体的关系,基因在染色体上——萨顿、摩尔根;

(3)第三章基因的本质,DNA的双螺旋结构、DNA分子复制——沃森和克里克。

新教材尊重科学发展史,如在孟德尔研究豌豆性状时,并不知道基因的存在,而是用假说——生物性状是由遗传因子决定的,并运用科学设计实验,演绎推理研究得出遗传分离定律和自由组合定律。

介绍或引导学生分析科学史,主要的目的之一就是要促进学生对知识的主动建构,有利于学生更好地掌握基本概念和原理。

2.掌握科学研究方法,培养科学思维

孟德尔、摩尔根、沃森和克里克研究领域不同,实验材料、技术不同,但科学研究中有共性,就是研究方法都应用了假说—演绎法,其基本过程是提出问题→做出假说→演绎推理→验证实验→得出结论。运用这一科学研究思路,教学生搭建主体框架思维、掌握科学态度和科学研究方法,去解决问题。

在现实生活中创设真实的情境能激发学生的探究欲望,鼓励学生动脑动眼动手动口,让学生获得第一手的实践经验,理解科学探究。通过经典的科学史研究案例,引导学生理解科学探究的本质和特点,让学生通过亲身参与科学探究来体验和感悟,培养学生的科学思维和创新精神。

3.进阶式培养学生能力

单元教学中,教材内容安排、呈现的形式不同,应按照知识技能向核心素养转化的进阶规律,进行课程内容设计,既符合学生认知规律,又能层层递进培养学生思维和能力,最终培养学生独立思考解决问题的能力。

学生沿着科学家探索生物世界的道路,理解科学的本质和科学研究的思路方法,学习科学家的精神,从而感受科学家探索的艰辛,领悟科学方法以及科学家创造结论的伟大智慧。

新课标下的课堂教学三维目标转向核心素养,实现情境任务的全程贯穿。

我们不是把情境仅仅作为课堂导入的一个步骤,在真实情境教学中,学生进行科学思维、设计实验、模型构建等,自主学习,真正将生物学科的探究落到实处。这节老教材是选学内容,新教材作为探究讨论内容,现在我们把它改成了情境和任务的建构学习形态,采用大单元教学设计,以假说—演绎法为线索进行科学研究,实现了教材的二次开发。

情境创设使科学向生活回归,从而激发学生兴趣,用科学解决真实问题。创设情境的教学使知识的学习具体化、问题化和生活化。问题驱动下的任务式学习,让学生的知识学习过程从知识线索转为问题线索,把让学生学习知识转变为让学生在问题解决中学习知识。教学中设计真实情境下的任务驱动,将结构化的知识与解决真实问题统一了起来,最大限度地促进了学生发展核心素养。

8.

政治组"三主"教研精选案例

主题：指向学科核心素养的活动型教学

课题：人的认识从何而来

团队：主讲——王新慧；主教——李喻；主评——刘欢

指向学科核心素养的活动型学科课程设计策略

——以"人的认识从何而来"为例

主讲教师　王新惠

新课程标准在开篇阐述了高中思想政治课程的性质,指出"高中思想政治以立德树人为根本任务,以培育社会主义核心价值观为根本目的,是帮助学生确立正确的政治方向、提高思想政治学科核心素养、增强社会理解和参与能力的综合性、活动型学科课程"。

什么是活动型学科课程？新课标提到：本课程力求构建学科逻辑与实践逻辑、理论知识与生活关切相结合的活动型学科课程。学科内容采取思维活动和社会实践活动等方式呈现,即通过一系列活动及其结构化设计,实现"课程内容活动化""活动内容课程化"。

活动型学科课程的提出,意在改进教师教学方式,转变学生学习方式。对一线教师而言,他们最为关心的是活动型学科课程如何有效设计、实施与落地。活动型学科课程的设计应做到"五线"合一,即理清教材主线、创设情境主线、设置议题主线、优化活动主线、落实评价主线。"五线"合一最终指向学科核心素养的培育。接下来将结合"人的认识从何而来"的教学设计,阐述对这五条"主线"的理解。

一、教材主线晓结构:明确课标要求,理清教材逻辑

明确课标要求,理清教材逻辑,是活动型学科课程有效开展的重要依据。新课标对学科核心素养、课程目标、课程结构、课程内容都做了明确的阐述,这为活动型学科课程的设计提供了方向。对于每一课的具体设计与实施而言,教师在开展设计时,需要研究本课的内容要求是什么、应达成的目标是什么、为什么要达成这样的目标等问题,理清教材的逻辑主线。只有当教材主线明朗清晰后,才能为后续的设计指明方向。

以"人的认识从何而来"为例,这是部编版高中思想政治必修四《哲学与文化》第二单元第四课的内容。在大单元背景下,本单元以人的认识从何而来为起点,讲述了马克思主义认识论、历史唯物主义、价值论。

本课在课标上的内容要求是:了解人的实践活动的特性和作用,理解社会生活的实践本质;阐明实践是认识的基础,是检验真理的唯一标准;阐述认识运动的辩证发展过程。在内容要求旁边给出了本课的教学提示:以"人的正确思想是从哪里来的"为议题,探究"实践—认识—再实践—再认识……"的过程。可结合生活中的具体事例,讨论如何在实践中获得和深化认识,追求真理。课标中的内容要求和教学提示为具体的教学设计提供了指导。可着眼于正确结论的形成,讨论"第一手材料"和"第二手材料"的不同作用。

基于课标要求,本课的教材主线是:从认识的本质出发,阐述了感性认识、理性认识及二者之间的关系,接着阐述了马克思主义中实践的概念和类型,引导学生理解本课教学重难点——实践与认识的关系,最终落脚到引导学生树立科学的实践观,提高运用马克思主义认识论认识、分析、解决问题的能力,涵养科学精神。

二、情境主线接地气:基于生活实际,创设真实情境

理清了教材主线后,如何再将教材逻辑与生活实际相结合?情境的创设在其中发挥着重要作用。基于生活实际,创设真实情境,为活动型学科课程的开展搭建平台。

情境有什么作用？情境为学生建立起了学科知识与社会生活之间的联系，为学生认识活动和情感活动的有机统一搭建平台。学生在情境中感知冲突、展开思辨、陶冶情感、解决问题、提升能力。

真实的问题情境应该具有时代性、思辨性和整体性的特点。一个好的问题情境应该与时俱进、贴近生活、层层递进、由浅入深，学生能够在这样的情境中展开思辨、探究问题，最终有助于整体教育教学目标的实现。

在本课中，选取了"南明河的治理方案"作为本课情境主线，从认识南明河、治理南明河、寄语南明河三个环节进行问题情境的创设。南明河是贵阳市的母亲河，学生对南明河有着天然的亲近感。选取南明河的治理作为本课真实问题情境并进行三个环节的设置，既贴近学生的真实生活，又能在层层递进的情境设置中，引导学生运用马克思主义的实践观分析问题，提高分析和解释的能力，并在未来积极投身于保护南明河的实践活动中，最终达成本课整体的教育教学目标。

三、议题主线掌脉络：确定核心议题，设置问题链条

选定了问题情境，如何有效运用情境？议题主线的设置能够让情境充满生气。议题主线掌控整堂课的脉络。确定了核心议题，设置问题链条，就能为活动型学科课程的开展提纲挈领。

如何理解议题？确立议题的依据是什么？新课标指出：教学设计能否反映活动型学科课程实施的思路，关键在于确定开展活动的议题。议题，既包含学科课程的具体内容，又展示价值判断的基本观点；既具有开放性、引领性，又体现教学重点、针对学习难点。

基于此，确立议题应做到：

第一，基于学情。以学生的已有经验和知识储备作为确立议题的起点，明确学生通过对议题的思考要达到的能力层次。

第二，可议空间。议题要有充分的可讨论的空间，要让学生在讨论中有话可议、有章可循，通过层层追问、逻辑推演和观点表达，帮助学生形成对议题所承载的基本观点的理解。

第三,价值引领。明确议题的价值导向,将学科核心素养融入议题的设置之中,通过议题引导学生在思考、表达与生成中实现育人目标。

在本课中,结合情境素材和教材内容,将本课的总议题设置为:治理南明河的科学方案从何而来? 每个环节之下设置了相应的问题链。第一个环节问题链的设置,意在引导学生得出人的认识过程是从感性认识到理性认识的过程这一理论,以及明白实践的含义和特点。第二个环节问题链的设置,意在引导学生推导出实践与认识的关系,这也是本课的教学重难点。第三个环节问题的设置,意在引导学生表达对保护南明河的关怀和展望。最终通过对问题链的探讨和教师的层层追问,引导学生得出"治理南明河的科学方案从实践中来"的结论,从而完成对总议题的回应。

通过对议题主线的设置,整堂课的脉络基本明朗。学生在对议题主线的讨论过程中,有生成、有表达,对学科内容有更深的理解。

四、活动主线促生成:明确活动导向,优化活动设计

议题确立之后,应在什么样的场域下讨论? 议题的讨论要在活动中进行。活动主线促生成,明确活动导向、优化活动设计,是活动型学科课程开展的有效路径。活动设计的最佳状态,就是将学科内容、情境、议题融入活动开展的全过程中。活动的设计要具备明确的目标和清晰的线索,活动内容、活动形式、活动要求要有明确的指向性;活动要承载学科内容,并对学科内容进行序列化的处理;活动过程要结构完整、科学合理,符合学生认知规律。

在"人的认识从何而来"一课中,设计了序列化的活动:

第一个活动:引导学生畅谈学生眼中的南明河。

第二个活动:引导学生为南明河的治理选择合适的方案。

第三个活动:引导学生重新设计更完善的南明河治理方案。

第四个活动:引导学生为保护南明河的行动写倡议书。

四个活动一脉相承、目标明确、结构完整。将议题嵌入活动之中,引导学生在活动中展开思辨、推导结论。在整个过程中,教师作为引导者,要在活动中为学生提供运用资料的方法、共同探究的策略,为学生提供表达和解释的机会。在学生的自主生成和自信表达中,将课堂主动权还给学生。

五、评价主线重发展:注重活动评价,体现价值引领

活动实施之后,学生活动的效果如何评价? 注重活动评价,体现价值引领,是活动型学科课程的落脚点。新课标提出:活动型学科课程的教学评价,应专注学科核心素养的行为表现,一般采用"求同"取向与"求异"取向相结合的验证思路。这是一种有统一标准、无标准答案的评价。基于新课标的要求,教师需要制作发展性评价表。活动评价表应以落实学科核心素养为导向,以本课教育教学目标为依据,结合学生在活动中呈现出的思维的逻辑性、表达的准确性等方面进行评价维度的设置。

以"人的认识从何而来"一课为例,将本课的评价角度设置为:学生是否主动参与小组讨论;提炼信息是否充分、能否自主生成和解决问题;能否勇敢流畅地表达观点,逻辑是否清晰,是否能提供例证;是否善于倾听和尊重他人观点;对实践与认识的关系是否认识深刻、见解独到;在观点表达中,是否能够理解认识过程、领悟实践与认识的关系、培养科学精神、落实培育核心素养的目标。

通过对活动评价表的设置,将评价的视角从关注知识向关注素养转变。

六、总结

教材主线、情境主线、议题主线、活动主线、评价主线是一个有机统一的整体,五条"主线"贯穿于活动型学科课程设计的全过程中。活动型学科课程的实施效果如何,还需要教师进行实践,在教学实践中不断地反思,在反思中不断地改进,力求让学生在具有开放性和引领性的活动型学科课程中拥有获得感和成就感,从而实现育人目标,最终指向学科核心素养的培育。

"人的认识从何而来"教学设计

主教教师 李喻

在"三新"改革背景下,我就部编版高中思想政治必修四《哲学与文化》第二单元第四课"人的认识从何而来"谈谈本课的设计思路。

本课设计采用了新教材提出的议题式教学方式设计,以总议题"治理南明

河的科学方案从何而来"设置问题链条引领全课作为议题线;将课程内容活动化以"学生畅谈我眼中的南明河,南明河治理方案我来选,南明河治理方案我来做,我为保护南明河写倡议"作为教学的活动主线;选取了贴近实际、贴近生活、贴近学生的本土案例"南明河蝶变"的治理历程作为情境主线;以教材知识"人的认识要从感性认识上升到理性认识,实践是认识的基础,认识对实践具有反作用"作为知识线;以学生的学习、理解、互动、表达、感悟落实学科素养,以体现教学目标作为评价线,五线交织推进教学。

以下为具体教学实施过程:

表1 "人的认识从何而来"教学设计

教学环节	教师活动	学生活动	设计意图
引入新课 提出议题	视频导入:《南明河美景》。 教师:南明河是贵阳的母亲河,她素有明河清流的美誉,滋养着代代子民,但随着城市化进程的发展,她却出现了一些让人担忧的现象。鉴于此,人们不断寻找治理南明河的方案,那治理南明河的科学方案从哪里来呢?今天让我们带着这个问题一起来探讨人的认识从何而来。 提出总议题:人的认识从何而来?	观看视频,带着总议题进入新课学习。	从视频中引出本课的情境主线:南明河的变化。
新课学习 问题链	关注:认识南明河 我们有话说 活动一:我眼中的南明河 1.教师:同学们,你眼中的南明河是什么样的呢?	不同学生分别谈谈自己眼中的南明河。 学生A:我看到现在是清澈的,但原来是受污染的。 学生B:城市化进程、工业废水、生活废水一度让她受到污染,但现在在政府的治理下变得干净了。	从不同学生谈到的南明河引出认识的含义、认识的形式。

教学环节	教师活动	学生活动	设计意图
问题链	教师:可见同学们对南明河都是有自己的认识。所谓认识,就是主体对客体的能动反映。 A同学提到"我看到"这种通过感觉器官直接感知事物外部现象的认识,我们把它称为感性认识;B同学说工业化进程中工业废水、生活废水一度让她受到污染,但在政府相关部门的治理下重新展现清澈样貌。这种在大量感性认识的基础上,通过理性抽象思维,对事物本质和规律的认识,我们称之为理性认识。 感性认识是我们认识的初级阶段,理性认识是我们认识的高级阶段,感性认识最后要发展、上升为理性认识,而理性认识都依赖于感性认识,它们是相互渗透、相互包含、辩证统一的关系。 议学结论: 感性认识和理性认识的关系: 相互渗透、相互包含 感性认识⟷理性认识 辩证统一 (初级阶段)　　(高级阶段)		通过不同学生谈对南明河的认识,引导学生思考什么是认识,理解人的认识经历从感性认识到理性认识的过程,理解认识的形成与实践相关,并理解实践的含义及特点,为接下来理解实践与认识的关系奠定基础。
问题链	2.教师:同学们,刚刚大家谈到了自己眼中的南明河,那么对南明河的认识都是从哪里来的呢? 教师追问:那你感受过吗? 教师再问:还有没有同学是从其他途径了解南明河的呢? 教师:我们有的同学说认识南明河是自己眼睛看到、耳朵听到的,所以我们把这种认识称为第一手材料,也叫直接经验;我们还有的同学说对南明河的认识是从网上查阅资料了解到的,我们把这种认识称为第二手材料,也叫间接经验。无论是直接经验还是间接经验都是获得认识的途径。	学生C:是通过感官得到的,比如说眼睛看到河水,耳朵听到水流声…… 学生C:感受过。 学生D:通过网上查阅资料了解南明河的发展。	从不同学生谈到的南明河引出认识的途径。

续表

教学环节	教师活动	学生活动	设计意图
问题链	3.教师:治理南明河不是现在才有的,南明河的变化从"清澈—受污染—清澈"到"受污染—变清澈",是什么让她出现这样的变化的呢? 教师:治理就是我们的实践活动。实践就是人们改造客观世界的物质性活动,具有直接现实性。 教师:在南明河的治理历程中,我们经历了曲折的过程:2004年,我们初见成效,南明河初次实现"水清、岸绿、景美",获国家11部委联合授予的"中国人居环境范例奖"。景不长好,水不长清,2004到2012年贵阳市进入经济社会跨越式发展,污水排放量大幅增长,南明河污染又逐步加重;2012年引入系统治理思路;2017年逐步建立污水处理厂和再生水厂,取得显著成效。	学生群答:治理。	从不同学生谈到的南明河引出实践的含义。
问题链	4.教师:请同学们思考一下: (1)各时期治理方案,取得成效不一样。今天能"水清岸绿",为什么一开始不采用现在的治理方案? (2)贵阳市为什么要着手治理南明河? 又是怎么进行治理的? 教师:对于同学给出的观点,我们发现,不一样的治理方案是因为时间、条件不一样,所以实践活动具有社会历史性。 教师追问:为什么我们每一时期都在关注南明河,还要对她加强治理? 刚刚有同学说了是因为她与我们的生活息息相关,所以我们希望生活的环境更好。说明实践活动是有目的的,体现了实践的主观能动性。 教师:在治理南明河的过程中,我们修建了污水处理厂、再生水厂、垃圾处理站……实践的主体、客体、手段和过程都是客观的,所以实践特点还有客观物质性。 议学结论: 实践的特点:①社会历史性; ②主观能动性; ③客观物质性。 所以:我们在治理南明河的时候需要对她的正确认识才能进行更好的治理。这些认识,不能停留在感性认识上,而是要上升到理性认识,这些认识都是在实践基础上,从感性认识到理性认识的过程。	学生E:问题(1)当时科学技术限制条件,人们的生态环境保护意识淡薄;问题(2)南明河是我们的母亲河、护城河,所以要保护她。对南明河投入大量的资金,把附近工厂搬迁,对棚户区进行改造避免生活污水乱排。 学生F:问题(1)技术在不断进步,要通过实践才能找到适合南明河的方案;问题(2)受污染后影响居民生活。对附近工厂及垃圾进行排污处理。	从不同学生谈到的南明河治理方案引出实践的特点。

教学环节	教师活动	学生活动	设计意图
新课学习	行动:治理南明河 我们在行动 活动二:南明河治理方案我来选 活动内容: 现在全班分为5个活动小组,老师给大家提供了一些治理方案,请各小组从中选出你们组认为最合适南明河治理的方案,并说明理由。 活动要求: ①小组讨论3分钟,各小组把自己选择的方案贴到方案选择框内。 ②各小组选出一位中心发言人,表达本组选择这个方案的理由。 从以下几个方案中选择一个本组认为最适合治理南明河的方案: 方案一:坚持全流域统筹,干支流一体,按照"控源截流、内源治理、疏浚活水、生态修复"的思路,进行综合治理。深入实施工业企业"退城进园"。关上污水排放的"水龙头",建设再生水厂,优化污水处理厂布局,建设下层式污水处理生态系统。 方案二:实施流域排水沟整治工程,采取沟口改造、大沟清淤、生态系统构建等措施,修补自来水管网,分出清水入河,补充河流生态流量。 方案三:通过"地下建污水处理设施,地上建商业综合体、公园广场、体育场等"模式,实现土地集约、环境友好、成本降低。 方案四:关停企业污染。建成流域大数据监管平台,通过对河道水质水量的实时监测和沿岸环保设施的信息化管理,实现对河道及重要排污口的精准监管,一旦发现排污超标,及时启动应急响应,开展部门联动执法,以"零容忍"态度严厉打击企业偷排漏排行为。	各小组学生团队合作商讨方案,选择其认为治理南明河最合适的方案,展示到黑板方案选择框处。	通过设置南明河治理方案的选择和再设计,引出实践是认识的基础。通过活动设计为学生提供表达和解释的机会,提高课堂教学的针对性和实效性,让学科核心素养在活动型学科课程中落地生根。

续表

教学环节	教师活动	学生活动	设计意图
新课学习	教师:各小组已经展示出他们商讨的结果了,我们一起来看看。	方案选择: 小组　方案 第一组　四 第二组　四 第三组　三 第四组　一 第五组　一	
	教师:各小组请对自己选择的方案说明选择的理由。	第四小组发言:城市化进程、企业发展是造成污染的根源,所以从源头治理,选择方案四。 第五小组发言:政府系统治理,建设再生水厂,减少生活污水、工业污水的排放影响,所以选择方案四。 第二小组发言:依法治企依宪治企。 第一小组发言:大数据科技支撑精准检测检验。 ……	
	教师:同学们都对自己的方案说出了选择理由,那我们怎么知道哪个方案是最适合治理南明河的呢?刚刚有位同学告诉我们要通过"检验",要通过"实践检验"。		

教学环节	教师活动	学生活动	设计意图
问题链	1.教师追问:那么我们选的方案能不能被证明适合南明河?南明河能证明方案适合她吗? 教师:要把方案指导下的实践活动和实践活动让南明河产生的结果加以对照,才能知道方案是不是适合南明河。所以,只有实践才能成为连接主客观的桥梁,只有实践才处在主客观的交汇点上,因此,实践是检验认识的真理性的唯一标准。 2.教师:如果刚刚我们选的方案没有达到预期效果怎么办? 活动三:南明河治理方案我来做 小组合作探究—— 活动内容: 各小组重新设计更完善的南明河治理方案。 活动要求: 小组讨论3分钟,选出一位中心发言人,表达本组设计的方案。 3.教师:我们为什么要不断完善设计的方案呢? 教师:所以在实践过程中,遇到了新的问题需要我们不断调整方案,去实现我们的目标,说明实践是推动认识发展的动力。 4.教师:那我们重新设计、修改、完善的方案怎么能证明它适合南明河治理并达到我们的要求呢? 教师:所以再试试就是再实践,因此,实践是认识的目的。	学生群答: 不能。 学生群答: 再设计、再修改、再完善…… 各小组学生对方案进行再设计,各组展示自己的再设计方案。 学生群答: 在实践过程中,遇到了新的问题,原有方案没有达到既定目的…… 学生群答: 再试试。	

续表

教学环节	教师活动	学生活动	设计意图
问题链	5.教师追问:无论是我们之前选择的方案还是未达到治理效果后我们再重新设计的方案,这些方案都是从哪里来的? 议学结论: 实践决定认识,实践是认识的基础。 实践是认识的来源、动力,是检验认识真理性的唯一标准、目的。 教师:我们刚刚一起进行了对南明河治理方案的选择和再设计,下面我们看看贵阳市对南明河的治理是如何行动的。 观看视频:《南明河治理有术》。 教师:视频中采用的方法有一些和我们设计的方案不谋而合,它可是实实在在让南明河"水清、岸绿、景美",说明该方案是切实可行的,是正确的。这也是正确的方案对实践起到的积极促进作用。 议学结论:实践和认识的关系。 <div align="center">基础、决定 实践 ⟷ 认识 反作用</div>要求:重视实践第一的观点,勇于实践;重视科学理论的指导作用,坚持理论与实践具体的历史的统一。 教师:在习近平生态文明思想的价值引领下,我们提高了政治站位,认真落实,在高位推动了南明河的生态治理,所以今天的南明河"水清、岸绿、景美",我们希望我们的母亲河越来越美,也希望她呈现出多元的价值。下面就请我们的同学为我们保护南明河写一份倡议书。	学生群答:实践。	以观看《南明河治理有术》让学生明白认识对实践有反作用,正确的认识能对实践起到积极促进作用。

续表

教学环节	教师活动	学生活动	设计意图
问题链	展望:寄语南明河 我们发倡议 活动四:我为南明河写倡议 请同学们以"保护南明河"为主题,撰写一份倡议书。 要求:围绕主题,观点明确,具有可操作性。 教师总结:在同学们分享的倡议中,我们知道我们应该怎么做了,这些认识都是从实践中来,这些认识也都体现了我们的认识是从感性认识到理性认识的上升过程,所以治理南明河的科学方案是从实践中来的。 回答总议题:人的认识,从实践中来。	各位同学分别写出倡议书并分享。	

"人的认识从何而来"评课稿

主评教师 刘欢

崔允漷教授在2008年提出以"学生学习"(关注学生怎么学,学得怎样)、"教师教学"(关注教师怎么导,导得怎样,是否有效)、"课程性质"(教和学内容是什么,学科特点和本质)、"课堂文化"(关注课堂整体感受,互动、对话与交往)为四个基本维度的课堂观察框架。本次观察将从以上维度对"人的认识从何而来"的授课进行分析,并提出反思与启示。

一、课堂观察

1.课程性质(目标、内容、实施、评价、资源)

(1)目标。本节课教学目标预设的依据是"三新"改革的要求,即在教学过程中要体现新课程理念、用好新教材、适应新高考以及符合2017版普通高中思想政治课程标准。课程标准在课程性质的描述上指出高中思想政治课程是落实立德树人根本任务的关键课程,是综合性、活动性学科课程。因此,我们要把开展活动的任务要求、理想信念、知识见识、奋斗精神、责任担当、综合素质等素养浸润到教学设计和教学过程中去。李喻老师这堂课设计了序列化的活动,符合课标要求。

(2)内容。本课教学内容"人的认识从何而来"是部编版必修四《哲学与文化》第二单元第四课"探索认识的奥秘"第一框的内容。本次教学,李喻老师重视教材分析,充分使用教材文本资源,以贵阳市母亲河——南明河的治理作为情境创设的背景,李老师所设计的任务和问题既贴近学生实际,又有教材的支撑。结合生活中的具体事例进行教学,也是符合课标要求的。

(3)实施。李老师在这堂课中实施了议题式教学、情境式教学、体验式教学等多样教学方式。情境主线、知识主线、总议题及问题链交织引领,议学活动主体明晰、指向明确、问题明了、结论明白,有助于学生培养思考的能力,生成发现问题、解决问题的能力。

2.教师教学(环节、呈示、对话、指导、生成)

李老师设计的教学环节:以视频、图片的情境感知,采取激发学生兴趣的方式导入教学;"关注:认识南明河,我们有话说"环节,帮助学生了解了"感性认识与理性认识的含义及关系";"行动:治理南明河,我们在行动"环节以及"选方案和做方案"的活动使学生加深体验、厘清概念,明确了"认识和实践是什么、实践的特点",并进一步在思辨中生成新的知识,即本课的重点知识"实践与认识的辩证关系";完成了探究"实践—认识—再实践—再认识……"的过程的学习任务的预设;最后,通过"展望:寄语南明河,我们发倡议"环节撰写倡议书,让学生感悟力行,明确自己的责任担当,最后形成情感升华。可见其教学环节有梯度、有逻辑,从感知到体验再到感悟层层递进,前后相继、首尾呼应。李老师的这节课通过情境设置、任务驱动、支架搭建,引导学生学习并逐步帮助学生形成知识体系,教会学生用哲学思想指导自己的行动,践行了马克思主义实践观。本节课让科学精神、公共参与及政治认同的学科核心素养在活动型学科课程中落地生根,情境的选择和活动的创设合理有效,达到了预期效果。

在时间分配上:导入新课用时3分钟;教师授课时间13分钟;学生活动及发言时间24分钟。可见,教学过程中给学生留有一定的思考和讨论、发言时间,

让学生之间的互动学习、交流观点得到一定的体现。对学生根据问题链讨论得出的有效信息给予及时的反馈和多种形式的评价,培养了学生自主、合作、探究的学习方法。

板书设计科学合理,言简意赅,条理性强。灵活运用多种技术手段辅助教学,丰富了教学形式与内容。李老师的课堂追问,能够在一定程度上引导学生思考问题,让学生在活动中积极参与,在参与中有获得感、成就感,更容易激发他们课堂学习的主动性、积极性。

3.学生学习(准备、倾听、互助、自主、达成)

基于课堂观察,学生的学习活动有课前准备:预习教材,同学通过资料查阅与收集分享了"我心中的南明河"。在"选方案、做方案、提倡议"的活动过程中,同学讨论积极、回答踊跃、观点清晰、自信大方。同时其他同学能认真倾听,做好记录。在小组活动中同学之间互动互助,实现了自主学习,达成了学习目标。

4.课堂文化(思考、民主、创新、关爱、特质)

李喻老师和同学们一起为我们呈现了一堂有问题链、有思考、有深度、有升华的活动型课堂。李老师肢体语言丰富,极具亲和力,在小组议学活动互动交流时,关注学生、关注课堂、适时点拨,始终引导学生围绕本课主题进行讨论。学生在民主和谐的课堂氛围中锻炼了自己的思维创造、创新能力。

在本堂课中,老师在时间分配上略有不足,在"关注"环节占时较长,因此压缩了"展望"环节的学习时间,使得部分同学没能充分表达自己的观点;课堂导入的深度还有待提高;课堂提问的启发性需要在深度上再挖掘;同时在探究活动中还是存在着少数同学不够勇敢表达自己的观点,使得学习效果有所欠缺的情况。这些是本节课略有缺憾的地方。

二、反思与启示

这节课的观察让我有反思得启示:教师教给学生的学习方法不是由教师直接呈现给学生的,而是要通过问题的设计、情境的创设、引导性的语言、过程性的环节,让学生在潜移默化中自觉接受并生成学习方式、选择学习方式。

本次观察后,我们将继续加强集体教研和集体备课,进行再教设计,通过团队的力量,打造高效课堂,力求提高活动型学科课程的实施效果。

9.

历史组"三主"教研精选案例

主题:指向核心素养的情境式教学策略探究
课题:十月革命的胜利与苏联的社会主义实践
团队:主讲——邱雨;主教——杨沐源;主评——杨毅萍

指向核心素养的情境式教学策略探究

——以"十月革命的胜利与苏联的社会主义实践"一课为例

主讲教师　邱雨

一、理论依据

《普通高中历史课程标准(2017年版)》提出:历史课程要将培养和提高学生的历史学科核心素养作为目标,使学生通过历史课程的学习逐步形成具有历史学科特征的正确价值观念、必备品格与关键能力。课程结构的设计、课程内容的选择、课程的实施等,都要始终贯穿发展学生历史学科核心素养这一任务。在结构设计上,要在体现基础性的同时,构建多视角、多类型、多层次的课程体系。在内容选择上,要精选基本的、重要的史实。在课程实施上,要进一步改进教学方式、学习方式和评价机制,将教、学、评有机结合,促进学生的自主学习、合作学习和探究学习,提高实践能力,培养创新精神。

在教学过程中,教师要注意通过历史情境的设计,让学生体验当时人们所处的历史背景,感受当时所面临的社会问题。在此基础上,引领学生在对历史

问题的探究过程中,认识史实的性质、特点、作用及影响等。建议通过对课程内容的整合,引导学生深度学习,促进学生带着问题意识和证据意识在新情境下对历史进行探索,拓展其历史认识广度和深度。

二、设计策略

1.还原历史真相——激趣

(1)创设性。在教学过程中,情境的创设是非常重要的,可以采取用视频资料还原历史真相、原始史料、历史记述、文物史料等方式,甚至可以虚构一个场景还原,让学生身临其境,有很强的体验感,从而增强学生的感悟能力。例如对本课的重要概念"列宁主义"的教学可通过给予文字史料,让学生有直接的体会。

在探究"列宁主义与马克思主义的关系"时,出示两段马克思主义的观点,学生根据列宁主义的内容找出与这两段话相对应的观点(列宁对马克思的回应),引导学生分析两者的区别与联系,并使学生思考列宁主义与马克思主义的关系。

(2)趣味性。趣味性要求内容真实、新鲜,满足受众的心理需求。高中的课堂需要以兴趣作为切入点,带领学生体验历史学科之美。本课通过展示作品《向冬宫进攻》,引导学生观察画作,根据这幅画感悟历史场景的感情基调,即通过革命军群情激昂、奋勇向前的形象展现并歌颂无产阶级革命的伟大。

2.引出历史问题

(1)目标性。在这一课中,问题设计是非常重要的,问题的设计一定要对标,根据课标要求确定重难点,再根据重难点来设计问题。本课的课标要求是:探究性了解列宁领导的十月革命爆发的原因、过程,理解十月革命的世界历史意义。所以本课的重难点是:十月革命的世界意义,苏联建设社会主义的实践。设置问题"什么是列宁主义? 列宁主义和马克思主义是什么关系?"来进行本节课重点概念深度剖析。"为什么社会主义没有发生在发达的资本主义国家,而是发生在俄国这样一个落后的资本主义国家? 是偶然还是必然?"通过这些问题,引出十月革命的原因,为后来的十月革命的必要性做铺垫。然后设置学生活动,让学生对十月革命做阐述,给十月革命定性和定义,引出十月革命的伟大历

史意义,从对社会的各方面、对本国和他国、对历史发展和现实意义等多角度进行阐释。(多角度思考问题,发散思维)

(2)探究性。探究性是指学生在学科领域内或现实生活情境中选取某个问题作为突破点,通过质疑发现问题;通过调查研究、分析研讨解决问题;通过表达与交流获得知识、掌握方法。在历史教学中,不是老师以满堂灌的方式上完一节课,也不是照本宣科就可以完成一节课,每一课都需要用心设计,让课堂具有探究性,使学生有可以探讨的空间,使知识有讨论的意义,让学生实现从史实到史识的升华。

例如:根据材料不同的观点我们发现,无论选择哪种观点都有一定的合理性,仅仅依靠这几则材料依旧不能还原攻打冬宫的全部事实。面对那些不同的观点,我们如何找到历史的真相? 可以通过哪些材料了解历史真相? 这些问题的答案能让学生掌握历史研习的方法。

(3)关联性。关联性强调既具独立性,又具相关性,而各要素和体系之间同样存在这种"相互关联或相互作用"的关系。对教学内容进行关联,建立知识自身的逻辑关系,形成知识体系,从大概念大单元出发,构建结构,回归原点。例如本课中的两条主线:一是人民的曙光——从列宁主义到十月革命,二是国家的建设——社会主义的艰辛探索。人民领导的革命,推翻了沙皇的黑暗统治和资产阶级临时政府,建立了新生的苏维埃,但却在社会主义建设中忽视了人民,最终走向灭亡。因人民而起,又因人民走向终结,落脚点在人民,印证了人民的重要性。

3.寻找历史根源——趋势

(1)时代性。历史学科,要求立足于当时,回归于现实。克罗齐说:"一切历史都是当代史。"本课讲的是关于苏俄的奋斗史、苏联的兴衰史。学生要从俄国的十月革命吸取经验,从苏联的社会主义建设中吸取教训,不断地用客观的角度去分析苏联的问题。俄国十月革命是列宁主义关于变帝国主义战争为国内战争,一国首先取得社会主义胜利的成功实践,也开启了苏联社会主义建设探索之路。

(2)层次性。历史的学习需要具有层次性。布鲁姆把认知领域的教学目标分为六个层次,我国把教学大纲分了解、理解、掌握三个水平,根据不同的层次

制定相应的教学设计。本课的课标要求是了解列宁领导的十月革命爆发的原因、过程,所以本课就利用梳理归纳的方法完成分析十月革命的过程,展示流程图,并和学生共同梳理十月革命爆发的过程。(关键词:两个政权并存,《四月提纲》和平夺权,土地面包和平,攻占冬宫)

(3)思辨性。思辨性,即脱离社会实践,通过抽象的思考、推理、论证得出结论的哲学。万物要经辨识,才会区别物与物之间的差异;万事要用辩证眼光看,方能分清事与事之间的联系。然而,辨识能力有高低,辩证思维有巧拙。例如以下这个探究性活动可以很好地锻炼学生的思辨:有三则材料的作者认为攻占冬宫时的战斗并不激烈。现在请同学们根据这些材料思考讨论一下你认为哪种观点更合理,到底攻占冬宫时有没有发生激烈的战斗。尤其注意材料的类型和出处。

三、教材逻辑

本课由列宁主义的形成、十月革命的胜利、苏联建设社会主义的实践三个子目录组成,其实就是从理论到实践再到探索的过程,从政治革命到经济建设的转变。政治革命的胜利,体现了无产阶级的伟大、人民的力量;国家的建设过程中不同的领导人做了不同的尝试,都最终走向灭亡,也是因为忽视了人民,只考虑工业化发展的速度,后来想改而积重难返,最终导致社会主义的高楼轰然倒塌。我们应该铭记这种教训,在我国的发展中坚持以人民为中心。

四、教学分析

20世纪是动荡、分化和重组的年代,战争、革命和世界重组构成了20世纪上半叶世界的特征。列强明争暗斗引爆了第一次世界大战;在摧毁原有世界秩序后建立凡尔赛—华盛顿体系;战争引起俄国十月革命和亚非拉民族民主运动。然而,战争之殇并没完全稀释矛盾和仇恨,机制性缺失的国际联盟只能维系暂时和平。面对法西斯的猖獗和局部战争威胁,大国间彼此猜忌、姑息放任致使人类再次蒙受战争灾难。在全人类的命运面临拷问的时刻,世界反法西斯联盟建立赢得了正义的胜利。硝烟未尽,大国间构建的雅尔塔体制,奠定了战后世界格局和国际秩序的基础。

俄国十月革命是列宁主义关于变帝国主义战争为国内战争,一国首先取得社会主义胜利的成功实践,也开启了苏联社会主义建设探索之路。战争教育了人民,战争引起了革命,面对俄国二月革命后的复杂局势,布尔什维克党在列宁的领导下,发动彼得格勒武装起义并建立新生的苏维埃政权,并在极端困难的条件下粉碎帝国主义的武装干涉和国内武装叛乱。从战时共产主义政策到新经济政策和苏联的成立,苏俄在巩固新政权的同时恢复了国民经济。到斯大林时代,在高度集中的计划经济和高度集权的政治体制下,苏联的社会主义工业化和农业集体化取得了令人瞩目的成就,同时也留下了历史的隐患。

让学生理解上述知识,需采用以下教学策略。

(1)把俄国十月革命和社会主义实践历程置于20世纪上半叶的世界形势下分析。培养在特定的时间联系和空间联系中对事物进行观察、分析的意识和思维能力,即时空观念的学科核心素养。

(2)学生能够利用历史材料分析俄国发展变化和社会形态演变的原因,理解社会主义从理论到实践是人类反复思索与不断实践的过程。在此过程中培养史料实证和历史解释的历史学科核心素养。

(3)通过史料分析探究,能够运用历史唯物主义的基本立场、观点与方法,从生产力与生产关系、经济基础与上层建筑的辩证关系理解社会主义制度的建立与经济的发展过程。

(4)认识社会主义道路是人类文明向前发展的伟大探索,增强发展中国特色社会主义道路的责任与信心。能够把握世界历史发展的进步历程,形成正确的世界观、人生观、价值观和历史观;能够表现出对历史的反思,从历史中汲取经验教训,更全面、客观地认识历史和现实社会问题,能够将历史学习所得与国家的发展繁荣结合起来,涵养家国情怀。

五、结语

核心素养是育人目标,真实情境是活动载体,学科知识体系和思想方法是关键基础,学习方式变革是实现途径。

"十月革命的胜利与苏联的社会主义实践"教学案例

主教教师 杨沐源

本课运用现代信息技术,综合运用合作探究、史料教学等多种教学方法和手段,激发学生的学习兴趣,突破教学重难点。运用思维导图,建构历史事件的内在联系,形成认知体系。学生通过自主学习、合作探究等方式学习本课,开展探究活动,学生发挥在课堂中的主体性。引导学生阅读史料,运用"论从史出、史论结合"等历史分析方法分析经济和社会的变化,培养学生唯物史观、时空观念、史料实证、历史解释、家国情怀的历史学科核心素养。

教师播放视频《一战中的俄国》,并讲述:这段视频的主题是一战中的俄国,请大家在看视频时,注意了解当时俄国在战争中的处境。经济混乱、军事失利使俄国人民愤怒了,革命情绪蔓延开来。战争与革命正是20世纪上半叶的主题,也是第七单元的一条线索,而这些战争与革命共同改变了整个世界的格局。这节课我们要学习的就是20世纪一场划时代的革命,也就是十月革命,以及十月革命胜利后苏联的社会主义实践。

教师进入第一节的教学:人民的曙光——从列宁主义到十月革命。

一、教师简单梳理列宁主义形成的过程

1895年:列宁组织"工人阶级解放斗争协会"。

1898年:成立俄国社会民主工党。

1900年:流亡海外的列宁创办了《火星报》。

1903年:俄国社会民主工党召开第二次代表大会,建立布尔什维克党,标志着列宁主义的诞生。

教师过渡:列宁主义到底讲了哪些内容?我们常说马列主义,那列宁主义和马克思主义究竟有什么关系?让我们通过一次马克思和列宁的跨时空对话来认识。并引导学生探究列宁主义与马克思主义的关系。展示两段马克思主义的观点,学生根据列宁主义的内容找出与这两句话相对应的观点(列宁对马克思的回应),引导学生分析两者的区别与联系,并使学生思考列宁主义与马克思主义的关系。

马克思:他们(共产党人)的目的只有用暴力推翻全部现存的社会制度才能达到。共产主义只有各民族"一下子"同时发生行动,在经验上才是可能的。

学生根据列宁主义的内容找出列宁对马克思的回应。并得出结论:列宁主义是对马克思主义的继承与发展,是发展了的马克思主义。

教师过渡:因此课本里的学习聚焦里有这么一句高度概括的话"列宁主义是帝国主义和无产阶级革命时代的马克思主义"。列宁能够发展马克思主义并不是凭空想出来的,而是结合了俄国的社会现实提出来的,也因此在俄国有了成功的实践,也就是十月革命。接下来我们也像列宁一样结合俄国的社会现实来思考,为什么社会主义没有发生在发达的资本主义国家,而是发生在俄国这样一个落后的资本主义国家? 是偶然还是必然?

材料:沙皇俄国是一个军事封建帝国主义国家,其内部和外部矛盾重重。无产阶级同资本家和沙皇专制制度的矛盾、农民同贵族地主的矛盾、资产阶级与沙皇专制统治之间的矛盾、俄国人民与西方帝国主义的矛盾、沙俄帝国主义同西方帝国主义的矛盾错综复杂地交织在一起,动摇着沙皇的统治。

——徐蓝主编《世界近现代史(1500—2007)》

教师问:俄国的社会矛盾呈现出什么特点?

学生回答:错综复杂的社会矛盾,帝国主义链条上最薄弱的一环。

教师讲述并展示流程图:而这些尖锐的社会矛盾使得俄国当时处于一个绝望的年代。处于绝望的人民迫切地需要希望,而带给他们新希望的就是十月革命。(和学生共同梳理俄国革命爆发的过程)

教师:十月革命的进攻目标就是当时临时政府所在地冬宫。(展示作品《向冬宫进攻》)

教师提问:请同学们仔细观察画作,这幅作品体现了什么样的感情色彩?你是从哪里看出来的?

学生回答:歌颂无产阶级革命的伟大。从革命军群情激昂,奋勇往前冲等情形可看出。

教师进一步引导:这幅画还展现了当时的战斗是很激烈的,还能看到火光。然而有人对此提出了不同说法,有三则材料的作者就认为攻占冬宫时的战斗并不激烈。现在请同学们根据这些材料思考讨论一下你认为哪种观点更合理?到底攻占冬宫时有没有发生激烈的战斗?尤其注意材料的类型和出处。

巡洋舰的空炮发出之后,革命军队向冬宫猛冲,双方密集射击,守卫者顽强还击。

——基姆《社会主义时期苏联史》,1960年版

我们和丘德诺夫斯基率领进攻者进入冬宫内部。我们进入的时候士官生已经不反抗了,我们自由地进入宫殿各处寻找临时政府成员。

——安东诺夫·奥弗申柯(十月革命时任彼得格勒军事革命委员会书记)

冬宫确实是被攻占的,但是只遇到了微弱抵抗。甚至连冬宫的大门都是冬宫的防卫长官亲自打开的,之后把起义者带到了部长开会的地方。

——申文勇论文《攻占冬宫相关问题研究》,2014年

布尔什维克的军队几乎没有遇到任何抵抗就占领了彼得格勒的重要地点……只是在冬宫发生了流血事件,伤亡人数共计一个红军战士和五个红军水兵。

——斯塔夫里阿诺斯《全球通史》,2006年版

(学生阅读材料并交流讨论,思考哪种观点更合理,并给出自己的理由)

教师提问:其实我们发现,无论选择哪种观点都有一定的合理性,仅仅依靠这几则材料依旧不能还原攻打冬宫的全部事实。那么面对那些不同的观点,我们如何找到历史的真相?可以通过哪些材料了解历史真相?

生:实物史料,官方档案,亲历者回忆,当时的报刊、史书、学术论文、文艺作品。

教师过渡:不论过程有多大的争议,十月革命的胜利都是无可辩驳的事实,后来有人这样评价十月革命:"对俄国来说,十月革命是一个句号;对世界来说,十月革命是一个感叹号。"那在你们心中,十月革命究竟是一场怎样的革命?

学生活动:展示预习时对十月革命的阐释。

　　教师补充：从对社会的各方面、对本国和他国、对历史发展和现实意义等多角度进行阐释。（多角度思考问题，发散思维）

　　师：最后我们来进行总概括，十月革命究竟给世界造成了怎样的震动？我们通过一个当事人的观点和一张两极格局局势的图片来总结。

　　资本主义之唯一世界系统已过了时。俄国不再是西欧资本主义的仿效者而是世界历史的引领者。

　　　　　　　　　　　　——托洛茨基（十月革命时任布尔什维克中央政治局委员）

　　生：十月革命突破了资本主义一统天下的局面，改变了整个世界的格局。

　　教师过渡：改变世界格局的不仅有革命，革命后的国家建设也给20世纪历史留下了深刻的烙印！在列宁主义的指导下，俄国人进行了社会主义的艰辛探索。

二、国家的建设——社会主义的艰辛探索

　　师：首先我们得知道什么是社会主义？马克思曾经在理论上做出了回答。

　　社会主义=公有制+计划经济+按劳分配+取消商品生产和货币（且在生产力高度发达的前提下）

　　师：但一个国家的具体政策是会发生转变的，在列宁和斯大林时期，苏联的社会主义探索其实走过了三条路，分别是理想之路、现实之路和悲壮之路。这三条路，也就是这三种经济政策的内容。出示表1，展示苏联社会主义探索的三次政策转变。

表1　苏联社会主义探索的三次政策转变

领域	理想之路——战时共产主义（1917—1921）	现实之路——新经济政策（1921—1924）	悲壮之路——斯大林模式（20世纪30年代中期）
农业	余粮征集制	固定粮食税	农业集体化
工业	普遍实行工业国有化	中小企业允许私人经营	集中发展重工业

领域	理想之路——战时共产主义(1917—1921)	现实之路——新经济政策(1921—1924)	悲壮之路——斯大林模式(20世纪30年代中期)
商业	取消商品贸易	允许自由贸易	排斥市场、国家指令
经济体制	特殊时期以共产主义的原则调整生产和分配	利用市场和商品货币关系发展生产力	生产资料公有制,实行自上而下的指令性计划体制

教师提问:这些政策都满足社会主义的要素吗? 哪些满足? 哪些不满足?

(学生根据表格内容作答)

教师进一步追问:为什么会有这些政策转变?(对战时共产主义政策和苏联模式的背景进行简单讲解)既然战时共产主义政策帮助苏维埃政权赢得了胜利,那为什么列宁还会把战时共产主义政策转变为新经济政策? 这是他放弃了理想还是回归了理性? 斯大林有没有把苏联从农业国变成强大的工业国? 如果他成功了,我们为什么还要把这条路称为悲壮之路? 悲在哪? 壮在哪?

(1)列宁的探索。

(教师展示列宁在1918年说过的话,提问学生列宁最初的理想是什么)

生:直接过渡到社会主义。

教师进一步提问:那列宁后来为何发生了转变?

(教师展示继续实行战时共产主义政策后人民的抱怨)

伊洛夫(农民):"战争已经结束了,为什么还要无休止地压榨我们? 说是余粮,但我们辛辛苦苦种的粮食却差不多都无偿地上交给国家了,让我们吃什么? 难道这就是我们满心期盼的新生活?!"

柯尔(水兵):"共产党人去死吧,劳动农民和反对共产党人强暴者的所有被压迫人民的总武装起义万岁。"

师:这说明战时共产主义政策忽视了谁的利益? 造成了哪些方面的问题?

生:忽视人民的利益,导致经济危机和政治危机。

师:因此列宁说了这么一句话:现实生活说明我们错了。他及时调整了方向,决定实行新经济政策。这说明一个国家的政策制定必须要根据什么？必须重视什么？

生:根据现实状况,重视人民利益。

教师引导学生回到最初的问题:列宁是放弃了理想还是回归了理性？

生:回归了理性。

师:有没有放弃理想？

生:没有,是通过新经济政策逐渐过渡到社会主义,因为马克思所说的社会主义必须在生产力高度发达的条件下才可以实现。

教师过渡:到了1924年,列宁逝世,斯大林接过了苏联的政权,在生产力依旧不发达的情况下再次选择了追随理想直接实行社会主义,并似乎获得了成功。然而我们却称斯大林走的是一条悲壮之路。究竟这条悲壮之路壮在哪？悲在哪？

(2)斯大林的探索。

师:现在请同学们阅读学案上的材料,思考并讨论这个问题。(5分钟)

(学生阅读材料并讨论,回答相关问题)

师:可以看出,正是由于斯大林在追随理想时又一次忽视了人民的利益,使得他的这条路成为了悲壮之路。而这些隐患没有被后来的领导人成功克服,最终在十月革命爆发后的第74年,人民再一次审判了他们的政府,苏联走向了解体,为历史留下了一声叹息。苏联的解体至今仍使人们不断思索:什么样的社会主义才能持续发展？

生:中国特色社会主义,坚持人民为中心。

教师引用习近平总书记关于人民的讲话,结束本课。

干部要把人民放在心中最高位置。同人民风雨同舟、血脉相通、生死与共,是我们党战胜一切困难和风险的根本保证。离开了人民,我们就会一事无成。

——习近平

"三新"改革背景下师生历史课堂的良性互动

——"十月革命的胜利与苏联的社会主义实践"评课

主评教师 杨毅萍

在新课程新教材新高考背景下,如何实现教与学的有效性,对于教师与学生来说都是一项比较艰巨的挑战。教、学的有效又如何体现在课堂上?前提是有明确的教学目标与教学要求,学科自然有自身的具体目标与要求。但是,"三新"背景本身也提出高中的教学目标、教学要求以及教育的责任。面对新的历史教材,在历史必修教材中,除去活动课,上册共29课,下册共23课,52个课的课题中带"和""与"的占一半多,即这些课的主题不止一个。内容涵盖面广,必修教材的一些单元,其内容涉及的跨度比较大,涵盖多个历史阶段。知识点密度大,知识含量较大。所以,新的高中历史课程,对师生两方其实都提出了更高的要求。那么,新课程下"培养什么人,怎么培养人,为谁培养人"则是明确提出了教育的责任。

如何在"三新"背景下实现师生历史课堂的良性互动?课堂的主体到底是谁?师生又如何互动?每一个学科的特性是不一样的,而历史学科的特性是基于特定时代特定史料的一种解读。如果这样看,师生其实可以自有解读。但是,历史的客观性必然是不能被忽视的。

面对新教材的庞杂与大跨度,教师在本节课中首先打破了传统教学思维,对教材结构与知识重新布局,将教材中的三个内容"列宁主义的形成、十月革命的胜利、苏联社会主义的实践",贯穿为"人民的曙光、国家的建设"两大主线,既符合教材中时间线索的史实思路,也体现了教师对教材的进一步理解。所以,教师不仅是打破与解构了教材,其实也在重建教学重难点与教学立意的关联度。历史,是发生在过去的。如何解读与理解历史?为了引导学生的学,教师在课堂上要更多地关注学生历史学科核心素养的渗透。"为什么社会主义革命没有发生在发达的资本主义国家,而是发生在俄国这样一个落后的资本主义国家?"教师的设疑与材料的给定,一方面将学生带入历史,另一方面是"唯物史观"和"史料实证"两大核心素养的落实。在具体材料解读过程中,教师有意识地运用了不同的材料,解开了攻占冬宫之秘,引导了学生在历史解释中关注历史的获取方式。总而言之,一堂课的教学设计应以教学目标为导向,是对学生主体的尊重,也是教师作为主体的重要体现。好的教学设计自然会带领学生融入课堂,与教师形成课堂互动。

回到本课所在第七单元"两次世界大战、十月革命与国际秩序的建立",将本课放进整个教材目录中发现,第15课是资本主义面临挑战与人类命运处于一个新的拐点面前的新问题、道路或者选择。所以,回到本课重点之一,俄国十月革命胜利的重要意义——打破资本主义一统天下的局面。这不仅是俄国一国的事,也是人类"天下"的事。所以,听课过程中,也在思考历史学科的核心素养——"家国情怀"是否可以过渡到"天下情怀",让学生进一步感知教材的整体编排意图,体会世界史中的"家国情怀"。

教师用悲与壮的解读处理了教材内容最后部分苏联模式,但正如教师处理的那样,教材的内容本身非停留于此,《中外历史纲要(上)》第93页提出问题"苏联的社会主义建设模式有何历史影响?"教师最后选择了材料聚焦到"国家的发展离不开人民的利益",进一步升华了本课。显然,教师已经过渡到了"天下情怀"。

10.

地理组"三主"教研精选案例

主题:培养学生区域认知和综合思维

课题:服务业的区位选择

团队:主讲——秦文彦;主教——刘明娅;主评——李福

基于地理核心素养培养的高中地理说课设计

——以"服务业的区位选择"为例

主讲教师 秦文彦

在新课程背景下,我国普通高中教育的培养目标是进一步提升学生综合素质,着力发展核心素养。学科核心素养是高中生必备的关键技能和本领,每位老师都在思考如何有效地在教学中落实学科核心素养,将新教学理念运用到实际教学中。

一、教学背景

2019年11月教育部考试中心研制并颁布了《中国高考评价体系》,提出"一核、四层、四翼",明确回答了3个问题,即"培养什么人,怎样培养人,为谁培养人",最重要的是提出了"立德树人"的育人根本目标。为实现这一目标,地理学科提出了四大核心素养即人地协调观、综合思维、区域认知、地理实践力,其中人地协调观是一种重要的自然观和发展观,是地理学科最基本的价值观,旨在使学生形成尊重自然、和谐发展的态度;综合思维是最基本的思维方式,旨在使学生多要素、多角度而非孤立、绝对、静止地分析地理事物和现象,能够辩证地看待地理问题;区域认知是培养学生从区域的视角看待客观世界,并依据地理思维模式,恰当运用区域地理方法、技能认识区域、解决区域问题的思维方式和能力,是地理学科中最基本的方法;地理实践力是基本的活动经验,是学生在地理实践活动中表现出的意志品质和行动能力。为落实以上地理学科核心素养,本节课的教学设计仅仅围绕地理学科核心素养及其维度展开。

二、课程依据

本节课的课程标准是:结合实例,说明服务业的区位因素。其中结合实例是行为条件,表明学生能够在真实情境中运用地理知识解决地理实际问题,突出培养学生的综合思维和地理实践力;行为结果为服务业的区位因素,而区位因素涉及多要素的关联;行为动词是说明,因此需要学生用清晰的逻辑思维阐述各要素之间的关系,培养学生的综合思维和区域认知能力。

本节课选自湘教版高中地理必修二,纵观整本教材,主要涉及人口与地理环境、城镇和乡村、产业区位选择、区域发展战略、人地关系与可持续发展等内容,侧重研究人类各种社会经济活动与地理环境之间的关系。本节课是从服务业的新视角研究人地关系,有承上启下的作用,上承第一节"农业区位因素与农业布局"和第二节"工业区位因素与工业布局"的相关知识,下启第四章"区域发展战略"的学习。

从教材内容上看,本节主体内容由服务业概述、生产性服务业、生活性服务业等构成,根据课时安排,本节课重点学习服务业概述和生活性服务业的相关内容。本节栏目设置包含1个探究、5个活动、4个阅读,从图像构成上看包含1幅统计图、5幅示意图、4幅分布图。因此从教材编排不难发现,该部分知识的呈现图文并茂、案例突出,重在利用案例分析服务业的区位因素和布局,目的是培养学生的综合思维、区域认知、地理实践力等地理核心素养。

三、素养落实

1.学情分析

为了在教学中更好地落实地理核心素养,首先对学生学情进行分析。教授的对象为高一的学生,从认知起点分析,学生通过对第一节和第二节内容的学

习,已经具备分析区位因素的思想和方法,有一定的认知基础,但是不够深入;从思维能力分析,高一下学期的学生,通过必修一的学习,已经能够结合各种素材进行分析,但是分析的深度和广度不够,需要教师在教学中通过设计巧妙的教学策略培养学生的高阶思维;从生活经验分析,本节学习的对象为服务业,服务业与生活联系紧密,学生对服务业已有一定的认识,教师在教学中可以充分结合乡土地理案例进行教学。

2.教学目标

基于课标和学情,为更好落实核心素养,拟定以下教学目标:

(1)利用熟悉的生活情境,让学生体验到地理知识在生活中无处不在,鼓励学生研讨问题,培养学生科学、求真、务实的价值观。

(2)结合北京华联超市区位布局的案例,掌握分析服务业的区位因素。(综合思维、地理实践力)

(3)通过对比网购和实体购,分析服务业区位因素变化对区位选择的影响。(综合思维、区域认知)

(4)关注家乡服务业的发展情况,会分析家乡服务业区位发展条件。(人地协调观、家国情怀)

3.教学重难点

基于课标和学情,确定本节课的重点内容为分析影响服务业的区位因素及其变化对区位选择的影响。

本节内容在教学时主要有两处难点,一是概念教学,比如中心地理论的概念,专业性比较强,采取发现学习的方式进行突破,让学生在动手画、找差异的过程中发现知识获得知识,从而内化知识;二是区位因素的动态变化,需要学生以发展的、动态的眼光看待地理事物,要用时空综合和要素综合的视角对待服务业的区位选择。所以在教学中,宜充分利用学生耳熟能详的案例或生活经验展开教学,通过设置层层问题链条来内化知识。

四、教学设计

1.教学策略

基于课标、学情及本节重难点,为了更好落实核心素养,本节课教学策略采用的理论依据是以马斯洛和罗杰斯为代表的人本主义学习理论。该理论强调以学生为主体,重视学生生活体验和实践,教师重在引导和启发,从而更好地激发学生学习潜能。因此本节在教法中侧重案例教学法、问题驱动法,主要是结合学生的生活经验,创设真实情境,利用学生耳熟能详的北京华联超市作为案例进行案例教学,通过设置层层问题链条驱动学生完成本节内容的学习。在学法中侧重引导学生进行自主学、合作学、发现学,在体现学生主体地位的同时,激发学生学习的潜能。为更好地开展此次教学,采用了图像、视频、地图、多媒体等教学资源进行辅助。

2.教学流程

本节教学流程大致分为以下几个环节:

表1　教学环节表

环节	时间
谈 联系生活,谈服务业	2分钟
识 自主学习,识服务业	4分钟
析 合作探究,析服务业	9分钟
明 找区域差异,明理论依据	9分钟
用 学以致用,指导实践	9分钟
寻 线上VS线下,寻区位变化	5分钟
炼 总结梳理,提炼提升	2分钟
结合时事,习题检测	课后

(1)联系生活,谈服务业。

以"畅聊同学们的周末"作为导入,让学生说一说生活中会到什么地方寻求些什么服务。

设计意图:结合学生的生活体验,通过生活化问题引出课堂内容,让学生意识到地理问题常常来源于日常生活。并随之提出核心问题:这些服务业都分布

于城市什么地方？开启基于问题解决的情境式教学。

（2）自主学习，识服务业。

阅读"服务业的特征"，勾画不同类型服务业的主要服务对象、主要行业和特征，并将下列行业按服务业类型进行归类：

①工业设计；②医疗；③休闲旅游；④保险；⑤社区管理；⑥家政服务。

设计意图：通过自主学习，培养学生自我归纳知识的能力。

（3）合作探究，析服务业。

该环节选取北京华联超市作为教学场景，通过提供北京华联超市相关图文信息（贵阳市北京华联超市分布图、北京华联超市相关文字资料及视频资料），设置层层问题链条展开教学，设置具体问题如下：

①说出影响北京华联超市选址的区位因素？

②分析各区位因素对北京华联超市的区位选择有何影响？

设计意图：利用与学生生活相近的北京华联超市作为教学案例，结合图、文、视频等资料，通过搭建"脚手架"，帮助学生在合作探究活动中构建对服务业区位因素的认识，既培养学生学会提取关键地理信息的能力，又培养学生的区域认知和综合思维能力。

（4）找区域差异，明理论依据。

该环节选取北京华联超市和凯辉24小时便利店两个案例，通过对贵阳市相同区域内的北京华联超市布局和凯辉24小时便利店布局的观察，找出同区域中两者数量、同种类分布距离的情况，并指导学生在图中分别画出北京华联超市的理想服务范围和凯辉24小时便利店的理想服务范围。

设计意图：让学生通过观察、绘图，在寻找北京华联超市和凯辉24小时便利店服务范围差异的过程中自行发现知识，在亲身体验中了解中心地理论概念。这种发现学习有利于知识的内化，突破难点的同时培养学生区域认知和综合思维。

（5）学以致用，指导实践。

该环节请学生作为智囊团为北京华联超市选址。具体问题如下：如果北京华联超市要在贵阳新开一家生活便利超市和一家大型仓储式超市，请你们作为

智囊团分别为其进行选址,并说明理由。(提示:你可以从以下A、B、C、D点进行选择,也可以自主选择其他地点,地图省略)

设计意图:理论联系实际,让学生作为智囊团为北京华联超市区位选址献计献策的同时,完善知识体系,学习生活中有用的地理知识,理解学习的地理知识不仅是服务现在,更重要的功能是预测未来。该环节培养了学生的综合思维,落实了地理实践力等核心素养。

(6)线上VS线下,寻区位变化。

展示北京华联超市线上购物的图片,引导学生思考北京华联超市的销售方式发生了什么变化,是什么因素导致了这样的变化。接着让学生分享实体店购物和网上购物的感受,理解网络信息技术对服务业区位选择的影响。

设计意图:学生通过实际购物体验的交流分享,能深刻认识到服务业的本质内涵,关注服务业区位条件的变化,了解特定时代背景下服务业发展趋势,学会用发展变化的眼光看待地理事物。

(7)总结梳理,提炼提升。

归纳总结服务业区位选择的一般路径(见图1),并结合4月22日世界地球日的背景,提出服务业的发展会对环境造成污染和破坏,我们在享受服务业带来的便利的同时,要注意对环境的保护。

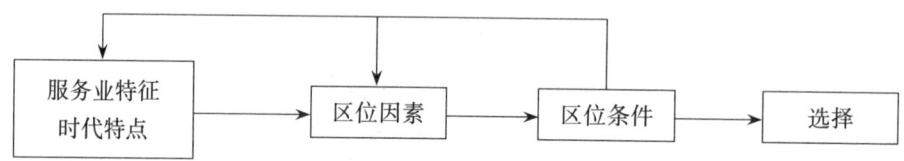

图1　服务业区位因素分析路径图

设计意图:通过总结服务业区位因素分析的一般路径,帮助学生建构分析区位因素的逻辑思维系统,培养学生的综合思维。最后,提出服务业的发展会对环境造成污染,倡导学生在享受服务业便利的同时,用实际行动参与到绿色地球的共建中来,渗透人地协调观。

(8)结合时事,习题检测。

本节课作业分为课中和课后。课中主要是学生自主或分组讨论完成教师在课堂上布置的任务;课后作业主要为检测题,难度符合学业水平要求,试题内

容有电子商务、疫情背景下的服务业发展、地摊经济等,紧扣时事。

设计意图:课中、课后形成连续作业,学以致用,在巩固检测的同时,增加学生自信,引导学生关注社会发展,培养家国情怀。

五、板书设计

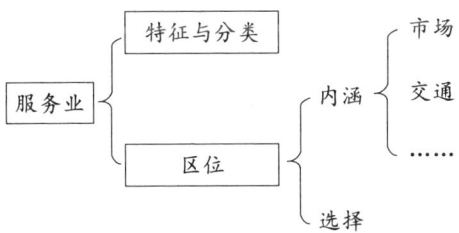

设计意图:使知识结构化,将本节内容以思维导图的形式呈现,便于学生抓住重点和宏观把握教材。

六、设计特色

本节课的教学特色可以借用湖南省长沙市教育科学研究院地理教研员刘玉岳提出的"五有四化"进行提炼。"五有":创设问题情境,使教学有趣;联系生活实际,使教学有用;注重问题探究,使教学有理;关注主体发展,使教学有效;渗透地理思想,使教学有魂。"四化":知识结构化、结构问题化、问题情境化、情境生活化。

本节课的教学原创主要有两点,一是聚焦乡土地理,整合教学资源。本节教学内容选择不拘泥于教材,选取案例非常贴合学生生活场景,将学生熟悉的北京华联超市和凯辉24小时便利店作为教学场景与教学内容进行整合,从而充分利用乡土地理设置情境开展教学。二是发掘生活中真实的地理问题,培养学生的核心素养。本节教学的开展基于真实的地理情境,通过设置层层问题链条,运用问题驱动法展开地理教学,从而落实学生核心素养的培养。

"服务业的区位选择"教学叙事

主教教师　刘明娅

四月,与同学们一起学习了"服务业的区位选择"一课,现在回想起来,依然历历在目,就好像才发生在昨天一般。同学们对服务业区位的理解,可以说是情理之中意料之外,我没有想到我们的学生能创造这么多的可能。我怕我会忘了这些难得的瞬间,就让我用文字把它记录下来吧。

当我用"同学们的周末"作为课堂学习导入的时候,我的意图是想让学生结合他们的生活体验,初步了解服务业,知道服务业与生活息息相关。通过询问生活化问题引出课堂内容,让学生意识到地理问题常常来源于日常生活。在课堂预设的时候,我想让学生分享的是他们会去看电影、吃美食、购物、逛公园等,我有想过学生会回答诸如"睡觉""做作业"等,但我没有想到的是,学生只能分享"睡觉""做作业""补课"等事情。这足以见得现在的学生学习压力是很大的。当然这也可能是我的问题指向不明确导致学生的思维没有受到启发而打开,所以如何让学生快速进入我想让他们分享的主题,这是我未来在教学上要探究和思考的。下一次,我想能不能给同学们列举出一系列学生在周末有可能会进行的活动,让他们进行选择呢?我想,导入的功能不仅仅是激发兴趣,还可以是思考的起点,让学生感受学习从实践中来,还要让他们知道学习可以围绕实践来展开。

我设计课程的想法是,服务业的区位选择可以从一个小的切入点进入,这样更有利于学生有针对性地、具体地、全面地思考,也更有利于抽象知识的落地和显现。于是,我的教学选择了学生熟悉的北京华联超市作为切入点,围绕北京华联超市的选址探讨服务业的区位选择因素;根据北京华联超市销售方式的变化,探究服务业区位因素的变化;利用同一区域内北京华联超市和凯辉24小时便利店数量和距离的差异,帮助学生理解中心地理论这个难度较大较为抽象的理论。我的核心环节如表1所示:

表1 "服务业的区位选择"课程设计核心环节

•活动探究一

材料一:北京华联超市

北京华联超市是大型综合超市,向顾客提供物美价廉、品质优良的生鲜、食品、百货等民生必需品,经营项目多达6万种。自2002年贵阳首家北京华联超市(宅吉店)开业以来,到现在已经有10家之多。富水北路店是贵阳第三家北京华联超市,地处贵阳市老城中心,其周围是贵阳市最繁华的喷水池、小十字、大十字商圈。周围分布有多所历史老牌名校,即贵阳市省府路小学、贵阳二中、贵阳市第十九中学、贵阳市幼儿师范学院;有国家级重点文物保护单位文昌阁,有贵山苑、文昌苑、贵山城市花园、省府院等居民小区。

结合材料一,完成以下问题探究:

1.说出影响北京华联超市选址的区位因素?

2.分析各区位因素对北京华联超市的区位选择有何影响?

区位因素	对区位选择的影响

(设计意图:利用与学生生活相近的场景,如北京华联超市,结合图、文、视频等资料,通过搭建"脚手架",帮助学生在合作探究活动中构建对服务业区位因素的认识,学会提取关键地理信息,培养区域认知和综合思维)

•活动探究二

1.观察北京华联超市和凯辉24小时便利店分布情况,写出同区域中两者数量、同种类分布距离的情况。

服务业	数量	相距距离
北京华联超市		
凯辉24小时便利店		

2.在图中分别画出北京华联超市的理想服务范围和凯辉24小时便利店的理想服务范围。

(设计意图:让学生通过观察、绘图,寻找北京华联超市和凯辉24小时便利店服务范围差异,在此过程中自行发现知识,在亲身体验中了解中心地理论概念。这种发现式学习有利于知识的内化,突破难点的同时培养学生区域认知和综合思维)

•活动探究三

实践应用:请智囊团为北京华联超市选址。

如果北京华联超市要在贵阳新开一家生活便利超市和一家大型仓储式超市,请你们作为智囊团分别为其进行选址,并说明理由。(提示:可以从图中的A、B、C、D点进行选择,也可以自主选择其他地点。图略)

(设计意图:理论联系实际。作为智囊团,为北京华联超市区位选址献计献策,完善知识体系,培养学生的综合思维。学习生活中有用的地理知识,理解学习的地理知识不仅是服务现在,更重要的是预测未来,落实地理实践力的培养)

续表

学生经验分享:网上购物和实体店购物,你更喜欢哪一种? 为什么?
(设计意图:学生通过实际购物体验的交流分享,能深刻认识到服务业的本质内涵,关注服务业区位条件的变化,了解特定时代背景下服务业发展趋势,学会用发展变化的眼光看待地理事物)

在活动探究一中,学生就材料和生活经验探究了影响服务业区位选择的因素有市场、交通、历史等。可以说,该探究活动目的明确但是难度不大,学生可以讨论出许多影响服务业区位选择的因素,但是这些因素此刻对于学生来说是平行等效的,实际上这些因素对服务业区位选择的影响是不同的,应该是有层次递进的。市场,也就是人口规模,是最为重要的因素,交通、历史等因素是通过影响市场从而影响服务业的区位选择。怎么样让学生明白这一点,知道思考问题应该回归问题的本质和根源,抓重点、抓主要,成为我教学所要解决的重点。所以,我带领学生回归服务业的本质,通过认识服务业的生产过程,了解不同服务业的不同特点,不同服务业区位选择就会各自有所侧重。于是我引入了凯辉24小时便利店来与北京华联超市作对比学习,通过分析两者市场需求的不一样导致其区位选择不一样,来帮助学生理解人口规模对不同服务业的影响不同。当我展示出学校周边的凯辉24小时便利店时,向学生提出问题:"1.凯辉24小时便利店主要分布在城市的什么地方? 2.为什么凯辉24小时便利店的区位选择在这些地方?"学生很快就能回答第一问,说是在居民区内,但是第二问学生明显就觉得难了很多,很多学生答不出来,回答出来的也是诸如"这儿方便居民买东西"之类的,并不是我想要引导学生思考出来的"凯辉24小时便利店经营规模较小,其盈利所需要的人口规模较小,所以可以分布在诸如居民区、内部道路旁等"。所以,我的第二个问题应该是没有设计好的。接下来的教学中,这是我思考的一个重点:如何优化问题指向,让学生朝着我引导的方向进行深入思考。

在活动探究二中,我主要以两个问题承托该环节的教学:"1.观察北京华联生活超市和凯辉24小时便利店分布情况,写出同区域中两者数量、同种类分布距离的情况。2.在图中分别画出北京华联超市的理想服务范围和凯辉24小时便利店的理想服务范围。"学生通过观察、数数,填写了表格,有的学生填写的结论是"多少"和"远近",有的学生则填写两类超市的具体个数,还尝试用比例尺计算距离。我觉得这样很好,开放性很高,利于学生思维的多样和发散,而具体的数据更具有说服力。学生在黑板上画的理想服务范围显示北京华联超市的范围覆盖了凯辉24小时便利店的服务范围。我便利用学生们绘制出来的图引导学生们思考区别和联系,自然地引出中心地理论,学生们很有收获感,他们感觉这个理论就是他们自己探究出来的,理解起来就更容易了。

在活动探究三中,在进行探究的过程中有学生问我:"老师,仓储式超市是干什么的呀?"这告诉我,有些新名词要给学生解释,帮助学生了解新旧知识之间的差异,从而促进学生更有效地思考。有一组学生分享说要在贵阳北站(B点)建北京华联生活便利超市,他们的理由里面不仅仅有"因为交通站能带来大量的人口集聚,市场大",还有"搞服务业的要关注人们的生活需求,要让不远千里来到贵阳的人们感受到贵阳的温暖,感受家的温暖,而不是风餐露宿"。有一组学生则说北京华联超市更适宜选择在C点,而不是在A点,因为A点位于喷水池附近,太接近富水北路这个超市了,会造成两者相互的内部竞争和损耗。有学生在分享购物体验的时候说,更喜欢实体店购物,实体店购物可以摸可以看,还可以打卡拍照,令人心情愉悦。学生们的这些分享给了全班学生和我很大的惊喜和见识,我相信学生们在分享中共建了认知,完善修正了自己的知识结构,也增进了学生对彼此思维和见识的了解,增进了同学间的感情。

这次课程给了我很深的思考。我想新课程改革就是要把思考给学生,把时间给学生,把主动给学生,把信任给学生,相信他们会积极思考,也相信他们有所思考。给他们表达自我的机会,他们一定会给你意想不到的收获。所以,教育的路上,我们和学生一样,都会有所思考,而学校层面上的活动给了我们表达的机会,让我们共建认知、共识教育、共赴人生。

精准教研视域下评课交流三要诀

——以"服务业的区位选择"评课为例

主评教师　李福

在常态教研中,通过精准的听评课交流促进教学改革,是新时代赋予教研的使命任务。听评课是一线教研中具有创新意义的教学研究活动,同时是教师专业成长及职业技能训练的主要内容,在精准教研中占据重要地位。有听课才有评课,优质的评课往往能点拨教师课堂的问题所在,最能直抵人心,效果也是最佳。因此,评课质量的优劣直接关乎教师成长及课堂发展,同时也彰显评课教师的专业功底。在精准教研视域下的评课交流需掌握评课三要诀,即评课准备、课堂观察、客观评价。做足三要诀的功夫,才能提升评课的质量。

一、评课准备

评课是智慧的外显,只有做好充足的准备,才能进行客观的评价。一般来说,评课准备包括共同备课、制定量表、理清重点。

1.共同备课

没有调查就没有发言权。如果能够与执教教师共同备课,那么评课教师就掌握了教学设计的原始材料。与执教教师共同备课,可以了解教学设计的课标解读、目标制定、教材分析、方法选用等的来源及具体情况。在课堂观察中,就可以准确判断课标解读是否准确、适切,教学目标是否具有针对性,教材处理是否科学得体,教学方法是否适切等。

以"服务业的区位选择"一课为例,关于课标解读:执教教师在备课之前,深入研读了权威的课标解读,并咨询了专家,结合自己的理解以及学情,深刻理解课标要求。关于目标制定:目标制定是基于学情的,体现"以学生为主体"的教学理念,兼顾学生自我评价,具体制定了4条目标(表1)。关于教材分析:教师对比分析了"人教版""湘教版""中图版"等教材对服务业的内涵表述以及材料呈现,做到了有选择地使用教材进行教学,并做了适当的延伸拓展,真正做到了"用好教材"→"调整教材"→"补充教材"三环节的教材分析处理。关于方法选用:教师结合学情,选用了适切的教学方法,课前开展社会调查及自主学习,课中设计合作学习及探究学习,课后设计拓展问题及对点练习。

表1 "服务业的区位选择"目标设计

学习目标	掌握情况	
	掌握	未掌握
1.能够根据服务业的特征,正确地对不同的服务业进行分类		
2.能结合实例分析、归纳影响服务业区位的主要因素		
3.理解并分析区位因素变化对区位选择的影响		
4.关注家乡服务业的发展情况,分析家乡服务业区位发展条件		

2.制定量表

在实际操作中,我们可以构建自己评课的观察量表,或借鉴别人成熟的研究成果(如表2),开展课堂观察。

表2 上海市实验性示范性高中开展督导评估观评课观察量表

观察要点		参考标准	评估等第				备注
			优	良	中	差	
学生表现	学生参与态度	主动举手回答问题或提出问题;积极参与小组活动;注意力集中;期待发言或解答					
	参与活动机会	70%以上学生能参与全班性活动;全体学生都参与小组活动;回答或发言机会多					
	参与活动成效	回答教师问题正确性高,或者有一定创意;质疑的针对性较强,能引发大家思考					
教师素养	课堂教学基本功	教学语言表达清晰、流畅,节奏适当;板书正确,能系统体现概念;示范准确合理					
	教学思想表现	尊重学生、关注学生差异;能引导学生开展学科思维;对学生的评价辅导客观科学					
	教学特色或风格	展现提问、讲解、示范、互动、技术等若干特色;教学模式与策略能展现一定风格					
教学内容	知识容量合理性	基于课标、根据学情安排教学内容;按时完成教学任务不拖堂;对知识有分层要求					
	内容展现科学性	概念呈现与表述正确或精准;引用解释性内容注意典型性;作业例题符合学科标准					
	资料增补时代性	教学内容更新补充有国际视野;体现"从生活走进学科、从学科走向社会"理念					

续表

观察要点		参考标准	评估等第				备注
			优	良	中	差	
方法媒介	教学方法多样性	课堂组织灵活;讲学练、演示习合理,注意生成;时间分配能充分照顾学生					
	常规教具有效性	教具、学具应用能有机配合内容;注意借用现成用品等有效演示难点内容					
	媒体运用适切性	文字演示易懂、鲜明、突出关键;图像与视频清晰度高;音响效果好					

综合评估						
课堂要素评估			实验性示范性		特色或风格表现	
等级结构	最佳要素	较差要素	回应实验项目	展现示范价值	无或有何特色风格	备注

3.理清重点

根据课型(优质课、展示课、比赛课、技能课、常规课、复习课等)理清课堂观察的重点。如主要是观察教师素养,还是学生表现,或者是教学方法等,针对观察的侧重点或者整体情况做好前期准备。

二、课堂观察

一般来说,课堂观察的主要内容包括:教师素养、学生表现、教学内容、方法媒介等要点,我们可以在课堂上对整体或部分进行观察并翔实记录下来。以"服务业的区位选择"一课为例,笔者主要对教师素养、学生表现和方法媒介进行了观察。在教师素养上:教师的语言精练,表达清晰流畅;板书板画准确,能正确体现必备知识的联系;尊重学生,亲和力高,能够正视学生的个体差异,对学生的评价客观科学,饱含鼓励等。这些均体现了教师基本功扎实、教学思想和理念先进。在学生表现上:拿学生回答问题来说,学生群体的回答次数总共9次,而个体的回答总共13人次,且其中仅有2人重复回答。拿活动设计来说,教师设计了地理社会调查活动,让学生针对生活性服务业——生活超市进行前期的访谈和调查,在课堂上进行分享,梳理服务业的区位因素及其变化。这些说明教师在课堂上非常关注学生的分享交流,关注学生生活中的地理,贯彻以学生为主体的基本理念。在方法媒介上:结合社会调查、多媒体技术、教学活动等,贯彻"我看见了,我忘记了;我听到了,我记住了;我做过了,我理解了"的教育理念。课堂上通过引导学生开展"听、说、看、写、画"等活动,做到让学生动手、动脑,从实践和体验中提升认知,学生参与课题活动的态度、机会和成效都很好。

三、客观评价

对课堂进行客观评价是建立在有心的课堂观察和及时、翔实的数据整理之上的。经过听课和观察,将观察到的数据整理分析,提炼出教师专业素养的特点、课堂教学开展的效果、学生表现的情况等,采用有条理的、专业的、优美的语言进行点评分享。以"服务业的区位选择"一课为例,教师在以下几方面做得很成功:一是教学目标设置科学,达成度高;二是深入贯彻以学生为主体的教学理念,以问题式教学引领课堂教学;三是教师关注学生个体差异及学习状态,注重引导学生思考和探究,致力于解决实际问题;四是注重对学生的学习过程进行有效和鼓励的评价;五是充分利用信息技术服务教学;六是注重教授学习方法,渗透环保教育,培育学科核心素养。另外,从再教的角度,提出了优化策略或改进建议等。

11.

体育组"三主"教研精选案例

主题:学习运动技能,激发运动兴趣

课题:足球:脚内侧传接球

团队:主讲——王鹏;主教——杨帆;主评——姜燕

学习运动技能,激发运动兴趣

——以"足球:脚内侧传接球"教学为例

主讲教师　　王鹏

贵阳市在历经黄金十年发展后,又投入"强省会"的建设中,贵阳人的物质文化生活水平有了很大改善,健康状况也越来越好。但是,学生的体质并没有与之一同增强,越来越多的学生因学习与生活压力变得焦虑、抑郁,小部分学生甚至出现心理疾病。为此,贵阳二中响应上级要求,实施五育并举,在体育教学中,要求每个学生至少要掌握一门运动技能。

运动可以使人健康,这里的健康包含两层含义:一是身体上的健康。通过运动,可以消耗身体热量,促进新陈代谢,保持身材的匀称,也可以增强身体机能,使身体更加强健。二是心理上的健康。在运动中,人们可以不断获得成功体验,增强自信,还可以在运动中学会与人合作,增强合作意识,强化人的社会适应性,减轻人的孤独抑郁感。

但是,学生的"运动参与、运动技能、身体健康、心理健康和社会适应"素养

不是与生俱来的,它需要体育课程的系统教学来循序渐进地培养。《普通高中体育课程标准》中明确指出:"高中体育与健康课程具有鲜明的实践性,它是一门以身体练习为主要手段的课程。""通过对运动项目的选择和学习,培养运动爱好和专长,掌握科学锻炼身体的方法,提高体育实践能力,养成坚持体育锻炼的习惯,形成健康的生活方式。"简言之,我们要通过具体的运动项目的教学来培养学生的体育核心素养。

足球有世界第一运动的美名,对高一学生来说,具有极强的吸引力和锻炼价值。脚内侧传接球是足球技术中最为关键的技术,这一技术不仅是个人技术能力的集中体现,而且对控制比赛节奏、丰富战术有实际意义。同时,它可以培养学生的合作意识,在较长时间的运动中,增强学生的意志力。

根据课程安排,本课的教学对象为高一学生。根据课标要求和学情实际,本课的教学目标可以拟定为三项:一是认知目标,要让学生了解脚内侧传接球技术的动作要领和具体步骤;二是技能目标,要通过学练,让75%以上的学生能做出正确的触球(脚和球)动作,传接球时用力协调、动作连贯,基本掌握脚内侧传接球技术;三是情感目标,培养学生与同伴间的合作意识,增进友谊,强化意志力,能坚持完成所有运动项目。

鉴于上述教学目标,教学方法可以围绕"身体练习"这一中心,细化成教师讲解示范,学生模仿、练习、巩固等具体方式,其基本原则是:教会技能,激发兴趣。因而,教师的"教"是引导,学生的"学"是主体。具体如下。

教法:讲解法与示范法。

讲解法,即运用简洁易懂、启发性、艺术性的语言有目的地向学生说明教学任务,及指导学生进行练习。

示范法,即自身完成动作作为教学动作范例,指导学生进行练习。

学法:观察与模仿法、练习法、纠错法。

观察与模仿法,即通过观察课堂上教师的动作示范,学生充分利用自身的视觉、听觉、触觉等感觉功能,建立正确的、完整的动作表象认知,通过对所学的知识、技术动作的模仿、练习和再认识,进而获得运动技能。

练习法,即通过反复练习掌握和改进技术动作,形成动作技能的基本方法。

纠错法,即当学生出现错误动作时,教师巡回纠正。

具体实施要本着因材施教的原则,视学生课堂学习情况而取舍。教学重点是掌握脚内侧运球的触球部位,常用解决办法是采用固定球练习,确定支撑脚的位置,进行反复练习,体会重心前移的动作要领;难点是对足球的控制力与身体的协调性,常用解决办法是先慢后快,循序渐进,即在练习中可放慢运球速度,随后逐渐加快速度。

具体教学活动可做如下设计。

活动一:学前准备。

一是宣布本课内容和要求,让学生有学习目标。二是热身活动。足球运动是运动量较大的项目,必须让所有学生在热身活动中舒展筋骨,防止教学中出现拉伤的问题。常用热身活动包括慢跑、徒手操、扩胸运动、振臂运动、体转运动、内踢腿、外踢腿、内跨腿、外跨腿、交叉步、加速冲刺等,应遵循先缓后速的顺序。

活动二:新课教学。

这是本课的主体部分,包括以下环节。

1.动作讲解示范

动作要领:(1)传球,支撑腿踏在球的侧方15厘米左右,踢球腿的内侧正对出球方向,小腿急速前摆,脚尖翘起,脚底与地面平行,脚内侧部位踢球的后中部;(2)停球,停球时,身体重心应放在支撑脚上,稍屈膝外展并前迎,当脚与球接触的刹那开始后撤,在后撤时用脚内侧触球,把球停下。

2.原地模仿练习

学生原地模仿教师刚才讲解的动作技术,要求学生认真回忆技术要领并做出传球动作,自己做动作的同时观察旁边同学的动作,互相观察。模仿练习可以让学生建立正确的动作表象认知,提高学生对动作技术的理解。

3.原地踢固定球

2人一组,1人脚踩在球上,另一人进行脚内侧传球动作模仿。要求动作要正确,注意脚型。固定球练习对初学者来说比较简单,可以固定脚型,控制出球方向,有利于教学。

4.8~10米相互传接球

2人一组,相距8~10米,用所学的动作技术进行练习。要求用脚内侧传球,教师纠正易错动作。在固定球练习之后,同学们对脚型和出球方向有了一定的控制,在此基础上进行短距离传球,加深学生对足球的熟悉。

5.10人一组传接球练习

10人一组,相距10~15米,用所学的动作技术进行练习。要求用脚内侧传球,教师纠正易错动作。锻炼学生传球后的跑位意识和较长距离传接球能力。

6.游戏"耍猴"

4名学生围成一个圆相互传球,一名学生在圆中进行抢断,断到谁传出的球就和谁互换。如超过10次的传球没有抢断成功,则就地做5个俯卧撑,游戏继续。要求用脚内侧传球,遵守规则。游戏不仅能够激发学生的学习兴趣,也能激发学生的竞争意识,同时能增强学生的自觉性和灵活性,还可以提高他们的动作技术水平。

活动三:总结反思。

教师讲解示范放松操,以口令指挥并领做,使学生身心放松。接着对课堂纪律、技术掌握情况、学生表现等进行小结,强化所学的技术要点、要领,使学生发现自身的优点和不足。布置课外作业以巩固技术,接着请值日学生送还器材,最后师生再见。

三个教学环节,形成完整的课堂结构。预设绝大部分学生能初步掌握本节课所学的知识。练习密度在40%左右,最高心率140次/分左右,平均心率130次/分左右。

教学过程中,有三点需要注意:一要重视教学的生成性。例如,在讲解示范环节,若发现学生具有示范性的动作,可以请其展示,增强其成功感,发挥同伴示范的作用。二要突出教学的针对性。针对练习中出现的个别问题,采用个别对待、分层练习的形式提高学困生的学习兴趣,从而提高技术。三要强化教学的激励性。在教学过程中,要用语言、动作来激励学生努力练习,对表现出色的学生及时予以表扬。要让学生在练习中掌握知识技能,提高身体素质,加强练习的效果,在互帮互助的学习氛围中有效地完成本课的学习任务。

体育课是一门影响学生终身的基础课程,我们要坚持贯彻"立德树人"的教育任务和"健康第一"的指导思想,在教育过程中坚持学生的主体地位和教师的主导作用,并根据学生身心发展特点,因材施教,培养学生运动兴趣和奠定终身体育意识。

"足球:脚内侧传接球"教学与反思

主教教师　杨帆

一、教学设计

表1　"足球:脚内侧传接球"教学设计

课题	"足球:脚内侧传接球"	课型	新授课	课时	1课时
教材分析	足球有世界第一运动的美名,对高一学生来说,具有极强的吸引力和锻炼价值。脚内侧传接球是足球技术中最为关键的技术,这一技术不仅是个人技术能力的集中体现,而且对控制比赛节奏、丰富战术变化有实际意义。				
学情分析	授课班级为高一年级(3)班,有学生40人,男生30人,女生10人。男生学习兴趣较高,有2人为有一定足球技能的学生;女生基础相对较差,缺少足球练习经验。所以需要教师通过讲解示范,传授技能,激发兴趣。然后采用模仿、练习、巩固三种教学方式,充分挖掘学生的学习能力。在教与学的过程中,需以学生的"学"为主体,教师的"教"主要是引导。				
教学目标	1.认知目标:让学生了解脚内侧传接球技术的动作要领和具体步骤。 2.技能目标:通过学练,75%以上的学生能做出正确的触球(脚和球)动作,传接球时用力协调,动作连贯,基本掌握脚内侧传接球技术。 3.情感目标:教学中学生能认真听取教师指导进行脚内侧传接球练习,培养与同伴的合作意识,增进友谊。				
教学重点	重点:掌握脚内侧运球的触球部位。				
教学难点	难点:对足球的控制力与身体的协调性。				
教学方法	讲解与示范法、观察与模仿法、练习法、纠错法。				

续表

课题	"足球:脚内侧传接球"	课型	新授课	课时	1课时

教学流程		内容		组织教法
教学环节一	学前准备（10分钟)	一、课堂常规	1.集合整队,清点人数。	队形:●●●●●●●●●
			2.师生问好,宣布本次课的任务及要求。	队形:●●●●●●●●●
教学环节一	学前准备（10分钟)	二、热身运动	1.慢跑。	要求: 1.活动各个关节; 2.动作规范; 3.充分拉开筋骨,防止运动损伤。
			2.徒手操。	
			3.扩胸运动。	
			4.振臂运动。	
			5.体转运动。	
			6.内踢腿。	
			7.外踢腿。	
			8.内跨步。	
			9.外跨步。	
			10.交叉步。	
			11.加速冲刺。	
教学环节二	基本部分(25分钟)	一、讲解示范		1.助跑。直线助跑。
				2.传球。支撑腿踏在球的侧方15厘米左右,踢球腿的内侧正对出球方向,小腿急速前摆,脚尖翘起,脚底与地面平行,脚内侧部位踢球的后中部。
				3.停球。停球时,身体重心应放在支撑脚上,稍屈膝外展并前迎,当脚与球接触的刹那开始后撤,在后撤时用脚内侧触球,把球停下。
				4.原地模仿练习。方法:学生原地模仿教师刚才讲解的动作技术。要求:学生认真回忆技术要领并做出传球动作,自己做动作的同时观察旁边同学的动作。
				5.原地踢固定球。方法:2人一组,1人脚踩在球上,另一人进行脚内侧传球动作模仿。要求:动作要正确,注意脚型。

续表

课题		"足球:脚内侧传接球"	课型	新授课	课时	1课时
教学环节二	基本部分（25分钟）	二、学生练习	6.8~10米相互传接球。方法:2人一组,相距8~10米,用所学的动作技术进行练习。要求:用脚内侧传球,教师纠正易错动作。			
			7.10人一组传接球练习。方法:10人一组,相距10~15米,用所学的动作技术进行练习。要求:用脚内侧传球,教师纠正易错动作。			
			8."耍猴"游戏。方法:4名学生围成一个圆进行互传球,一名学生在圆中进行抢断,断到谁传出的球就和谁互换,如超过10次的传球没有抢断成功,则就地做5个俯卧撑,游戏继续。要求:用脚内侧传球,遵守规则。			
教学环节三	结束部分（5分钟）	放松练习	1.颠球。			
			2.弓步压腿。			
			3.侧压腿。			
		小结	对课堂纪律、技术掌握情况、学生表现等进行小结,强化所学的技术要点、要领,使学生发现自身的优点和不足,布置课外作业以巩固技术。			

二、重点解析

1.脚内侧传球动作要领

以右脚踢球为例,传固定球时,左脚踏在球侧方10~15厘米处,左脚脚尖对准出球方向。传球时,左腿的膝关节微屈,重心稍下降,右腿髋关节外展,使右脚内侧对准球,以小腿膝关节为轴,积极前摆,脚腕保持紧张,勾脚尖,脚跟前送,用脚内侧触球的后中部,将球传出。

 站位和击球部位
支撑脚站在球侧约15厘米处

图1　站位

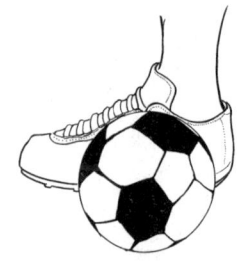
图2　球触脚的位置

① ② ③ ④ ⑤

图3 脚内侧传球动作

2.脚内侧接球技术动作要领

以右脚接球为例,接球时,面对来球,左脚支撑,右腿髋关节外展,使右脚内侧对准球,球和脚内侧接触的瞬间将右腿向后拉,卸掉来球的力量。

图4 脚内侧接球技术动作要领

三、教学反思

这节课通过游戏法增强学生的学习兴趣,从而加大了练习强度,让学生感知获得进步的喜悦,调整与改进学习活动。虽然比较好地完成了教学目标,但也存在着一些不足,最主要内容的教学中有些同学活动不积极,不过后来的抢截球练习解决了这个问题;教学场地过大,在练习中因捡球浪费时间过多。目前体育课的新模式是"教会、勤练、常赛",本课缺少比赛,因此在以后教学时,可以把比赛加入进来,比如射门比赛等。同时运动负荷没有达到课前设计的要求。在以后的课堂中应充分考虑学生的兴趣、学生的个体差异、合理设置教学场地等,不断变换教学方法来提高学生的学习积极性。

体育老师如何有效地听评课

——以"足球:脚内侧传接球"教学为例

主评教师　姜燕

一、前言

体育课程教学是学校体育工作中基本的组成形式,是按照体育课程标准和教材进行的有目的、有计划、有组织的教学过程,是教与学组成的双边活动。在体育教学中,评课是非常重要的教研活动,可促进体育教师相互学习,从中发现自己的不足,对提升课堂教学质量、提高教师综合能力、推动教研教改有着显著效果,从而促进学生的发展。新入职的体育教师应该如何进行听评课?笔者认为要积极做好评课前准备,才能提高体育教学质量。

二、听评课前的准备工作

1.钻研教材,把握教学环节

做好听评课的准备工作对评课能起到一定的作用。可以先拿到授课者的教案,对教材进行钻研,了解本课教学内容在教材中的地位,明确教学目标、重难点以及教学方法等,以便在听课过程中准确发现教师教授的内容特点和亮点,便于做好标记。

2.带好听课工具,科学分析数据

听课前准备好"记、用、测"的听课记录表,测时间和心率的秒表,测试课的密度、强度、运动等的表格,以便于对课的各个环节准确把握,收集有效数据,做出科学分析。

3.教师评课侧重点

此次教学月比赛授课者是体育组的教研组长,评课者是抱着学习的态度、从中获益的态度,所以评课的过程侧重于学习和讨论。老教师教学经验丰富、教学水平高、专业素养强,在长期的教学经验中形成了自己的特点和风格,安排新教师评课的目的在于提高新教师的评课水平,重点放在整个课堂的优点上,采用探讨性评价的方式,可多与授课教师交流,站在授课角度反思课堂。

三、评课的重点

1.教师的教

教师作为课堂的引导者,首先看教师的教学目标是否符合课本和教材的要求,是否符合学生的身心特点,是否把运动参与、运动技能、身体健康、心理健康和社会适应五个方面有机结合起来;其次看教学方法的运用是否合理;还要看教师的仪容仪表、服饰是否符合体育教师的要求;最后看语言表达能力,课堂语言是否准确、清晰,是否通过语言来带动课堂的气氛等。教师驾驭课堂的功底如何,第一个要从讲解基本功方面来看,是否能够用普通话进行教学,讲解是否准确规范,语言是否精练、通俗易懂,是否讲解清楚所学动作的重难点。第二个从示范基本功方面来看,是否能够对所教授动作进行正确的示范,是否能根据不同内容、不同的教学方法来不断调整示范面、示范次数,便于学生观察教师的动作,从而掌握动作。

2.学生的学

学生是体育教学过程的主体,教学过程中就是要让学生主动参与练习、主动探讨和交流,从学生对教授课内容的兴趣、精气神、学习氛围等方面,看学生是否在课堂中主动思考教学内容、积极回答老师所提的问题,是否善于用思考的眼光发现问题并解决问题等。

3.教学的内容

体育课内容的选择与安排必须符合教学大纲的要求,根据课程标准、学生的学情进行教学。首先要深研课标,理解教材,重视教材。深入推进教学改革,课程标准是教学的主要依据,要领会课标的要求,明确教学方向,找准所授内容在整个技术动作中的重要性,从而把握好重难点,对教学内容进行合理的构建,选取关键技术进行学习,带动其他技术动作的学习,根据重难点来设计教学环节,提升课堂的实效性。其次注意学生的接受水平,使教学内容与学生的接受水平匹配。

4.教学所需的场地器材

场地器材的使用率和利用率对体育课的效果起到举足轻重的作用。有的学校场地器材达不到要求,可以从因地制宜运用场地器材的能力方面进行评价,视教师分组使用器材和场地利用、器材代替物使用、器材分配等情况,鼓励教师进行充分创造性利用。若利用好场地器材,调配有序,会给课堂加分,但是也切忌频繁地更换,要根据学生的掌握情况进行调配。

5.教学过程中融入的教育理念

"以学生为主"的教育理念。传统的教学是以教师为中心,进行"灌输式"的教学。而罗杰斯等人提出的"以学生发展为中心"的教育理念,重视"教"与"学"的关系,提倡教学中教师的主导作用和学生的主体性的结合,尊重学生,调动学生积极主动性,引导学生对知识进行探索。

"创新"教育理念。结合现代媒介,利用新的教具、音乐、教学方法、现代教育理念,提高学生在课堂中的参与度,让课堂有亮点。

"快乐体育"教育理念。快乐体育是让学生在体育运动中体会到快乐并积极参与、掌握、创新运动的一种理念,也是当前教学改革的重要教学理念。从对教学内容进行创新、营造快乐氛围、有鲜明的主题等方面着手,可激发学生的参与热情,培养他们学习体育的兴趣,帮助学生养成终身体育的理念,提高身体素质,保持良好的运动习惯。

总之,评课者需要对课堂进行科学、客观、系统的评价,既要做好课前功课和准备,又要在听课过程中做好记录,课后做好交流和反思,以及数据分析,提炼语言,精准地进行评课。引导参与听课评课的教师通过听评课去发现一堂课的优缺点,使得教师不断地改进教学,提高教学质量和教学水平。

12.

美术组"三主"教研精选案例

主题：文化理解核心素养的培育教学实践

课题：中国古代建筑

团队：主讲——黄琳；主教——石德臣；主评——叶昌祥

透过中国古代建筑理解传统文化

主讲教师　黄琳

我国古代建筑资源丰富，遍布于各大风景名胜区，它们是我国传统文化的重要载体，一砖一瓦间，凝聚着我国古代劳动人民的智慧和审美。扶风山绿树掩映下的阳明祠弥漫着明代圣贤王阳明的心学气息，南明河中石矶上的甲秀楼至今流传着张三丰的传说和贵州人民"科甲挺秀"的美好期盼，青岩古镇各色建筑的混搭是儒道释乃至基督教多样文化的融合共处。但是，学生游历于其间，往往是走马观花，很少去探究这些美轮美奂的建筑背后的文化内涵，究其原因，在于学生的文化理解意识不强。

《普通高中美术课程标准（2017年版）》中明确提出，图像识读、美术表现、审美判断、创意实践和文化理解是普通高中生应该具备的美术学科核心素养。在德智体美劳五育并举的新时代中，美术课程承载着美育的重要使命，在强调"四个自信"的今天，理解和传承我国优秀传统文化，是培养学生文化自信的重要内容。基于以上原因，本次教学我们选定《美术鉴赏》（广东教育出版社出版）第二单元第七课"中国古代建筑"作为教学内容。

本课围绕古代建筑的门类与特点进行重点阐释,丰富学生对美术门类的全面理解以及促进学生深层次地领略中国优秀的传统文化,包含介绍中国传统建筑的重要特点和审美特征、古典园林设计思路和独特方法,以及如何认知中国古代建筑的社会思想意识及文化内涵等内容。在教学目标上,基于对教材和课标的理解和认识,我们确立了以下教学目标:(1)知识与技能目标,掌握中国古代建筑的特点和组织规律,认识中国古代园林设计思路和艺术手法,学会图像识读;(2)过程与方法目标,学会分析中国古代建筑丰富的形式特点和艺术形象,学会审美判断;(3)情感态度价值观目标,能认识中国古代建筑与社会思想的关系,提高对中国传统建筑艺术的文化理解能力,更加热爱中国文化艺术。

本课授课的对象是高中一年级的学生,尽管学生的学习基础扎实、学习能力相对较强,有较好的美术知识储备,也有一定的生活体验,对生活事物的认知也较宽泛,但他们毕竟是信息时代的孩子,对传统文化的关注相对较少,即便与我校相邻的古建筑很多,如华家大院、文昌阁、甲秀楼等,学生对它们也缺乏赏析的意识和热情。这是困难一。困难二是受课堂环境限制,学生的学习只能通过辅助资料完成。因而,准备大量的图片、视频形式的古代建筑资料,是教师必须完成的备课工作。同时,高中生心智发育相对成熟,也有一定的艺术素养,所以教学的重点应该侧重于掌握中国古代建筑的丰富形式特点及艺术形象、认识中国园林的设计思路和艺术手法等方面。

为了突出重点、突破难点、讲清疑点,使学生能够达到本课既定的教学目标,我主要采取直观演示法、启发式教学法,学法以合作探究、观察、归纳等形式来呈现。采用这些教学方法的依据:一是美术课程的特点。课程标准中明确写道:"美术是一种视觉艺术,在发展学生的视知觉,获得以视觉为主的审美体验,陶冶审美情操,提高生活品质等方面,具有其他学科难以替代的作用。"直观演示法可以更好地体现视觉艺术的特点;同时,高中美术学科从性质上讲,是一门具有人文学科特征的课程,因而,采用启发式教学法,有利于启发学生理解古代建筑背后的文化内涵,获得美育熏陶。二是新课改教学理念的要求。新课改背景下的课堂教学,强调情境设置和任务驱动,强调注重学生思维层次的提升,因而,直观演示有利于情境的设置,合作探究、归纳等方法有利于训练学生思维。

为有效达成教学目标,落实"三新"改革的相关要求,我们设计了五个教学环节。

一是"情境设置,共情导入"。设定国外园林、现代别墅、中式传统院落三个居住空间,让学生选一个地方居住并说明选择原因。本环节既是情境设置,也是任务驱动,学生在选择时,实际上完成了区分中国古代建筑和国外园林、现代别墅等建筑的任务,既切合学生的生活实际,又能巧妙地导入新课。

二是"体验经典,学习要点"。选择故宫作为我国古代建筑的经典代表,设计了几个问题引导学生深入体验。问题一:如果可以住在故宫里,你会选择住在哪一间? 住在这一间的人,在当时应该是什么地位? 问题二:故宫为什么历经千百年风雨而能屹立不倒呢? 问题三:故宫主体是一座座建筑组合而成,布局上主要有什么特点? 建筑旁边还使用了一些什么衬托性的建筑? 这些衬托性建筑有什么样的文化内涵? 这些问题能引导学生学习理解中国古代建筑的布局、结构特征及其文化内涵。然后追问"建筑属于美术作品吗",引导学生理解建筑像其他美术形式一样,是一种可供观赏、给人以审美的享受的艺术,中国古代建筑秉承着"建筑与人共生"的理念,形成了凸显东方艺术的文化特点。

三是"分组学习,共享认知"。由故宫的赏析进一步拓展到中国古典园林的鉴赏,在播放相关视频后,将学生分成四个小组,学习教材63到66页内容并完成《中国园林特征分析表》,表格包含了特点、建设方法和达到效果三个部分。本环节旨在培养学生的信息收集整理和归纳能力,同时培养学生的合作能力。学生填完表后,各组相互交流,学生学会表达和倾听。中国传统文化的传承,既需要学生学会整理归纳,也需要学生懂得表达和宣传。

四是"梳理归纳,课堂总结"。本环节为教师精讲环节,教师需对本课所学知识进行系统总结,让学生明确重点;梳理归纳,让学生知识结构化;拓展延伸,让学生开阔视野。

最后是"作业设计,学以致用"。作业为"寻找你身边的古典建筑,对建筑工艺、艺术特点和文化特征等方面进行描述"。通过对本课的学习,学生课后主动去了解身边的古典建筑,并对它们进行描述,能进一步巩固知识,提升认知。这一作业也充分考虑了学校周边古建筑资源丰富的实际,是对地方资源的教学挖掘与利用。

期待通过精心合理、层层递进的教学设计,能较好达成本课教学目标,提升学生美术核心素养,增强学生的文化自信。

"中国古代建筑"教学设计

主教教师　石德臣

表1　"中国古代建筑"教学设计

课题	中国古代建筑	课型	新授课	课时	1课时
教材分析	我校高一年级美术学科使用的教材是广东教育出版社出版的《美术鉴赏》,这门课程有四个单元(共18课)。教材第一单元主要是美术鉴赏的一些基本概念和方法;第二单元按美术门类介绍了中国古代的美术作品;第三单元按美术门类介绍了中国近现代的美术作品;第四单元介绍了外国美术作品。 古代建筑是中国古代美术门类不可少的一部分,第二单元第七课"中国古代建筑"围绕古代建筑的门类与特点进行重要阐释,丰富学生对美术的全面理解。这一课的主要教学内容是介绍中国传统建筑的重要特点和审美特征、古典园林设计思路和独特方法,以及如何认知中国古代建筑的社会思想意识及文化内涵。				
学情分析	本课授课的对象是高中一年级的学生,学生的学习基础和学习能力相对较强,有较好的美术知识储备。与我校相邻的古建筑有很多,如华家大院、文昌阁、甲秀楼等,学生对古建筑也比较熟悉,有一定的生活体验,对生活事物的认知也较宽泛,所以学生能较轻松地对这种与生活息息相关的美术类型——中国古代建筑进行学习、分析以及扩展。				
教学目标	1.知识与技能:了解中国古代建筑的特点和组织规律,认识中国古代园林设计思路和艺术手法,学会图像识读。 2.过程与方法:学会分析中国古代建筑丰富的形式特点和艺术形象,学会审美判断。 3.情感态度价值观:能认识中国古代建筑与社会思想的关系,提高对中国传统建筑艺术的文化理解能力,更加热爱中国文化艺术。				
教学重点	1.了解中国古代建筑丰富的形式及艺术形象。 2.了解中国园林的设计思路和艺术手法。				
教学难点	分析中国古代建筑丰富的形式特点和艺术形象。				
教学资源	PPT、中国古建筑模型、视频、图片。				

续表

课题	中国古代建筑	课型	新授课	课时	1课时

教学流程设计

教学环节	教师活动	学生活动	设计意图
情境设置,共情导入(4分钟)	情境导入: 设定三个居住空间(国外园林、现代别墅、传统民居),让学生从中选择一个地方居住并说明理由。 教师总结学生的回答,导入新课:因不同的原因(周边环境、房屋漂亮、居住舒适等)选择了这些住宅,那么中国古代人又是怎么选择他们的居住空间的?他们怎么修建这些居住空间的?这些居住空间都有一些什么样的特色?给我们传播了什么样的文化元素?我们今天来学习第七课"中国古代建筑",一起来了解中国古代建筑的特征。	学生思考回答自己的选择及原因。	共情导入,让学生能从自身出发,去思考身边的建筑,从而站在一个理解的角度去进入本课。 【教学模型】 【利用周边建筑图片:文昌阁、甲秀楼、华家大院、黔灵山弘福寺照壁等】
体验经典,学习要点(18分钟)	1.视频欣赏: 播放1分钟简介中国古代建筑的视频,并提问:建筑属于美术作品吗,为什么? 教师指明:建筑属于美术作品。(1)这些建筑像其他美术一样,是一种可供观赏、给人以审美享受的艺术;(2)中国古代建筑秉承着"建筑与人共生"的理念,形成了凸显东方艺术的文化特点。 【讲文化特点】建立对中国古典建筑的初步认知。	学生观看视频思考回答,并初步了解中国古代建筑的代表样式、作品。	简短而凝练的视频,对建筑基本情况进行介绍,让学生初步对古代建筑进行直观的了解。

续表

课题	中国古代建筑	课型	新授课	课时	1课时

体验经典，学习要点（18分钟）	2.展示一组故宫图片，对故宫进行简单介绍，教师提问：如果可以住在故宫里，你会选择住在哪一间？住在这一间的人，在当时应该是什么地位？ 建筑最小的单位是什么？ 教师使用提前画好的故宫建筑分布图进行展示，层层递进展示庭院式组群布局规律，解释建筑最小的单位是"间"，间并联成单座建筑，单座建筑组合成庭院，庭院为单位组合成建筑群。强调这种组织规律体现了"尊卑有序，内外有别"的宗法思想。	学生观看图片回答。	层层递进的分布图的介绍，以及让学生选一间来居住的设定，让学生身临其境地去理解故宫的组织布局。
	3.教师继续展示故宫图片，提问：故宫是什么时候开始建设的建筑，距今多少年？ "墙倒屋不倒"，像故宫这样几百年甚至一千多年都不倒的建筑有很多，那么为什么这些建筑能屹立不倒呢？ 教师使用建筑模型对中国古建筑的框架式木结构进行分析讲解，并强调中国古代建筑具有巧妙而科学的框架式结构这一特点。	学生思考回答。	不同的问题层层递进引起学生主动思考，同时使用建筑模型对问题进行分析解答，让学生对古建筑的特点理解深刻，从而对中国建筑高超技艺产生认可，对民族文化与技术产生认可。
	4.继续展示故宫建筑的整体性图片，并根据问题逐一展示局部和衬托性建筑的图片，同时展示贵阳周边的衬托性建筑的图片。 问：故宫主体是一座座建筑组合而成，主要有什么特点？建筑旁边还使用了一些什么衬托性建筑？这些衬托性建筑有什么样的文化内涵？ 教师逐一展示图片和知识点进行总结性回答：富有装饰性的屋顶，衬托性建筑的运用，色彩的运用。	学生对问题进行思考，并根据图片内容，逐一进行回答。	采用局部图和学生身边的图片，使学生深入学习古代建筑丰富的艺术形式。

续表

课题	中国古代建筑	课型	新授课	课时	1课时

分组学习，共享认知（13分钟）	播放关于中国古典园林介绍的视频,简述园林知识: 我们知道,多个建筑组合形成庭院,多个庭院组合形成建筑群,那么如果将一组建筑置于依山傍水的环境中,或有改造山水,或有种植树木花草,或有布置园林桥梁,这就叫做园林。 分组讨论学习并分享: 分四组,分别学习63到66页内容,完成表格。	学生观看视频,阅读课本63~66页内容,小组内思考交流并作答。	视频介绍让学生直观理解,同时回归课本,让知识体系更加明确清晰,小组讨论并分享学习,增加学生对知识内容和学习方法的交流与认知。

页码	特点	建设方法	达到效果
63	"虽由人作,宛自天开"的艺术境界	凿池开山,栽花种树	身居城中仍享山林之趣
64	有限的空间创造无限的丰富的园景	曲折自由的布局围蔽和"借景"	幽深宽广的空间境界和意趣
65	"顺应自然"	各建筑与自然相吻合	移步换景、渐入佳境、小中见大
66	中国独特手法	楹联、匾额	诗情画意

梳理归纳，课堂总结（4分钟）	教师展示具有古典建筑特征的现代建筑的图片,问:这些建筑吸收了古典建筑的什么特征? 对现代建筑使用传统建筑方式的地方进行介绍,并就此对本课进行总结。	学生根据所学回答。	呈现现代建筑设计对传统的继承来总结本课。
作业设计，学以致用（1分钟）	寻找你身边的古典建筑,对建筑工艺、艺术特点和文化特征等方面进行描述。		通过对本课的学习,了解身边的古典建筑,并对它们进行对应描述,进一步巩固知识,提升认知。

续表

课题	中国古代建筑		课型	新授课	课时	1课时

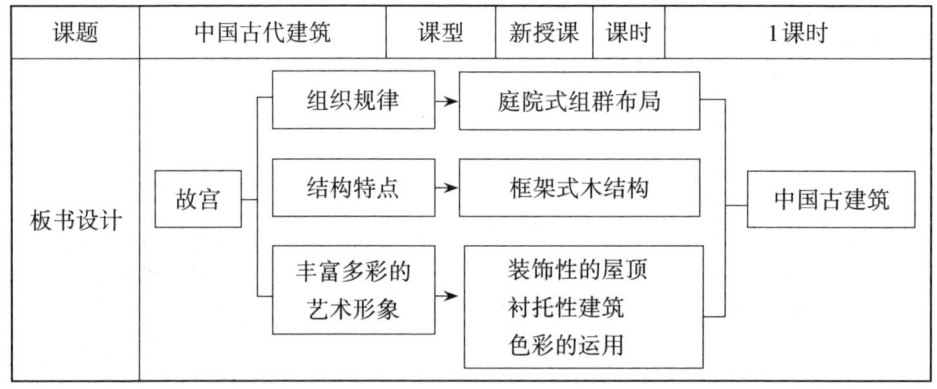

板书设计

故宫 → 组织规律 → 庭院式组群布局

故宫 → 结构特点 → 框架式木结构 → 中国古建筑

故宫 → 丰富多彩的艺术形象 → 装饰性的屋顶 衬托性建筑 色彩的运用

美轮美奂，大美至上

——美术课"中国古代建筑"评课稿

主评教师　叶昌祥

石德臣老师执教的"中国古代建筑"是一节讲述中国建造技术与艺术的美术鉴赏课。在接到评课任务时我也认真对本课如何教学进行了学习。我想只有在学习和交流中不断去完善自己才能提升课堂教学。

建筑艺术是美术门类中集技术和艺术、使用和审美于一体的综合性艺术，它作为美术门类重要科目篇，集使用价值和欣赏价值于一体。

"中国古代建筑"契合了中国文化的传承和中国艺术特色的表现形式，具有传承中国文化的独特艺术语言，内容相当丰富，对高中学生在美术鉴赏过程中提高审美能力和产生对中国文化的价值认同，具有重要的意义。从整体上来看，石老师的这节课教学目标明确，思路清晰，对学情、教材、教法分析详细，有重难点，突出了学生的主体地位，注重培养学生在课堂的学习能力，课堂开放，富有活力，提升了学生核心素养，是内容比较紧凑的一堂课。

一、教学准备充分

石老师在教学前期准备充分，将课堂教学时间分配从情境设置、学生体验、分组学习、知识点梳理归纳、作业布置五个方面分配，课堂时间利用比较合理。

认真制作了PPT电子课件,没有太大遗漏现象。针对高中一年级学生的知识能力,包括学生学习生活环境、对中国古代建筑的感受等,在课前也做了充分的学情分析。

二、教学目标明确

一是对于知识目标:掌握中国古代建筑的特点和组织规律,认识中国古代园林设计思路和艺术手法,学会图像识读;二是能力目标:学会分析中国古代建筑丰富的形式特点和艺术形象,学会审美判断;三是情感目标:能认识中国古代建筑与社会思想的关系,提高对中国传统建筑艺术的文化理解能力,更加热爱中国文化艺术。对本节课的重难点把握得当,一是掌握中国古代建筑丰富的形式特点及艺术形象;二是认识中国园林的设计思路和艺术手法。课堂结构合理,循序渐进,层层深入,没有知识性错误,说明石老师在课前认真透彻地研究过教材,提前反复研究了哪些方法学生更容易接受。教学知识的准确性在建筑结构图的讲解中得以体现,通过图片直观地予以呈现和讲解:什么是框架式木结构,什么是榫卯结构,什么是斗拱结构,都说明到了的。

三、教学方式具有开放性

创设情境,让学生能从自身出发,去思考身边的建筑,从而站在一个理解的角度去进入本课。创设三个居住空间,中国古典的、现代的、西方的,让学生通过虚拟体验感受不同建筑的审美特点。在学习中国古代建筑的特点之一庭院式组群布局中,继续通过体验式教学,让学生深入其间,从而身临其境地去理解故宫作为中国封建社会规制建筑从单间、单座、组合庭院到建筑群的结构特点和"居中为尊""尊卑有序,内外有别"的社会特点;利用民间建筑乔家大院、我们身边的甲秀楼的建筑形式,充分讲述了中国古代建筑讲究整体统一、内向含蓄、均衡对称的艺术特点。通过层层递进的分布图的介绍,提高学生的图像识读能力。

(1)创设情境,让教学内容与学生的认知相适应,呈现活泼多样的形式和教学方式,激发学生的学习兴趣。

(2)教学不仅仅局限于书本上已有的知识,石老师根据教学需要,提供了更能体现中国古代建筑特征的图像比较,让学生理解得更为透彻。

四、学习方式具有自主性

充分发挥学生自主学习的能动性,通过分组讨论学习,理解中国古代建筑中园林建筑"虽由人作,宛自天开"的艺术境界,使学生自己去思考如何通过有限的空间创造无限丰富的造园特点。

(1)学习中注意使每个学生都能获得充分发挥自己特长的机会,以增强学生兴趣。

(2)让学习具有挑战性,使学生学习后能获得满足感;扩大了学习的自主性,使学生能独立自主地处理问题,突出"教"是引导,"学"才是主体,避免满堂灌的情况。

(3)及时展示学生学习反馈情况,了解本堂课所获得的教学效果。

(4)教师在板书中文字逻辑清楚、简练。

五、教学中发现的一些问题

一是在教学中避免表演式的课程。评价是针对每节课来进行的,因为每一节课我们遇到的学生的情况不一样,学生知识点不一样,还有在当节课中所处的教学环境也会有一些变化,所以我们的课程也应该因实际情况调整。

二是课时任务分配不均。四个环节的内容,前面三个中国木结构建筑的独特特点、庭院式的组群布局、丰富多彩的艺术形象都已经讲到,但第四点富有诗意的中国式园林建筑只是蜻蜓点水,感觉头重脚轻。如果分成两个课时来上,教学内容会更完整。

三是在中国古代建筑里面反复强调建筑屋顶的表现形式是非常重要的一环,也是知识点中应该掌握的一块。在这一块上石老师也是蜻蜓点水,没有把它讲细讲透。

最后一点,石老师在上课过程当中如果知识点不是太明确,就不用着急下定论。比如石老师举的一个例子对我们现在所居住的环境具有建筑艺术特征上的否定,会对学生有引导性。

六、教学建议

(1)因本课教学内容多,课前应梳理内容,分段教学。

（2）教学中尽量按教案顺序讲解：巧妙而科学的框架式木结构、庭院式的组群布局、蕴涵的丰富多彩的艺术形象、富有诗意的中国式园林艺术。

（3）对中国古代建筑中最重要的屋顶结构应做详细的讲解。

（4）结合美术课的第三个特点，通过教学内容，进一步激发学生对中国文化的认同和热爱。

在赏评的同时，我也有一点思考：

（1）本节课是一节以欣赏为主的教学课，在大量讲解过程中，如何把学习的主动权还给学生，使学生学会自主学习呢？

（2）作为鉴赏课，如何通过学生的自主思考加深其对学习的目标任务之理解？我们又应该在教学中怎样组织，效果会更明显呢？

以上是我对"中国古代建筑"一课的一些看法。感谢石德臣老师带领我们一起欣赏我国美轮美奂的古代建筑，增进我们对中华璀璨文化的骄傲与自豪。作为一名美术教师，应担负美育责任，在传承文化的同时，培养学生在创造中进一步丰富中华文化，则文脉相续，堪称至上大美！

参考文献

[1]张学炬.努力做立德树人的"大先生"[J].山东教育,2021(19).

[2]本刊评论员.青年教师要立志做"大先生"[J].人民教育,2021(09).

[3]王早霞.教师要成为大先生[N].山西日报,2021-05-18.

[4]樊树林."大先生"的三重境界[N].语言文字报,2019-09-06.

[5]卢乃桂,王晓莉.析教师专业发展理论之"专业"维度[J].教师教育研究,2008(06).

[6]Thomas R. Guskey.教师专业发展评价[M].方乐,张英,等译.北京:中国轻工业出版社,2005.

[7]叶澜,白益明,王枬,等.教师角色与教师发展新探[M].北京:教育科学出版社,2001.

[8]陈永明.现代教师论[M].上海:上海教育出版社,1999.

[9]李萌楠.高效"6+1"课堂教学模式在高中物理课堂的应用研究[D].南昌:江西师范大学,2020.

[10]伍锐锋.基于小组合作学习的高中物理高效课堂的策略研究[D].桂林:广西师范大学,2014.

[11]连世琴.高中物理高效课堂的构建[J].中学课程资源,2021,17(09).

[12]韦佳利.精心设计教学过程,建构高效数学课堂[J].中学数学,2021(04).

[13]刘瑞萍.浅析核心素养视角下构建高中数学高效课堂的策略[J].天天爱科学(教学研究),2021(04).

[14]徐立奇.基于新课改理念的课堂教学模式思考[J].成才之路,2021(27).

[15]赖治锋.优化课堂教学改革推进高效课堂建设[N].语言文字报,2021-03-31.

[16]粟远荣.中小学课堂教学模式改革的审视与反思——基于新课改背景下的思考[J].教育实践与研究(C),2019(10).

[17]臧楠楠.从"我的讲台"到"我们的讲台"——新课程视角下的学讲教学模式探究[J].办公自动化,2021,26(06).

[18]陈辉.基于学科核心素养下高中化学高效课堂教学模式建立的研究[J].高考,2021(11).

[19]廖晶,三友.注重心理素质健全创新人格——对外语创新教育的一点思考[J].长沙铁道学院学报(社会科学版),2002(04).

[20]习近平.决胜全面建成小康社会 夺取新时代中国特色社会主义伟大胜利——在中国共产党第十九次全国代表大会上的报告[J].新长征,2017(11).

[21]毕进杰,彭虹斌."核心素养"下基础教育改革的路径和支持系统[J].集美大学学报(教育科学版),2017,18(03).

[22]中华人民共和国教育部.普通高中化学课程标准[M].北京:人民教育出版社,2020.

[23]邢瑞斌,刘翠,陈颖,等.高中化学"乙醛性质"的项目式教学——解酒药的研制[J].化学教育(中英文),2021,42(23).

[24]张淑贤,商晓绪.初中化学"水的净化"的项目式教学——以"设计净水系统"为例[J].化学教育(中英文),2021,42(13).

[25]邵传强.基于人文背景融合学科核心素养的化学教学设计与实践——以"含硅矿物与信息材料"教学为例[J].化学教学,2020(12).

[26]黄毓展,钱扬义,蔡立媚.基于翻转课堂的元素化合物教学研究——以"无机非金属材料的主角——硅"为例[J].化学教育(中英文),2019,40(21).

[27]段玉山.普通高中课程标准(2017年版)教师指导.地理[M].上海:上海教育出版社,2020.

[28]刘鑫.地理核心素养的解读——以2016年江苏地理学业水平测试为例[J].地理教育,2017(1).

[29]汪维富,毛美娟,闫寒冰.精准教研视域下的教师评课反馈分析模型研究[J].电化教育研究,2022,43(01).

[30]项婷婷,赵春子,董玉芝.高中地理核心素养研究综述[J].教育观察,2019,8(11).

[31]汤国安,杨昕,等.ArcGIS地理信息系统空间分析实验教程[M].2版.北京:科学出版社,2012.

[32]中华人民共和国教育部.普通高中地理课程标准(2017年版)[M].北京:人民教育出版社,2018.

[33]韦志榕,朱翔.普通高中地理课程标准(2017年版2020年修订)解读[M].北京:高等教育出版社,2020.

[34]刘湘南,黄方,王平.GIS空间分析原理与方法[M].2版.北京:科学出版社,2008.

[35]杨昕,罗娅,罗旭琴.夜间灯光数据辅助高中地理"城镇化"教学的区域适用性研究——以贵州省为例[J].地理教学,2020(06).

[36]朱伟强,崔允漷.关于内容标准的分解策略和方法[J].课程·教材·教法,2011,31(10).

[37]章建跃.数学教学目标再思考[J].中学教研(数学),2012(01).

[38]郑爱芳,张贤金.基于核心素养的"教—学—评一致性"的实践探索:以"金属钠的性质与应用"教学为例[J].中小学教学研究,2019(10).

[39]周师捷."教、学、评一体化"的高中化学教学实践研究[D].长沙:湖南师范大学,2019.

[40]李云雷,车琳.利用思维模型建构提升学生化学学科核心素养的探究——以"乙酸酯化反应的实验探究"为例[J].教学考试,2022(05).

[41]谢伟娜.化学学科核心素养之模型认知的"原电池"教学探讨[J].中学课程资源,2021,17(10).

[42]闫振.基于化学学科核心素养的试题评价模型构建及其实践探究[J].中学课程辅导(教师教育),2021(07).

[43]侯帅帅,姚成立.化学学科核心素养下的认知模型构建及其应用[J].安徽化工,2020,46(04).

[44]许文学.化学学科核心素养"模型认知"的内涵构成与水平解读[J].教育导刊,2020(06).

[45]江合佩.指向化学学科核心素养的命题模型建构与应用[J].化学教学,2020(06).

[46]吴星,吕琳,景崦壁.化学学科核心素养中"模型认知"的解读[J].化学教学,2020(06).

[47]魏华溶.基于化学学科核心素养的解释性模型建构——以"盐类的水解"教学为例[J].中学化学教学参考,2020(04).

[48]王兆允.高中化学学科核心素养"证据推理与模型认知"的培养[J].课程教育研究,2018(15).

[49]张义峰.三个要素确定新老体育教师评课重点[J].田径,2016(03).

后记

雪爪鸿泥

即使脚步有些凌乱,但至少可以证明我们曾经一起走过……

教研是一项常态的工作,守正与出新,都是它的本色;教研是一项沉静的工作,需向外看,但更需向内求。

走过一些学校,颇有些感触。实力薄弱的学校,其教研常常流于形式,少研究,靠借鉴,无赓续,捉襟即见肘;后劲充足的学校,其教研工作往往做得十分扎实,有团队,有原创,有积淀,厚积而薄发。

贵阳二中是一所办学历史悠久的省级示范性高中,但我们深知,距离一流名校,仍有不小的差距。这种差距不仅仅是办学硬件的问题,还有我们内涵发展的充实度的问题。可喜的是,近几年已经步入发展快车道,课程建设日趋完善,教师专业成长迅速,教科研成果丰富,教科研已然成为办学特色之一,2021年还入选新课程新教材实施国家级示范校。全体师生热情高涨,积极投身于"三新"改革大潮,抢抓发展良机,做了很多有益的工作。短短一学年中,承办了两次面向全国同仁的市级教育教学专题研讨活动,汇报展示了我们的一些经验和做法,也获得了专家们的肯定与指导,这是二中人探索学校发展的足迹。

本书的编撰,即要将这深深浅浅的足迹留存在二中的发展史书上,丰厚学校的沉淀,连缀成学校内涵发展之路。

本书所选文章,除周进副厅长和王俭教授的文章外,均出自我校干部和一线教师之手,与我校教研教学实践工作密切关联,能比较全面地反映我校在新课程新教材新高考实施背景下的理论学习与内化、制度拟定与优化、教研实践与反思的现状。文章多有参考文献的引注,为了使书稿整齐规范,所有引注均列入书后"参考文献"一栏,作统一处理。

本书共分"更新教育理念""优化教研管理""深化教学思考""'三主'教研模式实践"四篇,力图从理念、制度、课堂、教研四个方面比较完整地呈现我校在常态教研的优化与深化上的努力探索过程。作为新课程新教材实施国家级示范校建设工作的阶段性成果,难免有诸多不成熟的地方,敬请各位读者指正。

　　感谢段丽英、杨玲、曾拥、邓昌柯、杨新宇、杨鸣等校领导对编撰工作的支持,感谢所有撰稿人的积极参与。

　　本书由贵阳二中贵阳市高中语文学科带头人工作站负责编撰,段丽英校长领衔统筹,邓昌柯副校长协调安排,谢基祥站长具体负责组织本书的编撰出版工作,工作站成员杨漪、杨开珍、杨柳、陈文灵、朱康旭、毛世航、潘慧冰、龙剑等老师参与书稿编校。